面向通勤的轨道站点影响区交通设施配置方法

朱震军 过秀成 刘珊珊 等著

东南大学出版社
SOUTHEAST UNIVERSITY PRESS
·南京·

内 容 简 介

本专著聚焦轨道站点影响区这一特定区域,以居民幸福感提升为导向,基于多源数据分析轨道站点影响区环境对通勤群体出行幸福感及客流的影响,提出交通模式与功能组织、交通服务体系设计方法,研究轨道站点影响区类型划分及范围确定、步行出行环境评价、自行车停车换乘设施配置、微型公交线路规划、停车设施配建等。本书结合团队研究实践与成果,构建符合我国国情的轨道站点影响区交通设施配置方法。

该书读者对象为以轨道站点影响区为研究对象的高校研究生与相关专业人员。

图书在版编目(CIP)数据

面向通勤的轨道站点影响区交通设施配置方法/朱震军等著. —南京:东南大学出版社,2022.3
ISBN 978-7-5766-0046-9

Ⅰ.①面⋯ Ⅱ.①朱⋯ Ⅲ.①城市铁路—铁路车站—周边地区—交通设施—配置—研究 Ⅳ.①U291

中国版本图书馆 CIP 数据核字(2022)第 038567 号

责任编辑:张新建 责任校对:韩小亮 封面设计:王玥 责任印制:周荣虎

面向通勤的轨道站点影响区交通设施配置方法

Mianxiang Tongqin de Guidao Zhandian Yingxiangqu Jiaotong Sheshi Peizhi Fangfa

著 者:	朱震军 过秀成 刘珊珊 等
出版发行:	东南大学出版社
出 版 人:	白云飞
社 址:	南京四牌楼 2 号 邮编:210096 电话:025-83793330
网 址:	http://www.seupress.com
电子邮件:	press@seupress.com
经 销:	全国各地新华书店
印 刷:	广东虎彩云印刷有限公司
开 本:	700 mm×1 000 mm 1/16
印 张:	14.75 插页:5
字 数:	300 千字
版 次:	2022 年 3 月第 1 版
印 次:	2022 年 3 月第 1 次印刷
书 号:	ISBN 978-7-5766-0046-9
定 价:	70.00 元

本社图书若有印装质量问题,请直接与营销部调换。电话(传真):025-83791830

前　言

中国特色社会主义进入了新时代,城镇化发展已进入转型期,城市交通领域面临居民出行需求的深刻变革。《交通强国建设纲要》中明确指出要推进出行服务快速化、便捷化,提升公共服务均等化水平。国家层面对居民通勤出行高度关注,亟需构建结构优化、一体衔接的交通设施网络,扩大多样化高品质交通服务供给。轨道交通的快速发展为实现交通运输高质量发展、引导我国大城市可持续发展提供了重要契机。围绕轨道交通对城市空间结构产生直接影响的特定区域——轨道站点影响区,进行面向通勤的交通设施配置问题研究,对于构建新时期轨道站点TOD、优化出行结构具有重要的理论意义与实用价值。

本专著依托江苏省高等学校自然科学研究面上项目"数据驱动下面向TOD的轨道站点影响区居民通勤行为建模"(20KJB580013)、江苏高校哲学社会科学研究一般项目"网络化条件下面向TOD的轨道站点停车换乘发展策略研究"(2020SJA0125)展开,聚焦城市交通出行的主体——通勤交通,揭示通勤交通与居民幸福感、城市特征/居民收入与通勤交通的互动影响机理,分析大城市轨道站点客流分布特征及影响因素,构建轨道站点影响区交通模式与服务体系,给出轨道站点影响区的类型与范围,从公共交通引导、小汽车出行调控两个层面进行考量,重点围绕步行环境分析与设计、自行车需求分析与设施设计、微型公交线路规划、机动车停车设施配建与评价等开展研究。

本专著由朱震军、过秀成、刘珊珊等共同撰写。全书共10章,各章编写分工如下:第1章、第2章朱震军,第3章朱震军、张勇,第4章朱震军、过秀成,第5章朱震军、刘珊珊,第6章朱震军、过秀成、李渊,第7章朱震军、邹禹坤,第8章朱震军、李渊,第9章朱震军、刘珊珊,第10章朱震军、施非凡、和煜栋。感谢南京林业大学马健霄教授、韩宝睿副教授、盛玉刚副教授等给予的支持与帮助。感谢深圳大学陈宏胜副教授、美国德州农工大学(Texas A&M University)过晓宇、新加坡国立大学(National University of Singapore)过颢等在学术研讨中提出的宝贵意见。感谢中国建筑上海设计研究院有限公司李科教授级高级工程师、苏州规划设计研究院股份有限公司樊钧高级工程师、南京地铁集团有限公司张辰仰工程师等在课题和项目研究中给予的支持。感谢我指导的从事公共交通研究的仇舒诚、施非凡、和煜栋、冯昕、孙静瑞、张勇、韩吉、徐逸清、张芮嘉、过宇亮等硕士生所付出的努力和智慧,感谢许馨方、赵云鹏、何展鹏、曹湛等硕士生在专著资料收集、材料整理及编排过程中所做的工作。

本专著在编写中参考了国内外大量文献,由于条件所限未能与原著者一一取得联系,引用及理解不当之处敬请见谅,在此谨向原著作者表示崇高的敬意与衷心的感谢!

由于作者的时间和水平所限,书中难免有错漏之处,恳请读者批评指正。

电子邮箱:zhuzhenjun@njfu.edu.cn。

朱震军

于南京林业大学南山楼 9D608 室

2022 年 3 月

目　录

第1章　绪论 ·· 1
　1.1　研究背景及意义 ··· 1
　1.2　国内外研究现状与评述 ··· 5
　　1.2.1　国内外研究现状 ·· 5
　　1.2.2　国内外研究评述 ·· 13
　1.3　研究目标与内容 ··· 16
　　1.3.1　研究目标 ·· 16
　　1.3.2　研究内容 ·· 17
　1.4　技术路线 ·· 20
　1.5　本书框架 ·· 22
　1.6　本章小结 ·· 22

第2章　通勤交通与居民幸福感的互动影响机理 ································ 23
　2.1　通勤交通对居民幸福感的影响 ·· 23
　　2.1.1　基于多层混合效应有序概率回归模型的影响分析 ··············· 23
　　2.1.2　通勤交通影响结果 ·· 28
　2.2　城市特征/居民收入对通勤交通的影响 ····································· 34
　　2.2.1　基于多层混合效应 Logistic 回归模型的影响分析 ··············· 34
　　2.2.2　通勤交通改善建议 ·· 43
　2.3　通勤效率与居民幸福感提升策略 ··· 46
　2.4　本章小结 ·· 47

第3章　轨道站点环境对客流的影响分析 ·· 49
　3.1　轨道换乘站点客流变化分析 ··· 49
　　3.1.1　客流影响因素分析 ·· 49
　　3.1.2　换乘客流变化特征 ·· 53
　3.2　轨道站点客流时空特征分析 ··· 56
　　3.2.1　客流时间分布特征 ·· 56
　　3.2.2　客流空间分布特征 ·· 57

3.2.3 分类型站点客流特征分析 ·· 58
3.3 考虑绿地环境的轨道站点客流变化分析 ······································· 62
3.3.1 节假日客流变化特征 ·· 62
3.3.2 环境变量对客流影响 ·· 66
3.4 本章小结 ·· 70

第4章 轨道站点影响区交通模式与服务体系设计 ································· 72
4.1 轨道站点影响区交通模式 ·· 72
4.1.1 轨道站点影响区交通模式组成及特征 ··································· 72
4.1.2 轨道站点影响区交通模式选择 ·· 73
4.2 轨道站点影响区交通服务特征 ··· 75
4.2.1 轨道站点影响区居民出行特征 ·· 75
4.2.2 轨道站点影响区交通接驳特征 ·· 76
4.2.3 轨道站点影响区公共交通系统特征 ····································· 77
4.3 轨道站点影响区交通服务体系设计 ··· 78
4.3.1 交通服务体系总体目标 ··· 78
4.3.2 交通服务体系设计要求 ··· 79
4.4 本章小结 ·· 81

第5章 轨道站点影响区分类方法 ·· 82
5.1 轨道站点影响区与轨道站点TOD的关系 ···································· 82
5.2 基于节点—场所模型的轨道站点影响区分类方法 ························· 84
5.2.1 改进的节点—场所模型 ··· 84
5.2.2 轨道站点影响区步行性 ··· 86
5.2.3 轨道站点影响区公共交通可达性 ······································· 87
5.3 轨道站点TOD与交通协调发展 ·· 88
5.3.1 案例分析 ·· 88
5.3.2 发展建议 ·· 92
5.4 本章小结 ·· 93

第6章 轨道站点影响区范围确定方法 ··· 94
6.1 成网条件下轨道站点选择行为 ·· 94
6.2 基于Huff模型的轨道站点影响区确定方法 ································· 95
6.2.1 轨道站点影响区范围影响因素分析 ····································· 95
6.2.2 轨道站点影响区范围确定 ·· 99
6.3 数据驱动的轨道站点影响区确定方法 ·· 101

  6.3.1 Mobike 数据驱动的轨道站点聚类分析 ………………………… 101
  6.3.2 基于 Mobike 数据的轨道站点影响区范围 …………………… 104
 6.4 本章小结 …………………………………………………………………… 106

第 7 章 轨道站点影响区步行环境分析与设计方法 ……………………… 107
 7.1 轨道站点影响区步行网络形态分析 …………………………………… 107
  7.1.1 步行网络数据处理 ………………………………………………… 107
  7.1.2 步行网络分析方法 ………………………………………………… 109
  7.1.3 步行网络形态指标 ………………………………………………… 112
 7.2 轨道站点影响区步行空间环境分析 …………………………………… 115
  7.2.1 街道功能要素分析 ………………………………………………… 115
  7.2.2 步行尺度要素分析 ………………………………………………… 115
  7.2.3 视觉要素分析 ……………………………………………………… 116
 7.3 基于街道步行性的步行交通环境设计方法 …………………………… 120
  7.3.1 步行交通环境模型构建 …………………………………………… 120
  7.3.2 步行街道分类设计 ………………………………………………… 127
 7.4 本章小结 …………………………………………………………………… 128

第 8 章 轨道站点影响区自行车需求分析与设施设计 ……………………… 129
 8.1 轨道站点影响区自行车交通需求分析 ………………………………… 129
  8.1.1 自行车交通需求分析层次 ………………………………………… 129
  8.1.2 自行车交通需求影响因素 ………………………………………… 130
  8.1.3 自行车交通需求分析方法 ………………………………………… 132
 8.2 轨道站点影响区自行车交通系统特征 ………………………………… 134
  8.2.1 自行车交通系统环境特征 ………………………………………… 134
  8.2.2 自行车交通系统运行特征 ………………………………………… 136
  8.2.3 自行车停车特征 …………………………………………………… 140
 8.3 轨道站点影响区自行车交通设施设计 ………………………………… 142
  8.3.1 自行车路网设计 …………………………………………………… 142
  8.3.2 自行车道路设施设计 ……………………………………………… 144
  8.3.3 自行车停车设施设计 ……………………………………………… 151
 8.4 本章小结 …………………………………………………………………… 155

第 9 章 轨道站点影响区微型公交线路规划方法 …………………………… 157
 9.1 微型公交线路布设影响因素分析 ……………………………………… 157
  9.1.1 轨道站点吸引范围的影响 ………………………………………… 157

9.1.2 居民出行特征的影响 ·· 158
9.2 考虑轨道站点可达性的微型公交服务区域划定方法 ·········· 159
9.2.1 基于复杂网络的公交网络特征分析 ························ 159
9.2.2 社区划分方法 ·· 166
9.2.3 轨道站点可达性计算 ·· 168
9.3 基于圈点循环线路模型的微型公交线路生成方法 ············· 169
9.3.1 微型服务区域界定 ··· 169
9.3.2 圈点循环线路模型 ··· 169
9.3.3 微型公交线路生成 ··· 173
9.4 面向通勤的微型公交需求点识别技术 ························· 178
9.4.1 轨道站点及公交站点识别 ··································· 178
9.4.2 微型公交需求点识别 ·· 180
9.5 基于加权 Voronoi 图的微型公交站间距优化方法 ············ 181
9.5.1 基于加权 Voronoi 图的微型公交站间距模型 ············· 181
9.5.2 实际站间距修正方法 ·· 186
9.5.3 案例分析 ·· 187
9.6 本章小结 ··· 190

第10章 轨道站点影响区机动车停车设施配建与评价方法 ······ 191
10.1 轨道站点影响区超高层建筑停车配建指标确定方法 ········ 191
10.1.1 超高层建筑及服务范围界定 ······························· 191
10.1.2 超高层建筑停车需求影响因素分析 ······················ 192
10.1.3 停车配建指标折减合理性检验 ···························· 195
10.1.4 停车配建指标确定建议 ···································· 198
10.2 轨道站点影响区停车换乘需求分析 ·························· 200
10.2.1 停车换乘行为主要影响因素 ······························· 200
10.2.2 停车换乘行为潜在影响因素 ······························· 203
10.3 基于 DEA 的轨道站点影响区停车换乘设施效能评价 ······ 210
10.3.1 效能评价影响因素 ·· 210
10.3.2 停车换乘设施效能评价模型 ······························· 211
10.3.3 案例分析 ··· 212
10.4 本章小结 ··· 215

参考文献 ··· 217

第 1 章 绪 论

1.1 研究背景及意义

城镇化进程加速和机动化水平不断提高,城市人口急剧增长、城市空间不断扩张并伴随着城市建成环境的深刻变化[1],导致职住分离,通勤时间也相应增加[2]。通勤时间的增加不仅提高了通勤成本,还影响了居民幸福感(Subjective Well-Being,SWB)[3]。通勤交通是城市生活的重要组成部分,是整个城市正常运转的基础,越来越多的研究关注通勤交通与居民幸福感之间的关系[4],或人们如何体验生活质量,包括生活满意度和情绪反应[5]。每个工作日数以亿计的就业人员通勤出行[6],尤其是在我国的大城市。例如,根据采集的我国西安市的数据,发现通勤交通(如通勤方式选择)显著地影响通勤满意度,对幸福感产生了重要的影响[7]。此外,虽然休闲出行对居民幸福感具有显著影响[8],但休闲活动主要发生在假期。与休闲活动相比,大多数城市居民每天需要通勤出行。因此,工作日通勤交通对居民幸福感有持续的影响。

城市建成环境的深刻变化导致各个城市呈现出不同的城市特征,对通勤交通产生了重要的影响;居民收入增加也导致小汽车拥有量增加,居民越来越依赖小汽车通勤。据我国公安部交通管理局统计,截至 2021 年底,机动车保有量有 3.95 亿辆,相比 2020 年增加 6.32%。其中,小汽车保有量达 3.02 亿辆。从分布情况看,汽车保有量超过百万辆的城市有 79 个,超过 200 万辆的城市有 35 个,超过 300 万辆的城市有 20 个[9]。以我国上海市为例,2012 年到 2019 年间,城市建成区面积从 999 km² 增加到 1 240 km²,人口密度从 3 754 人/km² 增加到 3 830 人/km²,小汽车保有量从 141.16 万辆增加到 321.27 万辆。

快速城镇化和机动化还带来了交通拥堵、环境污染等一系列城市问题,因交通拥堵引起的年度损失占我国国内生产总值(Gross Domestic Product,GDP)的 5%~8%[10];据统计,与交通拥堵有关的成本使得我国北京市的 GDP 下降 4%~7%[11]。大约 50% 的二氧化氮(NO_2)排放总量来自道路交通[12]。为应对这些城市问题,公共交通导向发展(Transit-Oriented Development,TOD)被认为是一种有效的方法，在世界各地都取得了相当大的成功[13]。大量研究证实，TOD将土地利用与公共交通相结合，鼓励居民通过公共交通完成日常生活活动[14]。尽管TOD的基本理念似乎相同，但TOD的实现可能会有很大差异。例如，在北美洲和大洋洲，围绕交通运输站点和交通网络重新定位郊区蔓延，重点关注步行、自行车和公共交通客流量[15]；在南美洲，着重在已有密集的城市发展区域重新聚焦公共交通；在欧洲，相当于已有交通运输站点区域的再发展；在亚洲，它作为大规模快速交通走廊中引导大城市增长的一种战略。

城市公共交通之所以具有公益性特征，主要是因为它是通勤交通需求的基本保障。在我国土地、环境以及节能减排政策的引导下，城市土地开发利用呈现高密度、集约化的特征，在城市群、特大城市以及大城市中还需要更完善的轨道交通系统保障通勤出行、缓解交通拥堵并引导城市空间结构优化[16]。我国北京、上海、广州、深圳等大城市逐渐形成以城市轨道交通为骨干的多模式一体化公共交通系统。城市轨道交通是缓解城市道路交通最有前景的公共交通方式，越来越多的城市已经建立轨道交通系统，截至2021年底，共有51个城市开通了轨道交通，运营线路275条，运营线路总长度8 735.6 km，全年客运量237.27亿人[17]，表明我国轨道交通已进入高速发展期。

轨道交通的建设对沿线居民的出行、周边的土地利用以及建成环境造成影响。轨道站点周边的土地布局和建成环境都会影响居民的出行行为，对轨道站点客流量产生一定影响。由于我国人口密度高，多数轨道站点周边的开发强度较高，轨道站点周边建筑物高度集中。轨道站点周边高强度开发压缩了周边自然环境面积（如绿地空间），可能导致居民出行舒适度降低。国内城市绿地建设逐渐受到重视，各地区出台相关政策支持其快速发展。为了落实国家土地和空间规划政策，自然资源部提出了"城市发展边界内城市结构性绿地、水体等开放空间的控制范围和均衡分布要求"。因此，城市轨道交通建设不仅要考虑居民的通勤需求，而且要考虑居民对自然环境的休闲需求，既要提高城市绿地空间的可达性，又必须从轨道站点的规划阶段开始保护城市绿地。

2016年交通运输部颁布《城市公共交通"十三五"发展纲要》，提出全面推进"公交都市"建设、深化城市公交行业体制机制改革[18]。2018年全国交通运输工作会议更是明确了以供给侧结构性改革为主线，着力建设人民满意交通，不断增强人民群众的获得感、幸福感、安全感。2021年《综合运输服务"十四五"发展规划》提出构建舒适顺畅的城市出行服务系统，优先发展城市公共交通[19]。国家层面上对于居民出行活动的深度关注，必将通过构建面向通勤的交通设施配置优化、服务提升来体现。

作为贯彻执行国家对公共交通发展指导意见的具体体现，"十三五"期间，有

50个城市在交通运输部的组织下实施了"公交都市"建设。进入"十四五"时期,又有14个城市加入"公交都市"创建行列。地方政府在有序推进轨道交通建设中也做了大量的工作,广州、深圳和武汉等城市为基于公共交通网络的TOD项目创造了条件[20]。闻名世界的"公交都市"——斯德哥尔摩、哥本哈根等城市积极实践TOD,侧重于大运量轨道交通的投资以刺激土地开发[21]。由此可见,轨道交通快速发展是实现交通运输高质量发展、引导我国大城市可持续发展的一个重要契机。

世界各国的轨道交通建设经验都表明,轨道交通对城市空间结构的影响主要且直接体现在轨道站点区域[22]。作为轨道交通网络的关键节点,轨道站点为交通运输系统提供了更高的可达性,在吸引潜在客流方面发挥着重要作用,并且迅速影响站点周边地产价值[23]。此外,轨道站点周边的邻里满意度、地方依恋、步行安全感更高。适宜步行的地方,其零售、办公和住宅的租金、房价都较高[24],也就意味着轨道站点区域高质量的步行环境可以带动经济增长和财产税收入增加。

轨道站点影响区既是轨道交通网络的节点,又是城市活动的重要功能区域,也是轨道交通系统与其他交通系统相互影响的关键区域,居民可以使用某种通勤方式(步行、自行车、微型公交等)在一定地理范围、一定时间之内到达或离开轨道站点。该区域范围内土地利用呈现高密度开发,是促进轨道站点TOD、实现"站城一体"的最佳场所。对轨道站点影响区进行类型划分、范围确定是重要的交通科学基础问题,可以增强其规划、设计和运营活动,是进一步认识轨道交通对土地利用、社会经济属性影响机理的重要途径,也是轨道站点周边土地利用和交通设施配置优化的基础,可以为交通设施配置提供依据,有助于加深对我国大城市发展轨道站点TOD的认识和理解。

轨道站点影响区这一特定区域的交通设施配置问题,涉及步行、自行车、公共交通、停车配建等方面。本书拟重点围绕轨道站点影响区的步行环境分析与设计、自行车需求分析与设施设计、微型公交线路规划、机动车停车设施配建和评价等开展深入研究。

(1) 以轨道站点区域为核心,塑造人性化的绿色空间,有助于改善城市生态环境和出行舒适性,建立"多元复合、生态、低碳"的城市功能区。城市绿地空间建设可以刺激轨道交通出行需求,进而促进轨道交通相关设施的建设和利用。轨道交通作为一种可持续的出行方式,在绿色城市建设中发挥着至关重要的作用,促进了城市高质量发展。轨道站点周边绿地空间不仅是城市景观的一部分,而且是一个可用以满足居民日常活动(如休息、健身等)的多功能设施区域。

(2) 在轨道交通成网条件下,由于站点周边土地利用的巨大差异,人口和就业密度有所不同,不同类型的轨道站点对自行车的需求也有差异[25-26]。过多或过少的自行车都将影响城市交通系统和财政可持续性。为了更有效地规划和分配自行车资源,有必要分析自行车在轨道站点影响区内的空间可用性。研究城市的自行车供需分布,分析在轨道交通成网条件下影响城市自行车交通出行的环境特征、城市自行车交通系统的时空运行特征,提出轨道站点周边自行车交通设施设计方法,可为城市自行车交通组织提供参考依据和技术指引,对规划者合理配置共享单车资源和研究人员进行公共交通客流建模具有重要意义。

（3）我国大城市特别关注大、中运量的公共交通系统(轨道交通、轻轨、有轨电车和快速公交等),对小运量公共交通关注相对较少,较难满足居民日益多样化的出行需求。微型公交可填补轨道交通和常规公交服务的空白区域,提高其竞争力以吸引更多的公共交通出行,提升老弱病残等弱势群体的出行便利性。考虑到城市地区道路交通系统规划设计较早,部分功能区的道路状况条件有限,不适合常规公交通行,而郊区的轨道交通呈放射状、网络密度较低,常规公交覆盖有限且满载率较低,以轨道站点影响区这一特定区域来研究衔接轨道站点的微型公交线路规划方法将会进一步发挥出轨道交通大容量、快速度、高可靠性等优势,对构建城市轨道站点影响区均衡、便捷的公共交通服务系统具有重要意义。

（4）停车配建标准及其相关政策会对城市的土地利用模式产生重大影响。公共交通系统的完善可能会使得部分小汽车出行向公共交通出行转移,导致停车位供过于求。考虑到城市建设用地日益紧张、下一阶段的轨道交通线网建设将更关注于郊区线路,郊区轨道站点将面临周边土地利用高密度开发,超高层建筑将快速发展,轨道站点区位特征也将随之发生变化。停车换乘(Park and Ride,P+R)日益成为一种在郊区为通勤者提供公共交通出行的策略,缓解中心城区交通拥堵、停车难问题。P+R已在国内部分大城市投入运营,但其设施运营在停车周转、停车费用设置等方面仍存在欠缺,一定程度影响了运营效果。因此,研究郊区轨道站点影响区超高层建筑停车配建与停车需求之间的关系,合理评价P+R设施效率与能力,对调控郊区小汽车出行、缓解停车压力并促进郊区轨道站点TOD具有重要意义。

因此,在以居民幸福感提升为导向的背景下,重新深入探讨面向通勤的轨道站点影响区交通设施配置方法显得尤为迫切。有必要在揭示通勤交通与居民幸福感、城市特征/居民收入与通勤交通互动影响机理的基础上,深入理解通勤交通对居民生活的影响、城镇化进程对居民通勤行为的影响以及不同城镇化率城市、不同收入群体、不同户籍群体采用公共交通通勤的可能性与幸福感程度。在我国现阶段城市轨道交通网络加速扩张的背景下,围绕轨道站点影响区这一特定区域,深入分析轨道站点客流的时空分布特征,探究轨道站点周边自然环境对客流的影响,阐述其交通模式与服务体系设计,研究其类型划分及范围确定,并重点开展面向通勤的交通设施配置研究,包括步行环境分析与设计方法、自行车需求分析与设施设计、微型公交线路规划方法及机动车停车设施配建与评价方法。研究可为轨道站点影响区交通设施配置提供重要的理论依据和技术支撑,以合理调控小汽车出行,引导公共交通出行,提升公共交通服务质量,切实保障不同收入群体/不同户籍群体的通勤出行;对于构建轨道站点影响区均衡、便捷的公共交通服务系统,促进轨道站点 TOD 具有十分重要的理论意义与实用价值。

1.2 国内外研究现状与评述

面向城市交通出行的主体——通勤交通,旨在关注不同城市、不同收入群体、不同户籍群体的居民出行幸福感,在揭示通勤交通对居民幸福感、城市特征/居民收入对通勤交通的互动影响机理的基础上,探讨大城市轨道站点客流时空分布特征及影响因素、轨道站点影响区的类型划分与范围确定等基础问题,从公共交通引导、小汽车出行调控等两个层面进行考量,重点研究步行环境分析与设计、自行车需求分析与设施设计、微型公交线路规划、机动车停车设施配建与评价等交通设施配置方法。因此,从以下几个方面总结国内外研究现状,为后续的深入研究奠定基础。

1.2.1 国内外研究现状

1) 通勤交通对居民幸福感影响相关研究

越来越多的研究将幸福感视为个人客观福利的有效替代。学者们研究了社会经济和城市建成环境因素对幸福感的影响。关于个人层面的因素,研究表明,收入、受教育程度、健康状况、分居、失业和缺乏社交与幸福感具有显著相关性。关于区域和国家层面的因素,学者研究了"幸福—收入悖论"(或称"伊斯特林悖论")。研究发现,空气污染和嘈杂的生活环境显著削弱了居民幸福感,其他研究则强调社区物质环境(如住房价格、质量)以及社区社会环境(如社区意识)对幸福感的影响。

既有研究中,通勤时间、通勤方式与幸福感之间的关系存在争议[27]。尽管一些研究认为通勤时间对幸福感没有影响,但交通拥堵可能会降低居民在通勤过程中的体验。吴江洁使用 2010 年我国家庭动态跟踪调查数据,应用有序 Logit 模型和最小二乘法研究了通勤时间对幸福感的影响,发现通勤时间与幸福感呈显著负相关,还存在着微弱的 U 型关系[28]。除了通勤时间之外,既有研究发现通勤方式是影响幸福感的另一个重要因素。Abou-Zeid 和 Fujii 在一项实验中要求习惯性驾驶小汽车上下班的人临时使用公共交通上下班,观察到参与者的平均通勤满意度水平提高[29]。Mao 等使用 2012 年我国北京市出行调查数据,发现采用多模式通勤方式的居民通勤满意度较高,其次是小汽车通勤方式、公共交通通勤方式[30]。Ye 和 Titheridge 设计了线上和线下调查,采集我国西安市的居民出行数据,应用结构方程模型发现居民采用步行或自行车通勤的满意度较高,其次是小汽车、公交车,电动车最低[31]。

学者们越来越多地运用生活导向的方法研究出行行为和日常生活。例如,Gerber 等使用卢森堡的所有工人迁居数据,基于不同选择情形下的出行特征和空间指标约束,应用混合 Logit 模型分析了通勤方式选择行为的偏好异质性,发现尽管通勤时间增加,居民在从卢森堡搬迁到房地产价格较低的邻国之后,其生活满意度更高[32]。Lancée 等利用荷兰的幸福指数数据发现,通勤出行相比在家让人感觉不快乐;使用公共交通通勤时这种负面差异最大,而骑自行车通勤时最小[33]。Wang 等应用综合多模式出行信息(Integrated Multimodal Travel Information, IMTI),基于生活导向的方法分析了假日出行行为动态,发现出行行为受到个人生活经历和外部时代背景的影响[34]。Delbosc 和 Nakanishi 使用了澳大利亚悉尼、墨尔本、堪培拉的数据,发现澳大利亚的千禧一代很少对小汽车表现出强烈的偏好[35]。Yu 等采用生活故事回顾性调查收集了日本各大城市的数据,开发了一个考虑贴现效用、横截面和纵向非均匀性的动态选择模型,确定了居民区的时间常数和时变偏好的影响[36]。

既有研究表明,城市特征(如人口密度、住宅密度等)对通勤交通具有重要影响。Renne 等使用来自美国 4 400 个轨道站点的数据并应用多层模型,发现社区级变量(人口、工作强度等)和区域网络可达性变量是预测公共交通通勤方式分担的重要变量[37]。Mushi 使用印度拉杰果德市居民访谈数据和从市政公司获取到的数据,应用了多元 Logit 模型分析发现到目的地可达性、土地利用混合度对通勤方式选择具有显著的影响[38]。Tong 等应用我国武汉市基于位置服务(Location-Based Service,LBS)数据,构建改进的梯度提升决策树模型,研究发现通勤负担与城市建成环境之间存在显著的非线性关系[39]。关于职住平衡与通勤交通的关系,研究表明职住平衡影响个人通勤行为。Lin 等使用我国北京市的调查数据并应用了多元回归模型进行分析,发现与社会经济特征相比,职住平衡对通勤时间的影响更为显著[40]。

2) 轨道站点周边环境与客流关系相关研究

智能卡数据可以准确记录出行时间和站点,有助于分析轨道站点乘客出行需求与特点。国内外学者们对城市轨道交通客流量与影响因素的关系进行了大量研究,发现天气、人口密度、就业水平、土地利用、公共交通连通度等对轨道站点的客流量具有一定的影响。其中不同时段、不同地区的轨道站点客流量呈现出不同的变化特征。与工作日相比,影响居民节假日出行的因素有所不同,工作日居民出行目的主要是通勤,而节假日居民的出行目的主要受商业街区吸引影响。节假日期间,居民目的地和出行时间更加灵活,轨道交通系统的客流也更大。相对于办公区轨道站点客流量的变化趋势,其他类型站点的客流量在节假日和工作日没有明显变化。

轨道站点的建设影响周边建成环境,城市居民的出行也与建成环境的变化有关。研究表明,轨道站点附近的购物设施吸引了居民出行。Li 等利用地理空间数据分析了不同建成环境对公共交通客流的影响,发现居住区促进了客流的增加[41]。绿地空间不仅是城市建成环境的一部分,也是衡量城市生活质量的重要指标,对居民的日常生活有着重要影响。城市绿地空间有利于吸引居民旅游和娱乐,并对提升居民满意度有积极作用。研究表明,城市绿地空间比例与其居民出行比例呈正相关,良好的建成环境可以吸引居民出行,公园和景点等绿地环境对居民出行有积极影响。

既有研究探讨了建成环境与城市轨道交通的关系,分析了城市绿地空间对居民的影响程度,但相关研究对轨道站点周边绿地空间和建成环境并未进行充分综合的考虑。轨道站点周边建成环境需要从绿地空间、节假日出行选择和出行时间等方面进行进一步深入研究。既有研究侧重于绿地空间对客流的影响,但对轨道交通和其他交通方式结合分析绿地对客流影响的研究较少。

3) 轨道站点影响区分类相关研究

国内外学者们已经对轨道站点区域分类进行了研究,Calthorpe 提出基于地区功能空间导向的城市和社区 TOD[42]。考虑到诸如密度、住房类型和公共交通服务等因素,Dittmar 和 Poticha 定义了 6 种不同的轨道站点类型:中心城区型、城市社区型、郊区中心型、郊区社区型、社区公共交通中心型和通勤城镇中心型[43]。吴娇蓉等根据轨道站点区位条件、周边土地利用性质、开发规模和强度等,将郊区轨道站点分为 7 种不同的站点类型:公共中心区型、居住区型、交通枢纽型、工业园区型、混合区型、文教区型和景区型[44]。如果规划者和政策制定者要获得更有针对性且有效的解决方案,这种基于定性分析的分类方法就更多依赖于对现有轨道站点区域条件的积极评估。一些城市已经评估了现有的轨道站点区域特征来确定自己的分类和有效的政策。例如,美国丹佛市根据城市的轻轨划定了 5 种不同类型(中心城区型、城市中心型、普通城市型、城市型、郊区型),围绕这些线路可以实施更有针对性且有效的规划政策,比如给位于中心城区的轨道站点更高的分区津贴[45]。由于可进行测试性的描述和系统分析的特性,在荷兰、瑞士、日本、捷克、澳大利亚、葡萄牙、伊朗等国家,基于节点和场所指标,一些学者应用节点—场所模型对轨道站点区域分类进行研究。

还有学者使用特定的现有站点特征对轨道站点区域进行分类研究。Atkinson-Palombo根据美国凤凰城的土地利用混合特征确定了5个不同轻轨站点类型,并使用单独的特征多元回归方法来分析每个轻轨站点类型[46]。美国公共交通导向发展中心使用美国39个地区的3 760个站点数据,通过站点区域的就业、人口、家庭小汽车行驶里程数测度土地利用混合,并应用多元回归分析法得到了15种不同的站点类型[47]。Atkinson-Palombo和Kuby使用美国凤凰城的数据,采用了等级聚类分析法并选择了12个独立变量描述交通相关特征、社会人口特征以及站点区域的土地利用,将轨道站点区域划分为5种类型:交通节点型、高人口租赁社区型、城市贫困地区型、就业中心型以及中等收入混合使用型[48]。Higgins和Kanaroglou使用加拿大多伦多市372个现有和规划的轨道站点数据,应用一种潜在类别分析方法提取轨道站点区域的特征,得到10个不同的站点类型[49]。陈艳艳等基于客流时空特征和客流量特征,使用我国北京市278个轨道站点的IC卡和AFC数据进行分类,并得到10个不同的站点类型[50]。蒋阳升等基于轨道交通进站客流数据,应用K-Means++算法对站点客流量进行聚类分析[51]。段德罡和张凡通过对我国西安市17个轨道站点的用地优势度和用地均匀度指数计算,综合考虑站点区域特征和交通功能等对城市轨道站点进行类型划分[52]。

4) 轨道站点影响区范围相关研究

基于不同目的,影响区范围已经在多个领域开展研究,包括估计公共交通潜在需求、交通设施配置等。关于公共交通站点影响区范围的确定,其主要取决于所涉竞争力量的复杂性、计算复杂性和数据可获取性等,各种方法计算出的影响区范围也有着较大差距。影响区范围确定的方法主要有以下三类:

第一类是简单的缓冲区分析法,其使用的半径等于行驶距离或行驶时间,对最大缓冲距离做出广义且严格的二元决策。例如800 m或步行10 min的缓冲区已被广泛接受为到达轨道站点的合理步行距离[53-54]。该方法定义了基于步行方式的公共交通站点影响区,只考虑了欧几里得距离,并没有考虑地理环境因素,忽略了网络中的间接路径、障碍物或者断裂点等。

第二类是基于道路网络的服务区域,使用沿着交通网络的出行距离或者出行时间而不是直线。此方法计算出的影响区范围对应于道路网络和周边土地利用情况,避免了简单缓冲区的固有缺陷。例如,武倩楠等基于实际道路网计算接驳距离,给出了考虑广义出行费用的衔接轨道站点的步行接驳范围,并以我国中山市景新路站点为例进行了案例应用[55]。

学者们发现轨道站点影响区范围受到其他多种因素的影响,诸如街道布局、土地利用、停车设施容量、公共交通服务水平等[56]。还有学者认为步行到轨道站点的可接受距离在空间上、不同群体之间是有区别的，例如O'Sullivan和Morrall使用加拿大卡尔加里市的数据，发现郊区居民可能会比城市居民接受更远的步行距离[57]；张宁等采用我国南京市轨道交通6个站点的调查数据进行分析[58]，也发现了该结论。García-Palomares等使用西班牙首都马德里市的轨道交通网络数据，发现年轻人、成年人、男性、流动人口、公共交通出行偏好者等群体更可能步行更远的距离，且对距离的影响敏感性较小[59]。Hochmair使用美国加州洛杉矶等城市轨道站点影响区的出行调查数据，发现通勤出行较其他出行距离更长，种族、收入、汽车保有量等社会经济变量对出行距离影响较小[60]。

第三类是使用地理编码的出行调查数据法，基于出行调查数据分析，根据出行起点集划定影响区边界。一种常用方法是凸包法，约90%的调查数据用于排除异常值的影响。出行调查收集通勤者的起讫点。该方法的取样很重要，有限的样本可能较难揭示影响区的真实边界，而增大样本量可能又会增加工作时间和资源投入。例如，王淑伟等基于我国北京市轨道交通出行特征调查和路网特性，提出了轨道站点合理吸引范围划分方法[61]。

5) 轨道站点影响区步行环境相关研究

合理规划步行网络对步行出行的可持续发展起到关键作用，对于采用何种指标和方法分析步行网络，国内外学者们已经进行了相关研究。可达性作为衡量既定交通条件下起讫点间步行交通行为难易程度的指标，对于反映步行网络状况有主导性作用。Erath等提出不仅要注意步行网络可达性，还应考虑步行体验感对步行网络的影响[62]。Dhanani等基于步行性的方法评估建成环境与行人活动的关系，根据确定建成环境指标在行人需求模型中的权重，量化建成环境的未来变化并预测行人需求[63]。熊文等总结发达城市步行网络分析指标及方法，提出基于步行源、步行汇、步行集的GIS分析的街道步行易达性分析方法[64]。

Kang等分析了街道布局与步行之间的联系，认为街道形态的基于链接和网络半径的属性对多尺度社区内的步行空间变化具有显著影响[65]。Nagata使用谷歌街景图像的语义分割和统计建模，根据分段街景元素（如建筑物和街道树木）的组合，建立回归模型来预测街景可步行性并评分[66]。Karatas和Tuydes-Yaman讨论了行人服务水平(Pedestrian Level of Service,PLOS)方法的可变性，提出相关数学方法来综合分析不同的PLOS评估结果[67]。Su等基于词频识别现有指标分类框架中最常见的指标，通过专家小组建立连通性、可达性、适宜性、服务性和可感知性的指标分类体系，对中国的街道可步行性进行分析[68]。郭嵘等从步行网络密度、日常服务设施的可达性、步行道路宽度及步行环境方面分析步行网络，提出15 min社区生活圈步行网络品质提升的优化策略[69]。杨俊宴等以南京市中心城区街道为例,综合城市街道可步行性测度指标体系,从通畅性、便利性、舒适性和安全性进行定量分析街道可步行性并提出优化策略[70]。

黄晓燕等基于西安市建成环境与居民出行行为微观调查数据,采用匹配对照的准实验研究设计,通过自选择效应的控制,探究并区分了城市轨道交通及建成环境对交通和休闲步行频率的影响[71]。Gonzalez-Urango 等提出了一种基于行人步行行为和道路属性的多准则决策分析方法,得出了衡量步行路径设计中的重要性指标[72]。Azad 等基于估算小区级别步行需求的方法,识别出具有更高潜力的路段作为步行路径[73]。Blecic 等以不同社区为案例,通过对社区进行步行性分析,对社区进行分类,分别是核心、半核心、半外围、外围,并表示缺乏步行性是城市外围的重要标准[74]。高杰等从宏观层面步行网络的整体度和微观层面步行路径的通畅度两大层面分析站点周边步行空间的连续性,借助卫星图观测、地图标记及实地勘察等方法探寻其主导问题及影响因素[75]。

赵梦妮等运用层次分析法,从多样性、可达性、舒适性和安全性等维度构建了主客观结合的城市社区步行环境分析方法[76]。吴亮和陆伟以环境为导向构建多元化分层策略,从地面网格优化和多维网格链接两方面出发探讨轨道交通影响区步行网络构建策略[77]。Niu 和 Tong 利用多种数据构建济南古城真实步行网络,比较了常见步行指标,其中包括步行网络中公交站点的连通性和服务水平,并对改善济南老城区步行系统提出了合理建议[78]。Zhou 等提出了一种基于开源众包系统来生成步行网络,并进行轨迹数据过滤、网络构建和步行网络评估[79]。Gabriele 等分析了影响城市可步行性的主要因素,通过识别优先行动的行人轨迹,基于 GIS 平台开发了一种评估步行质量和轨道站点可达性的方法[80]。周梦茹等基于安全性、舒适性等原则,构建通畅度、有效宽度等指标对步行环境进行分析,将指标权重分析后的各项得分进行聚类分析,并依据分类结果提出提升街道空间步行品质的规划建议[81]。

6) 轨道站点影响区自行车规划相关研究

许多国家将自行车交通定性为环保型交通鼓励发展,有的则作为锻炼身体的工具,而不是作为一种基本交通出行工具。Faghih-Imani 等考虑周围站点以及本站点前一时间点到达和离开率的时空影响因素,提出了公共自行车系统需求预测方法[82]。El-Assi 等使用经验模型揭示了路网结构对公共自行车系统需求的影响,分析了公共自行车系统需求的时变特征[83]。Peng 等建立了一种基于卷积递归神经网络的自行车需求预测模型,使用两层卷积神经网络、门控循环单元、注意力机制输出预测结果[84]。Cao 等基于我国南京市无桩共享单车位置信息、道路网络等数据,构建 QPSO-LSTM 模型对城市不同地区的共享单车需求进行预测[85]。

国内关于城市自行车交通需求分析方面的研究主要包括公共自行车需求预测

和自行车停车需求预测。罗海星从个人属性、出行特性和方式特性三类影响因素出发,采用多元 Logit 模型进行公共自行车需求预测[86]。杨柳等提出了基于 Nested Logistic 模型的轨道交通换乘自行车的方式选择预测模型,分析了轨道交通与其他交通方式之间以及自行车等方式换乘轨道交通方式的选择行为[87]。林燕平等通过分层聚类算法对预测站点进行聚类,得到与其相关的站点簇,并对站点簇构建网络需求预测模型[88]。陈红等提出基于 POI 数据的站点用地类型识别方法,构建以租还车需求为目标变量的随机森林预测模型,挖掘公共自行车使用的时空特征及站点租还车需求预测[89]。朱才华等针对新建公共自行车站点无法根据历史数据对使用需求进行预测的问题,提出了一种修正的地理加权回归模型探索单位时间节点需求生成与可达性间的关系[90]。

随着公共自行车以及共享单车的热潮,国外关于自行车交通系统的配套设施研究开始逐渐增加。Lin 等考虑了 4 个目标(最小化骑行者的风险、最大化骑行者的舒适度、最小化对交通的不利影响和最大化服务覆盖范围),提出了一种设施位置和网络设计模型[91]。Wang 等在最大限度地减少用户的总步行距离约束下,提出 0—1 混合整数非线性规划,上层模型优化了供应站的位置,下层模型优化了分配给每个需求站点的自行车数量[92]。Vishkaei 等提出了一种公共单车共享系统(Public Bicycle Sharing System,PBSS)的双目标优化解决方案,最大限度地减少用户对考虑到容量限制的最小车队规模的不满,从而确定设施规划布局[93]。

国内关于自行车配套设施研究主要集中于自行车停车设施以及公共自行车站点方面。王志高等提出自行车停车设施规划设计的原则:安全、便利、美观、经济,并提出实践中不同类型目的地的停车设施规划设计要素优先级建议[94]。陈小鸿等考虑自行车出行者群体与使用目的的差异性,提出了基于出行品质的自行车停放设施改善策略[95]。邓力凡等运用 Mobike 数据进行了用户骑行行为的时空间特征分析,提出了相应的共享单车停车设施布局优化建议[96]。郭彦茹等从宏观和微观两个层面研究共享单车停放区规划方法,解决停放区选址定容与停放区内部的停车位布局优化问题[97]。林建新等分析了分级设施选址问题,发现相关研究主要考虑平衡系统规划设计与场站设施规模差异化特征[98]。

7) 轨道站点影响区微型公交线路规划相关研究

Lin 和 Wong 提出了一种接驳公交线路设计模型,并应用多目标规划方法求解模型,最大限度地减少了线路长度、出行时间,提高了服务覆盖率;以我国台中市一个轨道站点为案例应用,结果表明提出的方法比现有方法在线路长度、覆盖范围等方面的处理表现得更好[99]。Almasi 等改进了传统的接驳公交网络模型,协调接驳公交网络与轨道交通网络,将总成本控制在最低限度,采用帝国竞争算法和水循环算法求解模型,以马来西亚首都吉隆坡为案例进行实际应用[100]。张思林等基于公交线路布设理论和既有成果,针对社区公交的运营特点,从兼顾乘客出行成本和企业运营成本最小的角度,将站点布设问题抽象为客流需求和多约束的站点选择0—1优化问题,探索接驳城市轨道交通社区公交站点布设研究的新方法[101]。李家斌等提出了基于候选线路集合生成和线路优选布设的轨道交通接驳公交线路生成方法,构建多目标优化模型并采用改进的遗传算法求解,以我国无锡市惠山新城为例进行实际应用[102]。Amita等采集了印度新德里运输公司的城市公交线路数据,使用公交乘客广义成本法并应用C++编程求解得到公交站间距在250~500 m之间[103]。Sahu等提出了一种全网启发式方法,通过迭代过程消除网络中公交线路上的冗余停靠点,从而优化现有公交网络中的停靠点数,得出合适的公交站间距,并以加拿大里贾纳市的公交网络为例进行实际应用[104]。

根据国内外居民区的道路基础网络形态,学者确定接驳公交布设和服务区域的模型假设及目标均有不同。潘述亮等针对不同需求类型,以公交服务的需求量最大为目标构建了最优服务区域选择模型,该服务区域的半径与轨道站点的吸引范围、乘客可接受步行时间等参数有关[105]。根据微型公交的功能定位,有学者从公交可达性和公交服务覆盖范围确定微型公交的布设区域。Xi等认为站点的服务区域为缓冲区,是基于人们愿意步行到站点的距离的近似范围,且不同交通方式的缓冲区大小各有不同,存在分级[106]。安久煜等选择车辆总行驶时间最小为目标对公交行驶路线进行设计。根据乘客预先提交的出行需求生成灵活型"伞状"线路,通过站点拆分,构建灵活线路优化设计模型,运用IBM ILOG CPLEX进行求解[107]。全威等选取影响阻抗大小的基本评价指标描述可达性,选取非常规出行用户对各指标的敏感程度作为权重值,建立公交可达性的计算模型[108]。邓吉浩等以公交微循环线路总长度最小和乘客总步行距离最短为目标,以站点数量、站间距、线路长度等为约束条件,建立开放式小区公交微循环站点与线路综合设计模型,使用遗传算法求解模型[109]。郭瑞利等使用武汉市轨道交通接驳出行调查与建成环境数据,考虑土地利用类型、建筑物等对站点影响区生成的不同影响,运用成本加权距离空间分析,划定了多级影响区[110]。

8) 轨道站点影响区机动车停车相关研究

停车供给被认为是交通方式选择的重要因素,大多数研究关注中心商务区和居住区停车问题。关于建筑物停车需求的研究始于20世纪40年代的美国,主要基于广泛的停车需求调查数据。Shatu和Kamruzzaman采集了澳大利亚布里斯班市的TOD社区和传统郊区型社区的88个居民的出行行为数据,并采用案例控制法分析得到TOD社区的小汽车使用率降低了5%、主动交通方式增加了4%[111]。Olaru和Curtis对比了澳大利亚珀斯市一条新轨道线路三个不同站点的小汽车出行,发现随着TOD的建成,日均车辆行驶公里(Vehicle kilometers travelled,VKT)下降了约 8%[112]。Chen 等采集了我国上海市 TOD 和非 TOD 社区的 2038 个居民调查数据,并应用 Heckman 样本选择模型分析,发现在 TOD 社区工作和居住的日均 VKT 明显较低[113]。

部分减少的小汽车出行、车辆行驶里程(Vehicle Miles travelled,VMT)或 VKT 可能从小汽车转移到公共交通出行。有学者研究发现在轨道站点附近的居民比那些远离轨道站点的居民,有着较高的公共交通出行比例,尤其是通勤出行,同时车辆保有量也较少[114]。还有学者研究发现过多的停车供给会导致车辆保有量的增加[115]和小汽车使用强度增大[116]。在制定停车政策时,一些城市逐渐考虑减少停车供应或实施最大停车配建标准,部分发达国家或地区逐渐向可持续停车管理发展,采取"供给紧缩"和"精细管理"的手段,从政策上划分不同的标准对停车管理加以引导[117]。

对于 P+R 设施的评价,既有研究主要对设施的运行效率进行分析。Mock 等基于访谈和调查,评估了快速公交站点 P+R 设施布局方面的实践状态[118]。王花兰等选取停车换乘需求、停车换乘可靠性和建设用地需求等 7 项指标,运用物元评价方法建立了 P+R 设施选址物元评价模型[119]。赵顺晶等以通勤廊道的停车换乘系统为对象,分别考虑政府经营和企业经营两种模式,从成本与收益的角度对 P+R 设施建设方案进行评价[120]。Zhao 等采用 Tobit 模型评估了土地利用特征、道路设计特征、人流量等对 P+R 设施利用率的影响[121]。

1.2.2 国内外研究评述

国内外学者们针对与本书相关领域的研究进行了广泛的探索,取得了一定的成果与进展,为本书的研究开展提供了较好的基础。国外的相关研究在通勤交通对居民幸福感、城市特征/居民收入对通勤交通的影响机理研究、轨道站点 TOD 等方面具有一定的优势,国内的相关研究对通勤方式、通勤时间和距离的研究较多,但很少有研究将这些要素与居民幸福感结合研究,较为关注衔接轨道站点的交通设施配置,然而步行环境分析与设计、自行车需求分析与设施设计、微型公交线路规划、机动车停车设施配建与停车换乘设施效能评价在实际工程实践应用时仍受制于数据的可获取性、模型方法的可操作性等,既有研究还有待进一步深化。轨道站点影响区的研究正成为国际研究的前沿和热点,日益得到国内学者的重视。国外对轨道站点客流变化和分布特征、环境因素等方面研究较多,而我国现阶段的相关研究相对较少。随着我国居民对轨道交通出行的日益关注、轨道交通的快速发展、"公交都市"建设示范工程的持续推进,亟需对面向通勤的轨道站点影响区的问题开展专门系统研究。

(1) 尽管许多研究发现通勤与幸福感之间存在显著的相关性,但关于这种关系的研究主要是基于发达国家的背景,而发展中国家和发达国家之间的城市建成环境有着较大的差异,许多发展中国家仍然处于伴随着城市交通发展的快速城镇化阶段。特别是在我国当前城市交通问题日益严峻的背景下,大多数城市的居民正面临着交通问题,并被迫适应日益严重的交通拥堵。既有研究得出通勤与幸福感之间存在显著相关性的结论,主要是基于单个城市的调查研究,很少有研究比较不同类型城市(如按照城镇化率划分)通勤与幸福感之间的关系。我国不同城镇化率城市具有不同的城市空间结构和交通设施,居民通勤时间也有很大差异。一般来说,相比较低城镇化率城市,较高城镇化率城市居民的通勤时间、通勤距离会更长。因此,不同城镇化率城市居民对通勤时间、通勤距离的接受程度也不同,居民SWB 也会显著不同。不同群体(收入不同、居住在不同地区的人群)的通勤方式存在显著差异。对我国城市而言,居民还受到政策和制度因素的影响,例如户籍特征,而既有的研究较少研究不同户籍群体(如本地人、流动人口)通勤交通与幸福感之间的关系。

(2) 针对城市特征、居民收入对通勤交通的影响,国内外学者已开展了一定的工作,但是由于国内外城市特征、居民收入等的差别,学者们基于不同国家/城市背景研究其对通勤交通的影响,得到的结论也不一致,该研究领域还存在争议,有待进一步研究。我国现阶段城市发展不均衡,城镇化率、人口密度、每万人拥有公共交通车辆数和人均道路面积等城市特征存在差异,因此,通勤时间、通勤方式之间也会存在一定的差异,特别是在我国快速城镇化的背景下,不同类型城市之间的交通发展水平还存在着较大差异,而既有研究主要还是基于单个城市的调查数据,基于大规模性全国尺度的多个城市调查数据进行的相关研究还比较匮乏。

(3) 尽管大量研究分析轨道站点客流量影响因素,然而,既有研究并不能充分解决换乘客流问题,很少有研究探讨换乘站的网络拓扑和位置对换乘客流的影响。针对轨道站点影响区环境因素的分析,既有研究探讨了建成环境与城市轨道交通的关系,分析了城市绿地面积对居民的影响程度,但相关文献对轨道站点周边绿地面积和建成环境并未进行充分综合的考虑。轨道站点周边建成环境需要从绿地面积、节假日出行选择和居民出行时间等方面进行进一步深入研究。尽管之前有部分研究侧重于绿地面积对客流的影响,但对轨道交通和其他交通方式结合分析绿地面积对客流影响的研究还有待进一步深入。

(4) 多数关于轨道站点影响区分类的研究都是在发达国家进行的,虽然我国学者已经在北京、上海等大城市进行实践研究,但总体上还有待进一步研究。现有的分类方法大多基于大量调查数据,数据的全面性和精确性难以保证,且对站点周边土地利用特征的考虑较少,有待继续深入研究。既有分类方法较多关注轨道站点作为轨道交通网络节点情形下的分类研究,较少关注轨道站点作为城市重要的特定功能区域情形下的分类,同时将轨道站点作为轨道交通网络节点与城市重要的特定功能区域来系统确定轨道站点分类的相关研究较少。尽管传统的节点—场所模型具有优势,可广泛地应用于提供分析框架将交通与土地利用结合起来,但是变量集可能在某些重要方面的覆盖范围受到限制。此外,该模型无法识别具有均衡节点—场所值的地点是公共交通导向发展区域(TOD)还是公共交通邻近发展区域(Transit Adjacent Development,TAD)。公共交通优先、完整街道设计已受到充分关注,通勤者有更多出行选择。该模型方法尚未将步行性和公共交通可达性水平同时考虑在内进行建模优化。

(5) 轨道站点影响区范围确定方法已有大量研究,多数研究是基于发达国家背景的,而我国现阶段经历快速城镇化,建成环境发生着深刻变化,有必要结合我国城市交通发展实际深入研究。大量研究还仅关注基于步行方式到达轨道站点的影响区域,较少有研究关注基于其他接驳方式下的站点影响区范围。然而,到达轨道站点的大量乘客并不都是采用步行方式,更多采用自行车、公共交通等方式。因此,有必要将这些接驳方式纳入考虑范畴来继续深入探讨轨道站点影响区范围。当轨道交通网络逐渐成熟时,会有更多的轨道站点可供通勤者选择,站点选择行为会发生一定的变化,不同站点会因其周边建成环境、服务设施等差异导致不同的影响区范围。目前对站点选择行为的研究相对较少,且主要集中在铁路站点,而轨道站点受到城市土地利用的复杂影响,区别于铁路站点,站点选择行为也可能不同。已有方法更关注与轨道站点接近的情况,而很少研究轨道站点吸引力,因此引力模型可能更合适,因为其不仅考虑距离,还考虑了站点吸引力。

(6) 学者们提出了不同的方法对公交线路生成优化进行大量研究,多数研究应用马尔可夫链、多周期优化、多目标非线性规划等较为复杂的数学模型,求解也较为困难,导致案例分析多借助于数值算例来演示,实例应用型较少。我国当前公共交通正处于快速发展阶段,动态变化较多,如果按照此类模型,必将涉及大量数据采集工作、长时间后续数据处理以及复杂算法编程实现,很难指导公交线路规划实践运用。既有研究多采用定量化分析手段,而微型公交区别于常规公交,具有服务短距离出行和接驳换乘的特性。微型公交所在城市区域不同,微型公交的功能定位也将呈现出差异性。由此可以看出微型公交网络具有空间复杂性。因此,针对微型公交网络在较为成熟的接驳公交网络设计问题(Feeder Bus Network Design Problem,FBNDP)的基础上继续研究可能极其复杂,且不一定适用于当前我国城市交通实际情况。我国微型公交系统仍在发展中,线路客流尚未稳定,作为小运量的公共交通方式,其在城市交通系统中的作用日益凸显,将激发更多的潜在出行需求。例如,微型公交系统逐渐完善后,流动人口群体、低收入群体、老弱病残等弱势群体的潜在出行需求量也将会得到增长。

因此,诸如回归分析法、时间序列法、贝叶斯网络法、四阶段法等传统需求分析方法就很难合理地分析预测微型公交需求量,进而指导微型公交线路规划实践。

(7) 已有公交站间距研究方法较多,多数研究都是基于发达国家背景,在发展中国家尤其是在我国的研究较少,形成的相关规范或指南也较少。由于世界各地城市交通发展情况不一,研究得到的公交站间距值也有一定差异,公交站间距值可参考已有研究成果,根据具体情况开展研究。既有大量研究主要关注常规公交站间距的相关研究,对于轨道站点影响区衔接轨道站点的微型公交站间距研究相对较少,有待围绕这一特定研究对象开展深入研究。既有研究试图获得最佳平均公交站间距,由于模型较为复杂、调查数据量大且求解较为困难,导致难以简单方便地应用于工程实践中,以精确定位公交站点。

(8) 关于建筑物停车配建标准研究,主要基于美国、英国等发达国家的情况,依据建筑物分类、区位划分和交通需求调查等来确定停车配建标准。大多研究还集中在中央商务区和居住建筑的停车问题,针对我国轨道站点影响区这个特定区域的建筑物停车配建,尤其是超高层建筑停车配建方法研究还比较少。既有研究提出轨道站点影响区的超高层建筑物停车配建指标需要进行一定比例的折减,却没有给出具体的折减比例确定方法。既有P+R研究多基于假设出行综合成本和效用函数进行研究,研究区域包括但不限于快速公交系统、轨道交通系统,较少关注轨道站点影响区作为城市重要功能区域情形下P+R出行者行为差异,同时轨道交通成网条件下,站点周边的P+R设施将激发更多潜在出行需求。对轨道站点影响区内P+R设施评价研究多从设施布局角度进行,而仅考虑设施区位条件、客流量影响进行评价容易受到限制,较难直接指导设施运营改善,需要结合具体设施周转率与周边轨道站点运营特征进行研究。

1.3 研究目标与内容

1.3.1 研究目标

本书针对面向通勤的轨道站点影响区交通设施配置方法进行研究、分析通勤交通对居民幸福感的影响机理,深入理解不同城镇化进程状态下通勤交通对居民幸福感、不同户籍群体幸福感的影响程度;分析城市特征/居民收入对通勤交通的影响机理,揭示具有不同特征的城市、不同收入群体通勤行为差异;分析轨道站点自然环境对客流的影响、轨道站点影响区交通服务体系、轨道站点影响区分类方法和范围确定方法,为制定面向通勤的轨道站点影响区交通设施配置相关规划与政策提供重要支撑。

研究轨道站点影响区与轨道站点 TOD 之间的关系,分析轨道站点影响区的节点指数、场所指数,引入公共交通可达性水平、步行性等指标,建立交通与土地利用相互协调的轨道站点影响区分类方法;剖析轨道交通成网条件下的站点选择行为,提出考虑站点吸引力的轨道站点影响区范围确定方法;为面向通勤的轨道站点交通设施配置提供重要的依据,缓解通勤压力、提升不同收入群体和不同户籍群体的出行幸福感。

量化轨道站点影响区步行环境,给出适应于步行网络形态与街道步行性的步行空间环境分析与设计方法;考虑轨道站点影响区的自行车交通需求与自行车交通系统特征,对轨道站点影响区自行车设施进行设计;分析轨道站点影响区微型公交服务潜在需求,给出适应于当前微型公交发展特征、衔接轨道站点的微型公交线路生成方法;考虑微型公交站点服务区域的人口密度、客流密度的差异化特征,提出以最小化通勤者总出行时间为目标的微型公交站间距确定方法;为轨道交通提供高效、便捷的接驳交通服务,提高其竞争力以吸引更多的公共交通出行,构建轨道站点影响区高质量公共交通系统。考量轨道站点影响区超高层建筑停车需求主要影响因素,提出适应于停车需求、考虑公共交通可达性、开发强度和活动重叠情况下的郊区轨道站点影响区超高层停车配建指标确定方法;分析轨道站点影响区停车换乘设施效能影响因素,提出轨道站点影响区停车换乘设施效能评价方法;为调控小汽车出行,促进小汽车通勤向公共交通转移供给重要设施配置。

1.3.2 研究内容

根据研究背景、国内外研究现状与评述,旨在通过研究,为面向通勤的轨道站点影响区设施配置提供参考:

(1) 通勤交通对不同城镇化率、不同户籍群体的幸福感影响如何,采用不同通勤方式出行的居民幸福感有何区别;不同城镇化率城市的通勤时间、通勤方式有何区别,在我国不同类型的城市中,不同收入群体的通勤行为有什么不同;如何更好地发展大城市公共交通来缓解通勤压力、提升不同收入群体和不同户籍群体的出行幸福感。

(2) 轨道站点客流会受到哪些因素的影响,轨道站点客流呈现怎样的时空分布特征,周围环境是怎样影响客流变化的。

(3) 城市轨道站点影响区内居民选择出行的交通模式是否会与其他区域有不同特性,影响区内交通服务体系存在何特征,应在设计时如何考量。

(4) 如何考虑将轨道站点影响区的土地利用与交通结合起来以更好地进行轨

道站点影响区分类，又如何识别出轨道站点影响区是 TOD 或 TAD。

（5）如何在考虑轨道站点吸引力、不同接驳方式（步行、自行车、微型公交）的基础上，确定轨道站点影响区的空间范围。

（6）城市轨道站点影响区内步行网络是怎样一种形态，依据网络如何分析步行交通环境，以及如何对步行空间进行设计。

（7）如何预测轨道站点影响区内自行车出行的交通需求，确定自行车交通系统的相关特征，合理安排自行车交通设施设计。

（8）如何生成一条衔接轨道站点的微型公交线路，不仅可以最大限度地发挥微型公交的灵活方便优势，还可以最大限度地满足通勤者的潜在需求，同时符合通勤者最大容忍时间；如何以最小化通勤者的总出行时间为目标、考虑实际道路交通情况来确定微型公交站间距，是否存在微型公交最佳站间距。

（9）轨道站点影响区内居民出行选择停车换乘的相关影响因素是什么，影响区超高层建筑停车配建指标确定的方法，以及如何对停车换乘设施的效能进行评价。

面向城市交通出行的主体——通勤交通，关注不同城市、不同收入群体、不同户籍群体的居民出行幸福感，在充分理解通勤交通与幸福感、城市特征/居民收入与通勤交通的相互影响机理的基础上，以轨道站点影响区这一特定区域作为研究对象，首先研究轨道站点影响区分类、范围确定方法等交通科学基础问题，为指导并开展面向轨道站点 TOD 的相关交通设施配置研究提供重要依据。从公共交通引导、小汽车出行调控等两个层面进行考量，重点选择步行环境分析与设计、自行车需求分析与设施设计、微型公交线路规划、机动车停车设施配建与评价等轨道站点影响区的关键交通设施配置问题进行系统深入研究，并进行案例应用。本书的主要研究内容将从以下九个方面开展：

1) 通勤交通与居民幸福感的互动影响机理

根据中国劳动力动态调查（China Labor-force Dynamic Survey，CLDS 2014）数据，采用 Likert 五点评分法对居民幸福感进行评价，确定因变量、自变量和控制变量，考虑全国尺度范围城市层面的城镇化发展水平及特征，对城市样本进行分类研究；应用多层混合效应有序概率回归模型研究不同城镇化率的城市和不同户籍群体（有本地户籍的居民和没有本地户籍的流动人口）之间的通勤交通与幸福感之间的关系。按照国家统计制度并采用等分法对受访者的人均年收入进行分组，确定因变量、自变量和控制变量；基于多层混合效应广义线性模型、多层混合效应 Logistic 回归模型分别研究通勤时间、通勤方式与城市特征/居民收入之间的关系。

2) 轨道站点环境对客流的影响分析

使用兴趣点（Point of Interest，POI）、轨道/公交自动售检票（Automatic Fare

Collection，AFC)数据、遥感影像等数据，应用模型研究轨道换乘站点客流变化特征，并分析轨道站点客流的时空分布特征及不同类型站点客流的分布特征；基于多元线性回归模型、卫星遥感技术识别轨道站点影响区内土地利用特征、绿地/水系等环境属性，评估其对分时段站点客流贡献度，揭示轨道站点环境对客流影响机理。

3) 轨道站点影响区交通模式与服务体系设计

结合我国城市空间结构、人口密度、用地规模等发展特点，从组成、特征以及模式选择三个方面具体研究轨道站点影响区内的交通模式，并从多个角度解析其特征，结合特征研究具体交通模式的选择决策。从影响区内交通服务体系整体出发，具体从居民出行、交通接驳以及公共交通系统的特征研究服务体系的特征。

4) 轨道站点影响区分类方法

考虑到密切联系交通与土地利用以构建轨道站点 TOD，调整并改进传统的节点—场所模型的变量集，引入公共交通可达性水平、步行性等指标，建立改进的节点—场所模型对轨道站点影响区进行分类。

5) 轨道站点影响区范围确定方法

考虑到轨道成网条件下站点选择行为发生变化、接驳方式呈现多样化等特征，基于步行性、公共交通可达性水平以及服务质量指数，使用多标准决策分析方法测度轨道站点的吸引力，建立改进 Huff 模型确定轨道站点的选择概率，结合线性参考法确定轨道站点影响区范围；应用 Mobike 数据，提出基于 K-Means 的轨道站点分类方法，根据 POI 到轨道站点的距离确定每类站点影响区。

6) 轨道站点影响区步行环境分析与设计方法

考虑低碳绿色的出行方式及综合社会效益，研究轨道站点影响区内的步行出行环境，从理论和技术两个方面分析步行网络形态相关的数据和指标，利用 DeepLab 模型、POI 数据等分析步行环境的视觉要素、步行尺度要素以及街道功能要素，考虑街道步行性对于步行出行建立模型并对于街道进行分类，为步行环境分析与设计提供理论依据。

7) 轨道站点影响区自行车需求分析与设施设计

考虑自行车作为一种环保型交通出行方式，拟从自行车交通的需求层次、影响因素等方面预测公共自行车和私人自行车等的停车需求，结合土地利用、道路系统及公共交通系统等对轨道交通成网条件下的城市自行车交通所处的交通系统环境进行分析，基于城市自行车交通分区体系，分析站点周边自行车停车需求，提出自行车停车设施设计方法。

8) 轨道站点影响区微型公交线路规划方法

基于公共交通在城市不同区域分布的复杂网络特征,采用社区发现方法对网络拓扑关系进行聚类,对研究社区进行划分,以拥有轨道站点的社区作为主要研究对象。考虑到最大限度地发挥微型公交的灵活方便优势,通过定义微型公交服务的潜力需求指标,引入需求折减系数来表征微型公交与常规公交的敷设在同一道路上的竞合关系,建立以潜在出行需求最大化为目标的圈点循环线路模型来生成衔接轨道站点的微型公交线路,采用遗传算法进行编程求解。定义微型公交的服务区域,提出了一种基于Voronoi图的微型公交站间距模型,以达到最小化总通勤出行时间的目的。

9) 轨道站点影响区机动车停车设施配建与评价方法

考虑以停车换乘的模式拦截进入中心城区的小汽车数量,对影响出行者选择停车换乘模式的主要因素和潜在因素进行分析,针对轨道站点影响区实现TOD导致超高层建筑密集型开发,研究超高层建筑停车配建服务范围、需求影响和指标确定等,构建考虑多种因素和指标的轨道站点影响区停车换乘设施效能评价模型,为停车换乘设施运营管理提出建议。

1.4 技术路线

本书综合运用交通运输工程学、城乡规划学、统计学等多学科的理论知识,应用多层混合效应有序概率回归模型分析通勤交通对居民幸福感的影响机理,应用多层效应广义线性模型、多层混合效应Logistic回归模型分析城市特征/居民收入与通勤交通的相互影响机理。探究轨道换乘站点客流变化,分析客流分布的时空异质性,研究轨道站点影响区绿地与客流的关系。应用改进节点—场所模型、改进Huff模型、多源数据研究轨道站点影响区的分类及范围。重点研究步行环境分析与设计、自行车需求分析与设施设计、微型公交线路规划、机动车停车设施配建与评价等交通设施配置方法。以轨道站点影响区这一特定区域,分析步行环境的视觉要素、步行尺度要素以及街道功能要素,考虑街道步行性建立模型,对步行环境进行设计。基于轨道站点影响区自行车交通需求分析,进行轨道站点影响区自行车停车设施设计。应用圈点线路模型、加权Voronoi图研究衔接轨道站点的微型公交线路生成、微型公交站间距确定,以引导公共交通发展。应用极差标准化法研究郊区的轨道站点影响区超高层建筑停车配建指标,以调控小汽车出行。基于数据包络分析(Data Envelopment Analysis, DEA)对轨道站点影响区的停车换乘设施效能进行评价。具体的技术路线图如图1-1所示。

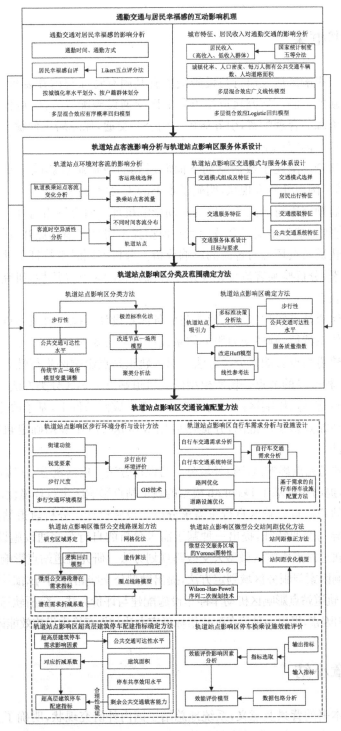

图 1-1 技术路线图

1.5 本书框架

轨道站点影响区居民出行与设施配置有其固有特征与内在要求,交通大数据下又赋予其新的内涵。研究轨道站点影响区交通设施配置方法,应保证公共交通与慢行交通资源的合理配置,引导居民使用公共交通,保障居民便捷出行。本书共分10章,各章节内容如下:

第1章绪论。阐述了数据驱动下面向通勤的轨道站点影响区研究背景及意义,系统总结了国内外研究现状,明确了本书的主要研究内容。

第2章通勤交通与居民幸福感的互动影响机理。研究城市特征与居民收入对通勤交通的影响,基于多层混合效用回归模型提出居民幸福感提升策略。

第3章轨道站点环境对客流的影响分析。分析不同时空特征下轨道站点环境客流影响因素,分析换乘客流变化及站点客流分布的时空异质性,研究环境变量与客流的内在联系。

第4章轨道站点影响区交通模式与服务体系设计。探讨轨道站点影响区交通模式与服务体系特征,阐述交通服务体系设计目标与要求。

第5章轨道站点影响区分类方法。引入轨道站点影响区步行性和公交可达性变量,提出一种改进的节点—场所模型研究轨道站点影响区分类方法。

第6章轨道站点影响区范围确定方法。考虑成网条件下,基于改进的Huff模型来确定轨道站点影响区范围,并提出应用Mobike、POI数据确定轨道站点影响区范围的方法。

第7章轨道站点影响区步行环境分析与设计方法。根据轨道站点影响区步行网络形态分析,提出一种基于DeepLab模型的轨道站点影响区步行环境设计方法。

第8章轨道站点影响区自行车需求分析与设施设计。分析轨道站点影响区自行车需求差异与交通特征,提出一种基于需求分析的自行车交通设施设计方法。

第9章轨道站点影响区微型公交线路规划方法。研究轨道站点影响区微型公交线路布设影响因素与服务区域划定方法,提出微型公交线路规划与站距优化方法。

第10章轨道站点影响区机动车停车设施配建与评价方法。分析轨道站点影响区停车需求影响因素,提出一种停车配建指标确定方法与停车换乘设施效能评价方法。

1.6 本章小结

阐述了本书的背景及意义,系统地总结了国内外研究现状,明确了主要研究内容、技术路线、本书框架,为后续研究奠定基础。

第 2 章 通勤交通与居民幸福感的互动影响机理

2.1 通勤交通对居民幸福感的影响

2.1.1 基于多层混合效应有序概率回归模型的影响分析

居民幸福感的地理分异特征通常是个体属性和外界环境共同影响形成的,包括个人层面的通勤者社会经济属性变量、社区层面的社区人口密度和周边企业数量变量、地级城市层面的城镇化率、人口密度、每万人拥有公共交通车辆数和人均道路面积等城市特征变量。传统的单层模型仅针对个人层面或环境层面进行分析,没有考虑组内(个人)或组间(城市/社区)的差异。CLDS 2014 数据的层次结构决定了传统的单层模型较难准确地解释居民幸福感的多因素影响机理。多层模型(Multilevel Models)克服了单层模型的不足,将具有嵌套关系的数据放置在阶层结构的模型中,可以提供方差及协方差的有效估计,分离出不同层次的变量,分别检验各层次的效应、各层次对解释因变量差异的贡献,模型中第二层自变量决定第一层的截距和斜率。居民幸福感是有序因变量,同时考虑到有序概率回归模型(Ordered Probit Regression Model)的核心思想是引入一个与离散变量相对应的正态潜在变量,从离散变量转换到连续变量,没有变量间独立性的约束,通过横截面数据可得到可观测变量和不可观测变量的动态机制。因此,应用多层混合效应有序概率回归模型研究通勤交通与居民幸福感之间的关联性。

假设 SWB 在 $\{1, 2, 3, 4, 5\}$ 中取值,解释变量 $x_1, x_2, \cdots, x_i$ 是一组影响 SWB 的变量,由于因变量是离散值,可能导致异方差和不一致问题,因此,将其转化为连续变量。假设存在一个无法直接观测的潜在变量 SWB^*,可以作为解释变量 X 的连续性函数,线性关系可以用公式(2-1)表示:

$$\text{SWB}^* = \beta_0 + \beta_1 x_1 + \beta_2 x_2 + \cdots + \beta_i x_i + \varepsilon \tag{2-1}$$

式中:$\beta_0, \beta_1, \beta_2, \cdots, \beta_i$ ——待估计的系数;

ε ——随机扰动项,服从正态分布,$N \sim (0, 1)$。

考虑到 SWB* 无法直接观测，测度可观测到的 SWB。因变量 SWB 有 5 个取值，所以存在 4 个阈值参数 θ_1、θ_2、θ_3、θ_4。SWB 和 SWB* 的关系可以用公式 (2-2) 表示：

$$\begin{cases} \text{SWB}=1, & \text{SWB}^* \leqslant \theta_1 \\ \text{SWB}=2, & \theta_1 < \text{SWB}^* \leqslant \theta_2 \\ \text{SWB}=3, & \theta_2 < \text{SWB}^* \leqslant \theta_3 \\ \text{SWB}=4, & \theta_3 < \text{SWB}^* \leqslant \theta_4 \\ \text{SWB}=5, & \text{SWB}^* > \theta_4 \end{cases} \tag{2-2}$$

居民幸福感受到三个层面变量的影响（第一层为个人层、第二层为社区层、第三层为地级城市层），将受访者个人 i 嵌套在社区 j 中、社区 j 嵌套在地级城市 k 中，构建多层混合效应有序概率回归模型，可以用公式 (2-3) 表示：

$$\text{SWB}_{ijk} = \beta_0 + \beta U_j + \eta W_k + \gamma X_{ijk} + u_j + w_k + \varepsilon_{ijk} \tag{2-3}$$

式中：β_0, β, η ——分别是个人、社区、地级城市层面的系数；

X_{ijk} ——个人层面的自变量（受访者的年龄、性别、婚姻状况、受教育程度、人均年收入、户籍情况）；

U_j, W_k ——分别是社区、地级城市层面的自变量；

$\varepsilon_{ijk}, u_j, w_k$ ——分别是个人、社区、地级城市层面的随机效应。

使用组内相关系数（Intra-class Correlation Cofficient，ICC）测度数据的非独立性，ICC 是组间异质或组内同质的指示性指标，可以定义为组间方差与总方差之比，范围在 0~1 之间，可以用公式 (2-4) 计算：

$$\text{ICC} = \frac{\sigma_a^2}{\sigma_a^2 + \sigma_b^2} \tag{2-4}$$

式中：σ_a^2, σ_b^2 ——分别表示地级城市/社区级方差、地级城市/社区内部的个体方差，$\sigma_a^2 > \sigma_b^2$，ICC 的计算值较大，表明同一地级城市/社区居民幸福感有相关性。

使用最大似然估计法测度模型的整体拟合程度。最大似然估计法是建立在最大似然原理基础上的一种统计方法，得到的最大似然估计具有较好的一致性、有效性和不变性，其核心思想是求未知参数使解释变量 X 获取样本值 $x_1, x_2, \cdots, x_i$ 的概率最大。根据解释变量 X 是离散型或连续型，最大似然估计法也有不同的公式表达。

(1) 解释变量 X 为离散型，假设概率分布为 $P\{X = x_i\} = p(x_i; \theta)$，$i = 1$，

$2, \cdots, n$，θ 表示待估计参数，$p(x_i;\theta)$ 表示估计参数为 θ 时，发生 x_i 的概率，似然函数可以用公式(2-5)表示：

$$L(\theta) = L(x_1, x_2, \cdots, x_n; \theta) = \prod_{i=1}^{n} p(x_i; \theta) \quad (2-5)$$

(2) 解释变量 X 为连续型，假设概率密度为 $f(x_i;\theta)$，$i=1, 2, \cdots, n$，θ 表示待估计参数，似然函数可以用公式(2-6)表示：

$$L(\theta) = L(x_1, x_2, \cdots, x_n; \theta) = \prod_{i=1}^{n} f(x_i; \theta) \quad (2-6)$$

如果满足：$L(x_1, x_2, \cdots, x_n; \hat{\theta}) = \max_{\theta} L(x_1, x_2, \cdots, x_n; \theta)$，即当 $\hat{\theta} = \theta$ 时，似然函数取最大值，那么 $\hat{\theta}$ 就是参数 θ 的最大似然估计值。

使用 STATA 软件编程进行数据分析，回归拟合模型涉及的重要参数及其意义如表 2-1 所示。

表 2-1 模型参数及意义

模型参数	参数表征意义
t 值	由 t 检验统计量得到，表征任意两个水平样本均值之间的差异，可以验证回归系数的显著性
p 值	由 t 检验统计量查表可以得到相应的显著性水平 p 值。$p<0.10$，因变量与自变量之间存在相关性；$p<0.05$，因变量与自变量之间存在显著的相关性；$p<0.01$，因变量与自变量之间存在高度的相关性
F 值	检验统计量，定义为因子均方与误差均方和的比值，由方差分析表可以得到
r 值	皮尔逊相关系数，测度两个变量之间的相关程度，在 $-1\sim1$ 之间取值
χ^2	卡方检验统计量，对比不少于两个的样本率，解析两个分类变量的相关性，用来表征统计样本的实际观测值与理论推断值之间的偏离程度。卡方值越小，偏差越小，越趋于符合

在多层混合效应有序概率回归模型中，因变量是居民幸福感。在 CLDS 2014 中，要求受访者对他们的居民幸福感根据 Likert 五点评分法进行评价，范围从 1(非常不幸福)到 5(非常幸福)。将自评幸福感分为两组：1~3 为幸福感低水平组，4~5 为幸福感高水平组。在 CLDS 2014 调查中，受访者有 7 种主要的通勤方式：步行、自行车、摩托车、公共汽车、轨道交通、出租汽车和小汽车。将公共汽车、轨道交通和出租汽车归类为公共交通。自变量是日均通勤时间(连续变量)、公共交通通勤方式(参考值：其他通勤方式)和步行/骑自行车(参考值：其他通勤方式)，大多数研究关注社会经济因素对居民幸福感的影响，而没有考虑到通勤时间也可能是影响居民幸福感的一个重要因素。特别是在我国城镇化程度较高的大城市(如上海)，中心城居民平均通勤时间 42.7 min，其中乘坐轨道交通出行的居民平均通勤时间 62 min[122]。较长的通勤时间让居民在城市生活中感受到很大的压力，

这可能会对居民幸福感产生负面影响。不同的通勤方式,对应的适合通勤时间也不同。然而,关于不同通勤方式的通勤时间对居民幸福感影响的比较研究却很少。例如,由于小汽车比公共交通通勤更舒适,通勤时间对使用小汽车的居民幸福感是否有显著影响？公共交通的合理通勤时间是多少？因此,选择这些变量作为解释变量。控制变量包括年龄(连续变量)、性别(参考值：女性)、婚姻状况(参考值：单身、离婚或丧偶)、受教育程度(参考值：小学及以下)、人均年收入的对数(连续变量)和户口情况(参考值：非本地户口)。既有研究表明,城市/社区特征与居民幸福感密切相关[123]。因此,为了控制城市/社区因素,研究采用多层混合效应有序概率回归模型分析通勤交通与居民幸福感之间的关系。

城镇化率是城镇人口占总人口的比例。我国城镇化率较高的城市往往具有较高的经济发展水平(如北京、上海、深圳)。考虑到城镇化30%~70%是学者们普遍认可的快速城镇化阶段,城镇化率50%左右时城镇化速度达到峰值,以此为分界点,此后城镇化率会明显减速。既有研究主要基于单个城市,对城市层面研究相对较少,我国城镇化涉及293个地级市(不含港澳台地区),各地级市具有不同的城镇化率、城市空间结构和交通设施,居民通勤交通(通勤方式、通勤时间等)也会有较大差异,居民幸福感也可能会不同。为深入认识不同城镇化水平下的通勤交通对幸福感影响,使研究成果更具广泛参考价值,选取全国尺度范围的地级城市作为主要研究对象,将124个地级城市按照城镇化发展水平分为三类：城镇化率<50%、城镇化率50%~70%、城镇化率>70%。一个城市拥有本地户口的居民生活方式和幸福感总体水平普遍高于流动人口[124],通勤交通对不同户籍群体幸福感的影响也可能不同。研究具有不同户籍情况的居民(拥有本地户籍的人、流动人口)的通勤交通和居民幸福感之间的关系。

城市地区和郊区在通勤方面存在着较大差异,如表2-2所示。城市受访者的平均通勤时间为0.56 h,而郊区受访者的平均通勤时间为0.41 h。居住在高城镇化率(>70%)城市的受访者的平均通勤时间比生活在低城市化率(<70%)城市的受访者的平均通勤时间更长。对于郊区受访者来说,居住在中等城镇化率(50%~70%)的城市居民的通勤时间比居住在低城镇化率(<50%)、高城镇化率(>70%)的城市居民的通勤时间都短。步行是居民主要的通勤方式,分别占33.00%和57.46%。随着城镇化率增长,采用步行通勤的比例逐渐下降。相比中、低城镇化率的城市,高城镇化率城市居民使用摩托车的通勤者比例明显较低。这是因为摩托车在我国中小城市仍然非常普遍,由于它们造成的交通问题日益严重,大城市严格管理摩托车的使用[125]。在城市地区使用小汽车通勤的比例是13.74%,远高于郊区的3.46%。城镇化率提高,小汽车使用率也在增加。通勤方式也因城镇化率的提高而变化较大：城镇化率越高,使用公共交通通勤的比例就越大。

表 2-2 CLDS 2014 中受访者的通勤时间和通勤方式细分情况

城市区域		所有样本		城镇化率＜50%的城市		城镇化率50%～70%的城市		城镇化率＞70%的城市	
		城市地区	郊区	城市地区	郊区	城市地区	郊区	城市地区	郊区
日均通勤时间/h		0.56	0.41	0.50	0.45	0.50	0.34	0.67	0.45
通勤方式/%	步行	33.00	57.46	36.80	67.82	33.41	47.98	29.38	41.94
	自行车	9.34	6.61	9.91	4.38	7.80	9.46	9.96	7.69
	摩托车	18.79	29.36	21.38	23.69	22.78	35.21	13.68	35.93
	公交	21.41	2.70	18.11	1.54	21.18	3.64	24.45	4.72
	轨道交通	2.64	0.18	1.13	0.09	0.53	0.03	5.47	0.93
	出租汽车	1.08	0.23	1.82	0.25	0.61	0.23	0.76	0.19
	小汽车	13.74	3.46	10.85	2.23	13.69	3.45	16.30	8.60

如表 2-3 所示,在城市地区采用小汽车通勤的受访者幸福感高于采用其他通勤方式的受访者。在郊区采用轨道交通和步行通勤的受访者幸福感低于采用其他通勤方式的受访者。

表 2-3 通勤方式与受访者幸福感的关系

通勤方式	SWB	
	城市地区	郊区
步行	3.79	3.58
自行车	3.80	3.72
摩托车	3.72	3.73
公交	3.82	3.75
轨道交通	3.84	3.47
出租汽车	3.90	3.80
小汽车	4.07	3.93

受访者在不同通勤方式下通勤时间与居民幸福感之间的关系如表 2-4 所示。在城市地区,对于小汽车、出租汽车的通勤族来说,幸福感水平较低的受访者通勤时间要长于幸福感水平较高的受访者。在郊区,对于步行、骑自行车或骑摩托车的通勤族来说,幸福感水平较低的受访者的通勤时间明显长于幸福感水平较高的受访者。

表 2-4 不同交通方式下通勤时间与受访者幸福感的关系

通勤方式	城市地区						郊区					
	低幸福感水平的受访者（1～3）		高幸福感水平的受访者（4～5）		检验统计量	p 值	低幸福感水平的受访者（1～3）		高幸福感水平的受访者（4～5）		检验统计量	p 值
	平均通勤时间/h	SD	平均通勤时间/h	SD			平均通勤时间/h	SD	平均通勤时间/h	SD		
步行	0.26	0.26	0.27	0.01	−0.788	0.431	0.38	0.42	0.35	0.39	2.677	0.008
自行车	0.51	0.03	0.51	0.03	−0.152	0.880	0.42	0.40	0.33	0.25	3.422	0.001
摩托车	0.47	0.40	0.48	0.38	−0.327	0.744	0.49	0.41	0.40	0.35	5.528	0.000
公交	0.94	0.69	0.93	0.74	0.158	0.875	1.02	0.94	1.01	0.88	0.053	0.957
轨道交通	1.48	0.71	1.39	0.80	0.600	0.550	1.11	0.55	1.80	1.28	−1.223	0.243
出租汽车	0.67	0.58	0.44	0.42	1.650	0.105	0.85	1.06	0.74	0.84	0.242	0.812
小汽车	0.77	0.66	0.70	0.56	1.162	0.246	0.56	0.51	0.53	0.64	0.426	0.670

注：SD——标准偏差。

2.1.2 通勤交通影响结果

通勤交通对居民幸福感影响的多层混合效应有序概率回归结果如表 2-5 所示。模型 1 给出了居住在城市地区受访者的通勤变量和幸福感的结果，模型 2 给出了居住在郊区受访者的通勤变量和幸福感的结果。在模型 1 中，通勤变量与受访者的幸福感无显著相关性。在模型 2 中，结果表明通勤时间越长，幸福感越低（系数 = −0.108，$p<0.01$）；此外，受访者采用步行和骑自行车通勤的幸福感更可能低于那些采用其他通勤方式的受访者（系数 = −0.090，$p<0.01$）。此外，对于城市地区的受访者而言，结婚（系数 = 0.381，$p<0.01$）和高收入（系数 = 0.091，$p<0.01$）的受访者的幸福感分别高于未婚和低收入受访者。相比受教育程度是小学及以下的受访者，受教育程度较高的受访者（初中：系数 = 0.132，$p<0.05$；高中：系数 = 0.188，$p<0.01$；大学及以上：系数 = 0.376，$p<0.01$）具有较高的幸福感。城市地区的男性受访者的幸福感比女性受访者低（系数 = −0.139，$p<0.01$）。对于郊区受访者而言，控制变量的结果与城市受访者模型中的结果几乎相同。除此之外，对于郊区受访者来说，年龄较大并拥有本地户籍的与较高幸福感有关。

表 2-5 通勤交通对幸福感影响的多层混合效应有序概率回归结果

变量	模型1：城市地区 系数	SE	模型2：郊区 系数	SE
交通变量				
日均通勤时间	−0.043	(0.033)	−0.108***	(0.030)
公共交通方式（参考值：其他交通方式）	−0.047	(0.048)	0.001	(0.075)
步行/自行车（参考值：其他交通方式）	−0.017	(0.042)	−0.090***	(0.031)
控制变量				
年龄	−0.001	(0.002)	0.003**	(0.001)
性别（参考值：女性）	−0.139***	(0.034)	−0.045*	(0.026)
婚姻状况（参考值：单身、离婚或丧偶）	0.381***	(0.048)	0.176***	(0.042)
受教育程度（参考值：小学及以下）	—		—	
初中	0.132**	(0.061)	0.072**	(0.029)
高中	0.188***	(0.065)	0.247***	(0.043)
大学及以上	0.376***	(0.068)	0.305***	(0.073)
人均年收入的对数	0.091***	(0.022)	0.086***	(0.012)
户口情况（参考值：非本地户口）	0.032	(0.037)	0.107**	(0.054)
cut1	−1.042***	(0.240)	−1.171***	(0.154)
cut2	−0.392*	(0.237)	−0.383**	(0.151)
cut3	0.899***	(0.237)	0.898***	(0.151)
cut4	2.143***	(0.238)	2.164***	(0.152)
城市级方差	0.063***	(0.020)	0.049***	(0.016)
社区级方差	0.045***	(0.014)	0.073***	(0.013)
受访者数量	4 731		8 530	
最大似然估计（Log likelihood）	−5 679.488		−10 483.653	
卡方检验（Chi-squared）	166.895***		165.768***	

注：* $p<0.10$；** $p<0.05$；*** $p<0.01$；SE——标准误差。

将 CLDS 2014 中调查的 124 个地级城市按照城镇化率分为三类。如表 2-6 所示，只有在城镇化程度较低的城市（城镇化率<70%），通勤时间对居民的幸福感有显著和负面的影响——通勤时间越长，居民拥有越高幸福感水平的可能性越低（城镇化率<50%：系数=−0.118，$p<0.01$；50%≤城镇化率<70%：系数=−0.079，$p<0.10$）。这可能是因为在城镇化程度高的大城市中，因为交通拥堵更多、通勤距离更长，人们习惯了长距离通勤。因此，随着通勤时间的增加，幸福感不会迅速变化。但在城镇化水平较低的中小城市，通勤距离和时间较短，如果通勤时间增加，幸福感更可能受到影响。在中等城市化率（50%～70%）的城市，步行或骑自行车的通勤族的幸福感总体上显著低于使用机动车的通勤族（系数=−0.093，

$p<0.05$)。这可能与这些城市不友好的步行和骑行交通环境有关(例如不完善的步行/自行车交通系统、机非混行等)。

表 2-6 基于城镇化率水平的通勤对幸福感影响的多层混合效应有序概率回归结果

变量	模型 3：城镇化率<50%		模型 4：城镇化率 50%~70%		模型 5：城镇化率>70%	
	系数	SE	系数	SE	系数	SE
交通变量						
日均通勤时间	−0.118***	(0.033)	−0.079*	(0.045)	−0.019	(0.040)
公共交通方式(参考值：其他交通方式)	−0.020	(0.068)	0.006	(0.069)	−0.098	(0.066)
步行/自行车(参考值：其他交通方式)	−0.055	(0.037)	−0.093**	(0.042)	−0.032	(0.056)
控制变量						
年龄	0.002	(0.001)	0.004**	(0.002)	−0.003	(0.002)
性别(参考值：女性)	−0.058*	(0.031)	−0.067*	(0.036)	−0.142***	(0.043)
婚姻状况(参考值：单身、离婚或丧偶)	0.196***	(0.049)	0.187***	(0.056)	0.444***	(0.060)
受教育程度(参考值：小学及以下)	—	—	—	—	—	—
初中	0.058	(0.037)	0.114***	(0.043)	0.138**	(0.067)
高中	0.193***	(0.050)	0.286***	(0.058)	0.188**	(0.075)
大学及以上	0.345***	(0.065)	0.452***	(0.070)	0.339***	(0.084)
人均年收入的对数	0.082***	(0.015)	0.095***	(0.019)	0.104***	(0.026)
户口情况(参考值：非本地户口)	0.070	(0.049)	0.017	(0.056)	0.030	(0.050)
cut1	−1.183***	(0.181)	−1.105***	(0.220)	−0.988***	(0.296)
cut2	−0.388**	(0.178)	−0.415*	(0.216)	−0.278	(0.293)
cut3	0.842***	(0.178)	0.933***	(0.216)	1.050***	(0.293)
cut4	2.074***	(0.179)	2.246***	(0.217)	2.275***	(0.294)
城市级方差	0.057***	(0.018)	0.035*	(0.018)	0.054**	(0.024)
社区级方差	0.059***	(0.013)	0.091***	(0.019)	0.040***	(0.015)
受访者数量	5 998		4 355		2 908	
最大似然估计(Log likelihood)	−7 478.809		−5 159.533		−3 510.556	
卡方检验(Chi-squared)	117.435***		120.874***		126.124***	

注：* $p<0.10$；** $p<0.05$；*** $p<0.01$；SE——标准误差；cut 1, cut 2, cut 3, cut 4——模型截距。

通勤交通对流动人口(没有本地户籍)和本地居民(有本地户籍)幸福感的影

响,如表 2-7 所示。对于流动人口和本地居民来说,通勤时间与居民幸福感呈显著负相关性(系数＝－0.079,$p<0.10$;系数＝－0.081,$p<0.01$)。只有采用步行/骑自行车通勤的本地居民不太可能具有较高的幸福感(系数＝－0.062,$p<0.05$)。通过通勤方式对居民幸福感的影响进行了多层混合效应有序概率回归,如表 2-8 和表 2-9 所示。对于城市地区的受访者来说,只有通勤时间对步行或骑自行车的通勤族的幸福感有负面影响(系数＝－0.118,$p<0.10$)。对于郊区受访者来说,通勤时间对步行/骑自行车者(系数＝－0.086,$p<0.05$)或骑摩托车(系数＝－0.280,$p<0.01$)的通勤族的幸福感有负面影响。

表 2-7 基于户口的通勤交通对幸福感影响的多层混合效应有序概率回归结果

变量	模型 5:流动人口		模型 6:本地居民	
	系数	SE	系数	SE
交通变量				
日均通勤时间	－0.079*	(0.048)	－0.081***	(0.025)
公共交通方式(参考值:其他交通方式)	－0.020	(0.072)	－0.043	(0.046)
步行/自行车(参考值:其他交通方式)	－0.071	(0.058)	－0.062**	(0.028)
控制变量				
年龄	－0.002	(0.002)	0.003**	(0.001)
性别(参考值:女性)	－0.180***	(0.048)	－0.057**	(0.023)
婚姻状况(参考值:单身、离婚或丧偶)	0.446***	(0.070)	0.210***	(0.035)
受教育程度(参考值:小学及以下)	—	—	—	—
初中	0.125*	(0.075)	0.087***	(0.028)
高中	0.157*	(0.081)	0.243***	(0.037)
大学及以上	0.325***	(0.087)	0.407***	(0.047)
人均年收入的对数	0.084***	(0.029)	0.092***	(0.011)
cut1	－1.101***	(0.320)	－1.166***	(0.132)
cut2	－0.413	(0.316)	－0.400***	(0.129)
cut3	0.835***	(0.316)	0.895***	(0.129)
cut4	1.960***	(0.317)	2.185***	(0.130)
城市级方差	0.063**	(0.025)	0.056***	(0.013)
社区级方差	0.059***	(0.023)	0.064***	(0.010)
受访者数量	2 397		10 864	
最大似然估计(Log likelihood)	－3 012.558		－13 158.518	
卡方检验(Chi-squared)	92.136***		265.302***	

注:* $p<0.10$;** $p<0.05$;*** $p<0.01$;SE——标准误差;cut 1,cut 2,cut 3,cut 4——模型截距。

表 2-8 城市地区通勤方式对幸福感影响的多层混合效应有序概率回归结果

变量	模型 7：步行与自行车		模型 8：摩托车		模型 9：公共交通方式		模型 10：小汽车	
	系数	SE	系数	SE	系数	SE	系数	SE
交通变量								
日均通勤时间	−0.118*	(0.067)	−0.017	(0.096)	−0.016	(0.044)	−0.091	(0.086)
控制变量								
年龄	0.002	(0.002)	−0.002	(0.004)	0.002	(0.004)	0.003	(0.006)
性别（参考值：女性）	−0.110**	(0.045)	−0.174**	(0.078)	−0.169***	(0.065)	−0.320***	(0.107)
婚姻状况（参考值：单身、离婚或丧偶）	0.330***	(0.067)	0.332***	(0.117)	0.383***	(0.083)	0.264	(0.166)
受教育程度（参考值：小学及以下）								
初中	0.253***	(0.063)	−0.167	(0.121)	0.472***	(0.170)	0.096	(0.291)
高中	0.309***	(0.071)	0.055	(0.130)	0.290*	(0.166)	0.113	(0.291)
大学及以上	0.497***	(0.080)	0.308**	(0.140)	0.507***	(0.168)	0.082	(0.286)
人均年收入的对数	0.100***	(0.026)	0.064	(0.053)	0.064	(0.048)	0.014	(0.060)
户口情况（参考值：非本地户口）	0.059	(0.053)	0.066	(0.082)	−0.013	(0.070)	0.027	(0.102)
cut1	−0.692**	(0.280)	−1.507***	(0.571)	−1.095**	(0.518)	−2.350***	(0.729)
cut2	−0.092	(0.276)	−0.771	(0.563)	−0.459	(0.513)	−1.939***	(0.718)
cut3	1.184***	(0.276)	0.534	(0.564)	0.863*	(0.513)	−0.559	(0.713)
cut4	2.409***	(0.278)	1.702***	(0.566)	2.129***	(0.516)	0.912	(0.714)
城市级方差	0.053***	(0.024)	0.030	(0.023)	0.138***	(0.044)	0.007	(0.056)
社区级方差	0.047***	(0.020)	0.000	(0.000)	0.022	(0.023)	0.226**	(0.109)
受访者数量	2642		889		1235		650	
最大似然估计（Log likelihood）	−3248.345		−1099.928		−1471.169		−709.426	
卡方检验（Chi-squared）	104.288***		40.175***		51.930***		13.982***	

注：* $p<0.10$；** $p<0.05$；*** $p<0.01$；SE——标准误差；cut 1, cut 2, cut 3, cut 4——模型截距。

表 2-9 郊区通勤方式对幸福感影响的多层混合效应有序概率回归结果

变量	模型 11: 步行和自行车		模型 12: 摩托车		模型 13: 公共交通方式		模型 14: 小汽车	
	系数	SE	系数	SE	系数	SE	系数	SE
交通变量								
日均通勤时间	−0.086**	(0.039)	−0.280***	(0.063)	−0.077	(0.066)	−0.063	(0.125)
控制变量								
年龄	0.004***	(0.001)	−0.002	(0.002)	0.008	(0.006)	−0.006	(0.008)
性别 (参考值: 女性)	−0.035	(0.030)	−0.115**	(0.050)	−0.150	(0.114)	0.152	(0.178)
婚姻状况 (参考值: 单身、离婚或丧偶)	0.158***	(0.049)	0.261***	(0.082)	0.203	(0.146)	0.392	(0.252)
受教育程度 (参考值: 小学及以下)								
初中	0.053	(0.035)	0.099*	(0.053)	0.262	(0.180)	−0.120	(0.241)
高中	0.220***	(0.053)	0.292***	(0.073)	0.301	(0.200)	−0.050	(0.271)
大学及以上	0.331***	(0.088)	0.312**	(0.128)	0.648***	(0.207)	−0.027	(0.290)
人均年收入的对数	0.094***	(0.014)	0.100***	(0.028)	0.012	(0.068)	0.211***	(0.079)
户口情况 (参考值: 非本地户口)	0.078	(0.060)	0.054	(0.091)	−0.178	(0.135)	0.131	(0.220)
cut1	−0.973***	(0.172)	−1.355***	(0.321)	−1.955***	(0.742)	−0.458	(0.942)
cut2	−0.178	(0.169)	−0.593*	(0.317)	−1.173	(0.721)	0.625	(0.912)
cut3	1.103***	(0.169)	0.732**	(0.317)	0.154	(0.719)	1.842**	(0.915)
cut4	2.354***	(0.170)	2.018***	(0.318)	1.521**	(0.725)	3.208***	(0.924)
城市级方差	0.051***	(0.015)	0.090***	(0.034)	0.151**	(0.076)	0.000	(0.000)
社区级方差	0.051***	(0.012)	0.086***	(0.028)	0.033	(0.073)	0.365**	(0.143)
受访者数量	5 982		2 504		452		296	
最大似然估计 (Log likelihood)	−7 439.825		−3 028.761		−538.694		−351.022	
卡方检验 (Chi-squared)	108.451***		70.006***		20.097***		11.806***	

注: * $p<0.10$; ** $p<0.05$; *** $p<0.01$; SE——标准误差; cut 1, cut 2, cut 3, cut 4——模型截距。

2.2 城市特征/居民收入对通勤交通的影响

2.2.1 基于多层混合效应 Logistic 回归模型的影响分析

多层模型考虑了数据的跨层次结构,可以对受多层变量影响的通勤交通行为进行建模,提供方差及协方差的有效估计,分离出不同层次的变量,分别检验各层次的效应、各层次对解释因变量差异的贡献。线性混合效应模型假设因变量、随机效应都服从正态分布,在通勤时间估算中,损失数据是离散型数据,数据的方差也不一定是常数,通勤时间与地级城市变量和社区级变量之间可能不再是单纯的线性关系。广义线性混合效应模型是广义线性模型与线性混合效应模型的扩展,在模型中加入随机效应来解释数据间的相关性、异质性等,将线性混合模型的因变量推广到指数分布族,可以增加通勤时间的估计精度。因此,应用多层混合效应广义线性模型研究通勤时间与城市/社区特征、居民收入之间的关系。

Logistic 回归模型,是离散选择模型之一,是分析因变量为独立分类资料(即数据来自完全独立的随机样本)的常用统计分析方法。相比多元线性回归模型,Logistic 回归模型对正态性、方差齐性、自变量类型等都没有要求,系数具有可解释性。应用 Logistic 回归模型的前提是因变量取值必须满足二分类或多项分类,考虑到通勤方式选择结果是典型的多项分类:按照机动化程度分类,可以分为机动化和非机动化通勤方式;按照交通工具属性分类,可以分为私人交通和公共交通通勤方式。因此,应用多层混合效应 Logistic 回归模型研究通勤方式与城市/社区特征、居民收入之间的关系。

多层混合效应广义线性模型可以用公式(2-7)表示:

$$Z_{ijk} = \beta_0 + \beta U_j + \eta W_k + \gamma X_{ijk} + u_j + w_k + \varepsilon_{ijk} \tag{2-7}$$

多层混合效应 Logistic 回归模型可以用公式(2-8)表示:

$$\lg(C_{k,ij}) = \ln\frac{C_{k,ij}}{1-C_{k,ij}} = \beta_0 + \beta U_j + \eta W_k + \gamma X_{ijk} + u_j + w_k + \varepsilon_{ijk} \tag{2-8}$$

式中:Z_{ijk}——位于地级城市 k 的社区 j 中的受访者 i 的通勤时间;

$C_{k,ij}$——位于地级城市 k 的社区 j 中的受访者 i 采用非机动化交通方式通勤/公共交通方式通勤的概率。

继续使用 STATA 软件编程进行数据分析,采用最大似然估计法测度模型的整体拟合程度,模型参数及意义如表 2-1 所示。

在研究城市特征/居民收入对通勤交通的影响中选取了三个因变量：通勤时间、通勤方式1和通勤方式2。通勤时间是指受访者每天花在通勤上的总时间。通勤方式1是指使用机动化和非机动化方式的通勤。机动化方式包含摩托车、公共汽车、轨道交通、出租汽车和小汽车；非机动化方式包含步行和自行车。通勤方式2是指使用私人交通方式和公共交通方式的通勤。私人交通方式包含小汽车、摩托车、自行车和步行；公共交通方式包含公共汽车、轨道交通和出租汽车。自变量包含地级城市变量和社区级变量。地级城市变量包含城镇化率、人口密度、每万人拥有公共交通车辆数和人均道路面积。社区级变量包含社区人口密度和附近企业数量。回归模型包含一系列控制变量：年龄、性别、婚姻状况、受教育程度、个人年收入和在城市居住时间。为了发现地级城市变量和社区级变量对低收入群体和高收入群体通勤交通的不同影响，按照国家统计制度并采用等分法将受访者的收入五等分，即将所有受访者按照人均收入水平从高到低顺序排列，平均分为五个等分，最前面20%是高收入群体，最后面20%是低收入群体。

变量的描述性统计如表2-10所示。受访者日均通勤时间为27.73 min。采用机动车通勤的受访者比例(45.17%)小于采用非机动车(步行和骑自行车)通勤的受访者比例(54.83%)。采用公共交通通勤的受访者比例(12.01%)远小于采用非公共交通通勤的受访者比例(87.99%)。关于地级市变量，居住在城镇化率<50%、50%~70%、>70%城市的受访者分别占总样本的39.77%、33.77%、26.46%。居住在低、中、高人口密度城市的受访者分别占总样本的38.83%、25.23%、35.94%。每万人拥有公共交通车辆数是10.65(标准差=11.34)。人均道路面积是13.37 m^2(标准差=8.15)。就社区级变量而言，平均社区人口密度为10 700 人/km^2(标准差=56 200)。社区的平均企业数量为56个(标准差=293)。关于个人社会经济特征(控制变量)，受访者的平均年龄为44.75岁。女性和男性受访者的比例分别是43.52%和56.48%。已婚受访者比例是87.69%，未婚、离婚和丧偶的受访者占12.31%。关于受教育程度，小学及以下、初中、高中、大学及以上学历的受访者，分别占33.03%、33.31%、17.37%和16.29%。受访者人均年收入35 397.63元。关于户口状况，本地户口占80.80%，非本地户口占19.20%。受访者在城市的平均居住时间为39.58年。

表2-10 变量的描述性统计表($N=10\ 383$)

因变量	均值
通勤时间/min	27.73(SD=31.18)
通勤方式/%	
机动车	45.17

(续表)

因变量	均值
非机动车	54.83
公共交通	12.01
私人交通	87.99
地级城市变量	
城镇化率/%	
<50%	39.77
50%~70%	33.77
>70%	26.46
人口密度/%	
低	38.83
中	25.23
高	35.94
每万人拥有公共交通车辆数	10.65(SD=11.34)
人均道路面积/m^2	13.37(SD=8.15)
社区级变量	
社区人口密度/(10 000人/km^2)	1.07(SD=5.62)
社区企业数量/100个企业	0.56(SD=2.93)
控制变量	
年龄	44.75(SD=12.50)
性别/%	
女性	43.52
男性	56.48
婚姻状况/%	
单身,离婚或丧偶	12.31
已婚	87.69
受教育程度/%	
小学及以下	33.03
初中	33.31
高中	17.37
大学及以上	16.29
个人年收入(元)	35 397.63(SD=9 908.22)

(续表)

因变量	均值
户口状况/%	
非本地户口	19.20
本地户口	80.80
城市居住时间(年)	39.58(SD=17.23)

注：SD——标准偏差。

通勤方式与个人收入水平(低收入水平和高收入水平)之间的描述性统计如表2-11所示。高收入群体的平均通勤时间(34.63 min)比低收入群体的平均通勤时间(23.58 min)更长($p=0.000$)。低收入群体中采用机动车通勤的受访者比例为15.07%，却有98.41%的受访者采用公共交通通勤，这可能是因为大多数低收入群体采用摩托车通勤。高收入群体中采用机动化交通方式通勤的受访者比例66.55%，显著高于低收入群体的15.07%($p=0.000$)。高收入群体中采用私人交通通勤的受访者比例22.62%，显著高于低收入群体的1.59%($p=0.000$)。这可能是因为大多数低收入群体采用步行和自行车通勤。

表2-11 不同收入群体的通勤时间和通勤方式的描述性统计

变量	低收入群体		高收入群体		检验统计量/卡方	p 值
	均值	SD	均值	SD		
通勤时间/min	23.58	26.69	34.63	37.92	−10.85[a]	0.000
通勤方式/%					1 100.00[b]	0.000
机动车	15.07		66.55			
非机动车	84.93		33.45			
通勤方式/%					430.33[b]	0.000
公共交通	98.41		77.38			
私人交通	1.59		22.62			

注：a——t检验统计量；b——卡方统计量；注：SD——标准偏差。

通勤时间与通勤方式的多层次回归结果如表2-12所示。模型1中的因变量是通勤时间。在地级城市变量中，城镇化率、人口密度、每万人拥有公共交通车辆数和人均道路面积对通勤时间具有显著影响。相比居住在城镇化率低于50%城市受访者，居住在城镇化率大于70%的城市受访者的通勤时间明显较长(系数=12.732，$p<0.01$)。相比居住在低人口密度城市的受访者，居住在中等人口密度城市的受访者的通勤时间明显较长(系数=5.347，$p<0.05$)。相比居住在人均道路面积较小城市的受访者，居住在人均道路面积较大城市的受访者的通勤时间明

显较短(系数=-0.351,$p<0.05$)。在控制变量中,性别、受教育程度、个人年收入与通勤时间有显著的关系。男性的通勤时间显著长于女性(系数=3.056,$p<0.01$)。拥有大学及以上学历的受访者的通勤时间显著长于拥有小学及以下学历的受访者(系数=-6.894,$p<0.05$)。此外,个人年收入变量与通勤时间呈正相关(系数=0.519,$p<0.10$)。

表2-12 通勤时间和通勤方式的多层次建模

变量	模型1:通勤时间		模型2:通勤方式(0=机动车,1=非机动车)		模型3:通勤方式(0=私人交通,1=公共交通)	
	系数	SE	系数	SE	系数	SE
地级城市变量						
城镇化率(参考值:<50%)						
50%~70%	-1.581	(2.768)	-0.067	(0.193)	0.547	(0.369)
>70%	12.732***	(2.689)	-0.170	(0.255)	1.347***	(0.482)
人口密度(参考值:低)						
中	5.347**	(2.648)	0.608***	(0.206)	0.301	(0.393)
高	2.071	(2.139)	-0.298	(0.204)	0.330	(0.387)
万人拥有公共交通车辆数	0.040	(0.083)	0.020**	(0.009)	0.018	(0.016)
人均道路面积	-0.351**	(0.137)	-0.009	(0.011)	-0.015	(0.021)
社区级变量						
社区人口密度	-0.112	(0.149)	0.023**	(0.011)	0.005	(0.018)
社区企业数量	-0.197	(0.179)	0.024	(0.016)	-0.001	(0.019)
控制变量						
年龄	-0.024	(0.040)	0.048***	(0.004)	-0.031***	(0.005)
性别(参考值:女性)	3.056***	(0.593)	-0.471***	(0.052)	-0.057	(0.076)
婚姻状况(单身,离婚或丧偶)	-0.155	(0.930)	-0.342***	(0.082)	-0.412***	(0.106)
受教育程度(参考值:小学及以下)						
初中	-1.245	(0.772)	-0.397***	(0.067)	0.446***	(0.148)
高中	0.856	(0.984)	-0.492***	(0.082)	0.842***	(0.157)
大学及以上	6.894***	(1.188)	-0.645***	(0.099)	1.035***	(0.168)
个人年收入的对数	0.519*	(0.314)	-0.481***	(0.029)	0.139***	(0.047)

(续表)

变量	模型1：通勤时间		模型2：通勤方式(0=机动车,1=非机动车)		模型3：通勤方式(0=私人交通,1=公共交通)	
	系数	SE	系数	SE	系数	SE
户口状况（参考值：非本地户口）	1.065	(0.909)	−0.263***	(0.073)	0.041	(0.093)
城市居住时间	−0.027	(0.029)	−0.005**	(0.002)	0.005	(0.004)
常量	21.298***	(3.982)	4.104***	(0.373)	−4.232***	(0.617)
方差分量						
城市级方差	44.339***	(14.851)	0.329***	(0.099)	1.490***	(0.342)
社区级方差	89.843***	(12.979)	0.599***	(0.084)	0.778***	(0.148)
受访者数量	10 383		10 383		10 383	
社区数量	304		304		304	
城市数量	106		106		106	
最大似然估计	−49 620.590		−5 535.611		−2 725.597	
卡方统计量	196.244***		1 054.238***		259.346***	

括号中数值表示标准误差；* $p<0.10$；** $p<0.05$；*** $p<0.01$。

模型2的因变量是通勤方式(机动化交通方式=0,非机动化交通方式=1)。在地级城市变量中,城市人口密度和每万人拥有公共交通车辆数变量对通勤方式有显著影响。相比那些居住在低人口密度城市的受访者,居住在中等人口密度城市的更可能通过非机动交通方式上通勤(系数=0.608, $p<0.01$)。相比居住在每万人拥有公共交通车辆数较少城市的受访者,居住在每万人拥有公共交通车辆数较高城市的受访者更可能采用非机动化交通方式通勤(系数=0.020, $p<0.05$)。在社区级变量中,相比居住在人口密度较低社区的受访者,居住在人口密度较高社区的受访者更可能采用非机动化交通方式通勤(系数=0.023, $p<0.05$)。在控制变量中,年龄、性别、婚姻状况、受教育程度、个人年收入、户口状况和城市居住时间在统计上都是显著的。受访者年龄越大,他们越有可能采用非机动化交通方式通勤(系数=0.048, $p<0.01$)。相比男性,女性更有可能采用非机动化交通方式通勤(系数=−0.471, $p<0.01$)。相比单身或离婚的受访者,已婚受访者采用非机动化交通方式通勤的可能性较小(系数=−0.397, $p<0.01$)。受教育程度越高(系数=−0.397, $p<0.01$;系数=−0.492, $p<0.01$;系数=−0.645, $p<0.01$)、个人年收入越高(系数=−0.481, $p<0.01$)和城市居住时间越长(系数=−0.005, $p<0.05$),受访者采用非机动化交通方式通勤的可能性较小。相比非本地户籍的受访者,本地户籍受访者采用非机动化交通方式通勤的可能性较小(系数=−0.241, $p<0.01$)。

模型 3 的因变量是通勤方式(私人交通＝0,公共交通＝1)。在地级城市变量和社区级变量中,只有城镇化率与公共交通具有显著的正相关关系。也就是说,相比居住在城镇化率低于 50% 城市的受访者,居住在城镇化率高于 70% 城市的受访者更可能采用公共交通通勤(系数＝1.347, $p<0.01$)。在控制变量中,年龄(系数＝－0.031, $p<0.01$)、婚姻状况(系数＝－0.412, $p<0.01$)、受教育程度和个人年收入(系数＝0.446, $p<0.01$;系数＝0.842, $p<0.01$;系数＝1.035, $p<0.01$)具有重要的统计学意义。受访者年龄越大,采用公共交通通勤的可能性就越小。相比单身或离婚的受访者,已婚受访者采用公共交通通勤的可能性较小。受教育程度越高,越有可能采用公共交通通勤。

低收入群体(最后面 20% 的收入群体)的通勤时间和通勤方式的多层次建模结果如表 2-13 所示。在模型 4 中,相比居住在城镇化率低于 50% 城市的低收入群体,居住在城镇化率 50%~70% 城市的低收入群体的通勤时间显著较短(系数＝－4.179, $p<0.10$)。居住在城镇化率大于 70% 城市与城镇化率低于 50% 城市的低收入群体在通勤时间上没有显著差异。相比居住在低人口密度城市的低收入群体,居住在中等人口密度城市的低收入群体的通勤时间显著较长(系数＝7.140, $p<0.01$)。在模型 5 中,相比居住在低人口密度城市的收入群体,居住在中等人口密度城市的低收入群体更可能采用非机动车通勤(系数＝1.234, $p<0.01$)。社区周边的企业数量越多,采用非机动车通勤的可能性就越小(系数＝－0.217, $p<0.10$)。在模型 6 中,相比居住在城镇化率低于 50% 城市的低收入群体,居住在城镇化率大于 70% 城市的低收入群体更有可能采用公共交通通勤(系数＝2.287, $p<0.05$)。社区周边的企业数量越多,采用公共交通通勤的可能性越大(系数＝0.826, $p<0.10$)。

表 2-13 低收入群体的通勤时间和通勤方式的多层次建模结果

变量	模型 4:通勤时间		模型 5:通勤方式(0＝机动车,1＝非机动车)		模型 6:通勤方式(0＝私人交通,1＝公共交通)	
	系数	SE	系数	SE	系数	SE
地级城市变量						
城镇化率 (参考值:<50%)						
50%~70%	－4.179*	(2.309)	－0.003	(0.344)	0.855	(0.878)
>70%	4.773	(3.741)	－0.073	(0.505)	2.287**	(1.127)
人口密度(参考值:低)						
中	7.140***	(2.463)	1.234***	(0.373)	0.061	(0.904)
高	－2.088	(2.684)	－0.364	(0.377)	－0.461	(0.877)

(续表)

变量	模型4：通勤时间		模型5：通勤方式(0=机动车,1=非机动车)		模型6：通勤方式(0=私人交通,1=公共交通)	
	系数	SE	系数	SE	系数	SE
万人拥有公共交通车辆数	0.021	(0.156)	0.006	(0.020)	0.048	(0.032)
人均道路面积	−0.057	(0.166)	−0.011	(0.022)	−0.015	(0.048)
社区级变量						
社区人口密度	−0.130	(0.134)	0.036	(0.040)	0.032	(0.043)
社区企业数量	−0.186	(0.427)	−0.217*	(0.120)	0.826***	(0.243)
控制变量						
年龄	−0.133	(0.085)	0.048***	(0.011)	−0.226***	(0.076)
性别(参考值：女性)	2.080*	(1.127)	−0.513***	(0.157)	0.822	(0.580)
婚姻状况(单身，离婚或丧偶)	−2.155	(1.736)	−0.234	(0.250)	1.034	(0.876)
受教育程度(参考值：小学及以下)						
初中	−0.031	(1.333)	−0.344**	(0.175)	1.064	(0.740)
高中	1.023	(2.326)	−0.229	(0.287)	2.152**	(0.866)
大学及以上	13.336***	(4.410)	−0.772	(0.472)	4.568***	(1.060)
户口状况(参考值：非本地户口)	−0.577	(2.874)	−0.455	(0.365)	−0.557	(0.800)
城市居住时间	0.110*	(0.066)	0.003	(0.009)	0.165**	(0.067)
常量	24.520***	(4.954)	0.206	(0.647)	−5.661***	(1.954)
方差分量						
城市级方差	15.345	(16.255)	0.996***	(0.352)	0.107	(1.548)
社区级方差	83.012***	(20.187)	0.415	(0.253)	3.708	(3.021)
受访者数量	2 070		2 070		2 070	
社区数量	220		220		220	
城市数量	104		104		104	
最大似然估计	−9 533.471		−728.655		−92.525	
卡方统计量	45.095***		108.728***		41.289***	

注：SE——标准误差；* $p<0.10$，** $p<0.05$，*** $p<0.01$。

高收入群体(前20%的收入群体)的通勤时间和通勤方式的多层次建模结果如表2-14所示。在模型7中，相比居住在城镇化率小于50%城市的高收入群体，居住在城镇化率大于70%城市的高收入群体的通勤时间显著较长(系数=9.176，

$p<0.01$)。在模型 8 中，相比居住在城镇化率低于 50% 城市的高收入群体，居住在城镇化率大于 70% 城市的高收入群体采用非机动车通勤的可能性很小（系数＝-0.620，$p<0.05$）。每万人拥有公共交通车辆数越多，高收入群体采用非机动车通勤的可能性就越大（系数＝0.019，$p<0.05$）。在模型 9 中，相比居住在城镇化率低于 50% 城市的高收入群体，居住在城镇化率大于 70% 城市的高收入群体更有可能采用公共交通通勤（系数＝1.155，$p<0.05$）。社区级变量对高收入群体的通勤时间和通勤方式没有显著影响。

表 2-14　高收入群体的通勤时间和通勤方式的多层次建模结果

变量	模型7：通勤时间		模型8：通勤方式(0=机动车，1=非机动车)		模型9：通勤方式(0=私人交通，1=公共交通)	
	系数	SE	系数	SE	系数	SE
地级城市变量						
城镇化率（参考值：<50%）						
50%~70%	-2.631	(3.498)	-0.314	(0.217)	0.643	(0.435)
>70%	9.176**	(4.273)	-0.620**	(0.265)	1.155**	(0.517)
人口密度（参考值：低）						
中	-3.459	(3.725)	0.256	(0.230)	0.440	(0.460)
高	1.521	(3.526)	-0.301	(0.214)	0.558	(0.399)
万人拥有公共交通车辆数	0.045	(0.129)	0.019**	(0.008)	0.007	(0.015)
人均道路面积	-0.253	(0.169)	-0.009	(0.010)	0.004	(0.020)
社区级变量						
社区人口密度	-0.079	(0.162)	0.015	(0.011)	0.012	(0.018)
社区企业数量	-0.196	(0.244)	0.027	(0.016)	-0.004	(0.019)
控制变量						
年龄	0.028	(0.106)	0.044***	(0.008)	-0.015*	(0.009)
性别（参考值：女性）	4.742***	(1.675)	-0.360***	(0.116)	-0.320**	(0.132)
婚姻状况（单身，离婚或丧偶）	2.804	(2.563)	-0.427**	(0.180)	-0.549***	(0.188)
受教育程度（参考值：小学及以下）						
初中	-1.771	(2.891)	-0.060	(0.188)	0.117	(0.356)
高中	2.566	(3.064)	-0.504**	(0.201)	0.810**	(0.350)
大学及以上	10.946***	(3.127)	-0.845***	(0.205)	1.202***	(0.349)

(续表)

变量	模型7：通勤时间		模型8：通勤方式(0=机动车,1=非机动车)		模型9：通勤方式(0=私人交通,1=公共交通)	
	系数	SE	系数	SE	系数	SE
户口状况（参考值：非本地户口）	−0.263	(1.875)	−0.384***	(0.130)	0.086	(0.147)
城市居住时间	−0.051	(0.072)	−0.010**	(0.005)	0.003	(0.006)
常量	23.548***	(5.931)	−0.560	(0.392)	−2.852***	(0.642)
方差分量						
城市级方差	52.810**	(22.371)	0.125	(0.102)	1.057***	(0.346)
社区级方差	86.493***	(24.843)	0.431***	(0.137)	0.351**	(0.160)
受访者数量	2 087		2 087		2 087	
社区数量	276		276		276	
城市数量	103		103		103	
最大似然估计	−10 389.736		−1 200.494		−916.778	
卡方统计量	72.084***		121.503***		93.441***	

注：SE——标准误差；* $p<0.10$，** $p<0.05$，*** $p<0.01$。

2.2.2 通勤交通改善建议

通过研究发现城镇化率与通勤时间和通勤方式密切相关。相比居住在城镇化率小于50%的居民，居住在城镇化率超过70%的居民通勤时间较长，且更可能使用公共交通通勤。城镇化率与通勤时间之间的U型关系如图2-1所示。随着城镇化率的增加，居民的通勤时间首先会减少，之后通勤时间会增加。我国快速的城镇化进程将促进城市交通基础设施的改善和交通可达性的提高，居民通勤时间有望减少。但是，持续的城市扩张和城市人口增长将会抵消交通设施改善带来的好处。当城镇化率达到一定水平（约50%）时，居民的通勤时间可能会增加。与通勤时间相反，持续上升的城镇化率预计将导致公共交通的改善、居民采用公共交通通勤，如图2-2所示。高城镇化率的城

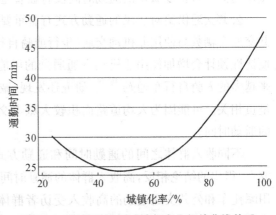

图2-1 通勤时间与城镇化率之间的曲线关系

市不仅经济繁荣,而且对轨道交通和快速公交等公共交通基础设施投资力度很大。因此,乘坐公共交通出行更便捷,更多的居民选择采用公共交通通勤。另外,与西方国家不同,我国小汽车保有量仍然较低[126]。特别是郊区的发展水平远远落后于城市地区,对郊区交通基础设施的投资不足。大多数郊区居民在家附近工作,与城市居民相比,郊区居民的通勤时间更短。

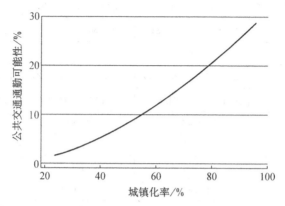

图 2-2　公共交通通勤可能性与城镇化率之间的曲线关系图

城市人口密度是影响居民的通勤时间和通勤方式的重要因素。相比居住在低人口密度城市的居民,居住在中等人口密度城市的居民通勤时间较长,更可能采用非机动车(步行和自行车)通勤。这主要是因为低城市人口密度的城市,交通拥挤程度也相对较低。我国人均小汽车保有量增加导致人口密集城市的交通变得繁忙。同时,居民的通勤时间也会增加。然而,与低人口密度的城市相比,高人口密度城市的空间结构可能相对紧凑,从而减少了居民的通勤时间。因此,低人口密度城市与高人口密度城市的通勤时间没有显著差异。

公共交通供给对居民的通勤方式有着重要影响。研究发现城市每万人拥有公共交通车辆数与使用非机动交通(步行或骑自行车)的通勤呈正相关。公共交通的便捷性预计会增加使用非机动交通通勤的可能性。此外,共享单车的普及使得越来越多的人骑自行车通勤[127]。研究还发现,城市人均道路面积与居民的通勤时间呈负相关。可能因为人均道路面积较大城市交通拥挤程度相对较小,减少了居民的通勤时间。

不同收入群体之间的通勤时间和通勤方式之间存在着较大差异。与既有研究[128]得出的结论相反,高收入群体的通勤时间比低收入群体的通勤时间要长。使用摩托车和公共交通通勤的高收入受访者群体比例大于低收入受访者群体比例。这表明高收入群体的平均通勤距离远远高于低收入群体。相比城镇化率小于

50%的城市,城镇化率50%~70%的城市公共交通设施更为完善。大多数低收入群体依赖公共交通通勤,因此,城镇化率的提高可能会减少低收入群体的通勤时间。人口密度对低收入群体通勤时间的影响大于高收入群体。当我国编制城市交通规划或制定相关政策时,低收入群体的交通需求往往被忽视,这意味着低收入群体的通勤行为受城市居住环境的影响更大。因此,当城市人口密度增加时,低收入群体的通勤时间可能会显著增加。此外,社区级因素对低收入群体的通勤行为的影响大于高收入群体。例如,研究发现居住在周边企业较少(就业机会较少)的社区的低收入群体更有可能采用非机动车(步行、自行车)通勤。在我国的大城市中,很多低收入群体生活在城中村和郊区,这些地方的就业机会较少,但住房成本相对较低,有些工厂为他们提供低技能的工作。然而,对于居住在城市中心区域的低收入群体(拥有更多就业机会)来说,找到合适的工作可能会更困难。此外,相比高收入群体,低收入群体的工作地点与住房位置之间的空间失配更为严重。与西方国家相反,我国中心城区是重要就业区域,住房成本非常高,大多数低收入群体只能居住在住房成本低、就业机会少的郊区。总体而言,城市中心区的公共交通设施比郊区分布更为广泛[129],这使得低收入群体的通勤难度高于高收入群体。

研究结果对地方政府具有直接启示。①不断增长的城镇化率和城市扩张使我国的城市交通问题日益严重,加快城市公共交通(如轨道交通和快速公交)建设变得更加紧迫。建议采用多模式交通系统和集约土地使用模式以支撑城市的可持续发展。②城镇化进程的加快导致了对低收入群体和高收入群体之间通勤不公平性的增长。一般来说,高收入群体居住地的公共交通比低收入群体居住地的公共交通更为发达。因此,地方政府应加大对低收入群体居住地周边的公共交通设施的投入,以减少高低收入群体居住地周边公共交通发展的不平衡。我国的一些城市规划者正在推广高密度紧凑型城市发展模式。城市人口密度对高收入群体通勤时间的影响并不显著,但对低收入群体的通勤时间有着显著影响。建议城市交通规划更强调低收入群体的通勤需求。③由于低收入群体的通勤行为受社区级因素(如社区企业数量)的影响,因此地方政府应该增加低收入群体居住地周边的就业岗位,以减少长距离通勤。

研究也具有一定的局限性。①CLDS 2014 调查中不包含社区级交通设施数据,本研究没有在回归模型中使用社区级交通设施变量。既有研究还发现社区因素对居民的通勤行为有着深远的影响,且地级市城市因素对通勤的影响要强于社区因素[130]。例如,安全的居住环境和自行车交通设施可以鼓励人们骑行[131]。②居民的通勤行为与城市空间结构密切相关。然而,本研究关注的是城镇化与通勤交通之间的关系,没有分析城市空间结构对通勤的影响。既有研究表明,城市空间结构对居民的通勤交通有着重要的影响,并且发现城市规模与通勤时耗的相关性最为显著[132]。尽管研究存在缺陷,本研究有助于理解我国城镇化进程对不同收入群体通勤行为的影响。

2.3 通勤效率与居民幸福感提升策略

研究发现通勤时间和通勤方式都影响了我国居民幸福感。已有研究主要集中在个人社会经济特性对幸福感的影响[133],而城市生活,尤其是通勤交通对居民幸福感的影响在发展中国家受到的关注还不够。在过去的30年里,随着我国经济的快速发展,城市交通拥堵问题日益突出,居民的通勤时间越来越长。另外,我国城市的大部分就业岗位都位于中心城区。但随着房价上涨,许多务工人员买不起工作场所就近的房子,选择住在房价较低、离工作场所较远的郊区。居住在城市地区的居民幸福感明显高于那些居住在郊区的居民幸福感。较长的通勤时间不仅使居民感到身体疲惫,而且还降低了他们的幸福感。研究还发现,采用步行或骑自行车的通勤族的幸福感明显低于采用机动车交通方式的通勤族,这可能与当前不完善的步行与自行车交通网络及设施有关,许多城市在道路建设中优先考虑机动车交通。机非混行,也会降低人们步行或骑自行车的安全性和乐趣。另外,交通污染已成为我国城市污染的主要来源。因此,频繁的步行或骑自行车通勤可能会损害行人或骑自行车者的身体健康。这些问题都可能降低城市生活中的幸福感。

通勤时间不仅直接影响居民的幸福感,而且还通过工作满意度、家庭生活满意度、居住地和其他社会经济因素等对居民幸福感产生间接影响。例如,由于靠近工作场所的高房价,许多人需要长距离通勤[134]。本章使用工作满意度和家庭生活满意度作为中介变量来验证这种中介效应,在 STATA 软件中使用 Sobel-Goodman 中介检验。表2-4显示出只有郊区受访者的通勤时间对幸福感有显著影响。因此,使用郊区受访者的样本进行中介检验。使用 SWB 作为因变量、通勤时间作为自变量、工作满意度和家庭生活满意度作为中介变量。结果显示,通勤时间影响居民的工作满意度和家庭生活满意度,这反过来影响了他们的 SWB。工作满意度的中介效应在统计上显著,大约54.6%的通勤时间对 SWB 的影响被调解。家庭生活满意度的中介效应在统计上显著,约占通勤时间对 SWB 影响的53.4%。这一结果与现有研究采用以生命导向的方法得出的结论相吻合[135]。

根据城镇化率的差异,本章研究发现通勤时间对城镇化率低于70%的城市具有显著的影响。因为我国城镇化程度较高的城市往往公共收入较高,从而允许建立多种交通渠道来改善公共交通服务和交通基础设施(通勤更令人愉快,交通拥挤程度更低)。这些城市还可能提供更多的就业机会和设施,这可能有助于居民更加乐观地忍受他们的通勤出行。表 2-6 中的交通因素对流动人口幸福感的影响不如本地人——流动人口通常从经济落后地区(通常是郊区)转向经济更发达地区(通常是城市地区)寻求发展,相比交通因素,更容易受到这些城市社会经济因素的影响。表 2-7 和表 2-8 显示,步行/骑自行车或骑摩托车的通勤族更容易受通勤时间和交通环境的影响。在我国快速发展的过程中,地方政府追求基于城市扩张的经济增长,但忽视了宜居性和可达性[136]。交通建设中往往忽视步行者和骑自行车者的路权,未来的交通建设应该优先考虑这些弱势群体。

为提高我国城市居民的通勤效率和居民幸福感,提出以下政策建议:①有必要改善职住均衡,缩短就业地与居住地之间的距离。②改善慢行交通系统、避免机非混行来提高步行、骑行的满意度。③减少交通污染以增加居民采用微型公交通勤的意愿。同时也应该注意到研究的局限性。来自不同领域(心理学、经济学等)的学者已经构建了许多不同的幸福感量表。例如,Diener 提出幸福感包含长期愉快感的影响,缺乏不愉快感的影响和生活满意度[137]。然而,由于数据限制,使用 Likert 五点评分表对受访者的幸福感评分。CLDS 2014 数据提供了一个罕见的大型国家数据实例,使用具有大规模样本量的数据揭示通勤交通和幸福感之间的关系更为准确。因此,这些数据值得用来进行本研究。在后续研究中,幸福感可以根据交通运输研究的需要进行重新定义和重构。这种新的 SWB 测度方法可能对于交通领域更具相关性和有效性。幸福感是对居民当前生活的综合评估,除了交通因素外,居民幸福感还可能受到其他社会经济因素的影响,如房价、工作压力、公共服务可用性和质量等。本研究表明交通因素(特别是通勤时间)对幸福感有显著影响,但我们并未证明交通因素对幸福感的影响大于其他社会经济因素,如健康、收入、环境污染等。通勤交通对幸福感的影响很可能发生在短时间内或特定时间(例如交通拥堵时)。除了通勤时间和通勤方式,其他交通因素可能会对幸福感产生影响,比如拥有驾驶执照、汽车所有权、居住时间长短、邻近社区的出行选择等[138]。④这项研究使用横截面数据,这意味着给定同一城市的不同年份,通勤时间与幸福感之间的关系无法进行比较。⑤虽然交通因素对高城镇化率的城市居民幸福感没有显著影响,但不能忽视大城市的交通问题。例如,在北京,由于房价高涨,大多数工薪阶级的人们住在远离工作地的地方,甚至在其他邻近省市(如河北省,天津等)居住。这些人每天都要花上几个小时去工作地,这里发现的结果可能减轻其对幸福感的影响,我国高城镇率的大城市通勤交通仍是一个主要城市问题。

2.4 本章小结

基于 CLDS 2014 数据,应用多层次混合效应有序概率回归模型研究了通勤交通与居民幸福感之间的关联性;考虑不同类型城市、不同收入群体,应用多层模型研究了通勤时间、通勤方式分别与城市特征/居民收入之间的关系。研究发现:相比采用小汽车通勤的居民,采用公共交通通勤的居民幸福感较低;相比采用其他通勤方式的居民,采用步行或骑自行车通勤的居民幸福感较低。城镇化率的提高预计会导致通勤时间的增加,且会导致更多的居民使用公共交通通勤。

第3章 轨道站点环境对客流的影响分析

3.1 轨道换乘站点客流变化分析

3.1.1 客流影响因素分析

北京、上海、广州和深圳等中国特大城市的城市轨道交通系统正处于成网运营阶段,成网运营伴随着换乘次数和换乘客流的增加。尤其是在高峰时段,高换乘率要求更好的换乘客流组织、换乘设施和列车运行方案的服务水平。针对轨道换乘站点探究客流影响因素,从乘客线路选择影响因素和换乘站点客流影响因素两方面进行分析研究。

1) 南京轨道交通

轨道交通作为城市公共交通系统的重要组成部分,为城市提供了可靠、便捷的服务。南京轨道交通于2005年建成第一条轨道交通线路(1号线),进入单线运营阶段。2010年,2号线正式投入运营,与1号线相交。2014年10号线和S1号线的开通进一步加强了既有线路的连接,使南京轨道交通进入了初步成网运营阶段。截至2022年10月,南京轨道交通已有11条线路正式投入运营(即1~4号线、10号线、S1、S3、S6~S9号线),从北向南,从东向西延伸,如图3-1所示。

南京轨道交通2号线东西走向,在新街口与1号线相交,标志着南京轨道交通骨架运营阶段的开始。轨道交通开通后第二年,日均客流比上年下降62%,客运强度下降54%。随后,客运强度和客运量逐年增加。新线和既有线的延伸提高了轨道交通客流的承载能力,在稳定运营后,客流有了显著增加。穿过南京北部的3号线、S3、S9、S7和S8号线共同促成了南京轨道交通的成网运营模式,并将其服务范围延伸至郊区。南京轨道交通线路成网运营模式下,新兴线路对客流增长的影响不明显,客流强度波动减小。

南京轨道交通运营线路11条,全长429.1 km,形成了覆盖南京各区的网络结构。既有线路的扩建也将扩大原有线路的服务范围,使轨道交通网络密度进一步提高,不仅可以促进南京的经济发展,也满足了人们对更好的交通服务的需求。

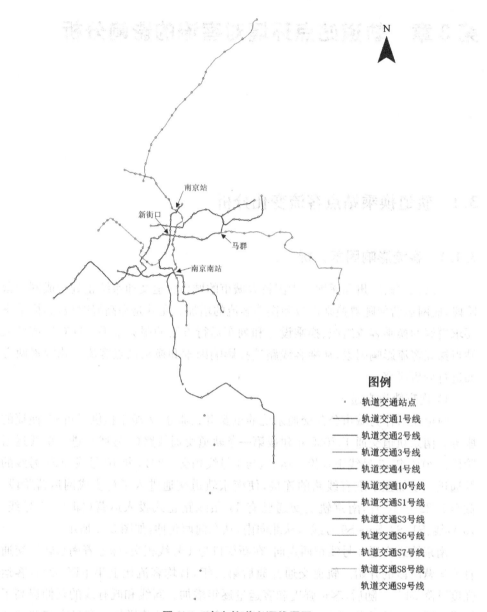

图 3-1 南京轨道交通线网图

南京轨道交通与区域土地开发利用相互促进,吸引了大量客流。截至 2020 年底,南京轨道交通日均客运量为 350 万人次,最高日客运量为 421.9 万人次。南京共规划了 22 条线路,包括 14 条城市轨道交通线路和 8 条城市环线。老城、主城和中心城区轨道交通线路的密度已达到 1.36 km/km²、0.90 km/km² 和 0.62 km/km²,在 600 m 半径范围内,老城轨道站点的覆盖率达到 75%,在 800 m

半径范围内,主要城市轨道站点的覆盖率达到70%。

2) 数据来源

2015年4月轨道交通智能卡数据由南京地铁集团有限公司提供。为了解乘客路线选择的影响因素,于2016年6月在中国南京选取了七个轨道换乘站点,对乘客进行了轨道交通出行路线的问卷调查,调查内容包括乘客的个人特征、出行特征、换乘特征和场景偏好。调查共从350名受访者中收集了312份有效问卷,收集了以下数据:

(1) 个人特征:性别(男性、女性)、年龄(18岁或以下、19~30岁、31~55岁、56岁及以上)和职业(学生、公务员、服务业、商业、工业、失业/退休等);

(2) 出行特征:进站点、出站点、乘坐轨道交通的时间、对轨道交通网络的熟悉程度;

(3) 换乘特征:感知换乘时间、换乘次数、换乘步行时间和等待时间;

(4) 场景偏好:本次出行可接受的最长出行时间和换乘影响因素。

3) 客运路线选择影响因素

乘客选择客运路线受多种因素影响,当城市轨道交通线路发展成网络时,乘客可以在其OD之间选择多条连接线路进行出行。由于每条线路上的出行时间、换乘时间和换乘次数存在显著差异,一些线路上的出行时间和换乘次数超出了乘客可接受的范围。

根据调查,发现出行时间、票价和换乘次数是影响乘客选择的客运路线中最关键的因素。

(1) 出行时间

出行时间是出发站点到目的站点的总行程时间,包括运行时间、中间站点停留时间、换乘步行时间和换乘等待时间。因此,乘坐轨道交通的居民出行时间如公式(3-1)所示:

$$T_{ij} = \sum^{N+1} t_{ab}^{l} + \sum S_k + \sum^{N} t_{walk}^{l,m} + \sum^{N} t_{wait}^{l,m} \tag{3-1}$$

式中:i,j——分别代表出发站点和目的站点;

t_{ab}^{l}——a站与b站之间的运行时间,a是进站点,b是出站点;

N——换乘次数;

S_k——每个中间站点的停留时间;

$t_{walk}^{l,m}$——换乘所需行走时间;

$t_{wait}^{l,m}$——换乘所需等待时间。

换乘等待时间与列车运行时间表有关[139]。为了简化计算,将列车运行间隔时间的一半作为乘客换乘的等待时间,如公式(3-2)所示：

$$\sum_{\text{wait}}^{N} t_{\text{wait}}^{l,m} = 0.5 f_m \tag{3-2}$$

式中：f_m ——列车运行间隔时间。

(2) 票务系统和票价

在城市轨道交通系统中,票务系统和票价主要指一次完整行程的综合票务或分段定价。如果采用分段定价,不同里程的票价水平将影响乘客的出行路线选择。其中,南京轨道交通系统采用分段定价,计价单位为元。

(3) 换乘次数

换乘次数如公式(3-3)所示：

$$T'_{ij} = \sum^{N+1} t_{ab}^l + \sum S_k + \sum^N (n_{p,r})^{\beta-1}(t_{\text{wait}}^{l,m} + t_{\text{walk}}^{l,m}) \tag{3-3}$$

式中：$n_{p,r}$ ——OD 之间路线 r 的换乘站 p 处的累计换乘次数；

β ——校准参数,可通过测量获得,它是居民换乘次数的惩罚因子,以反映换乘成本的增加,因此值的范围设置为 1~2。

为了确保票价和出行时间与总成本具有相同的贡献率,将出行时间转换为与票价具有相同量纲的值,如公式(3-4)所示：

$$C_r^{ij} = T'_{ij}/10 + F \tag{3-4}$$

式中：C_r^{ij} ——OD 和 F 之间的路线 r 的总成本是单程票价,其中,10 用于对时间进行标准化处理。

4) 换乘站点客流影响因素

既有研究将轨道交通客流的影响因素分为四类[140]：①土地利用,如人口、就业和建筑面积；②外部连通性,例如道路密度和站点到中心城区的距离；③多式联运连接度,如自行车 P+R 空间的数量；④站点特征,例如"是否终点站"和"是否换乘站"。然而换乘客流与换乘站点周围的土地利用、外部连通性(与中心城区的距离除外)、多式联运连接度和站点环境之间没有明显的相关性。当轨道交通乘客从一条线路前往另一条线路时,他们会根据线路连接和换乘站点的分布,即根据网络拓扑来选择换乘站点。换乘站点的位置要素与换乘客流有关。

(1) 网络拓扑结构的特点

为了分析轨道交通网络的特性,应该定义合适的网络拓扑。在复杂网络研究中,网络拓扑模型主要使用空间 L 和空间 P。空间 L 和空间 P 的解释如图 3-2 所示。空间 L 由代表公交或轨道站点的节点组成,如果两个节点是路线上的连续站点,则它们之间存在一条边。此拓扑中的节点度是一个人可以从给定节点获取的方向数。尽管空间 P 中的节点与空间 L 中的节点相同,但两个节点之间的边表示存在至少一条公交或轨道交通路线将它们连接起来。因此,在该拓扑中,站点 i 的节点度是使用单一线路而不需要换乘即可到达的节点总数。如果交通网络中的两个站点之间不存在换乘,则空间 P 将站点抽象为节点,并将两个站点连接起来,以换乘站为中心对不同线路的站点进行分类。同一线路上的站点被聚为一个组,相似的节点被连接起来。不同地点的站点对线路进行了分类,不同类型节点之间的最短路径大于1,便于直观地研究站点之间的可达性和最小换乘次数。空间 P 特征参数的物理意义相对明确,主要反映城市轨道交通网络的换乘特性。节点度是描述节点属性的最简单、最重要的概念。节点度越大,在网络中的重要性就越大。

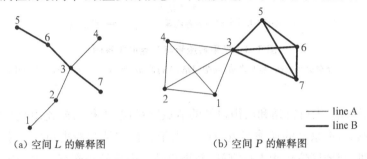

(a) 空间 L 的解释图　　　　(b) 空间 P 的解释图

图 3-2　复杂网络拓扑结构图

(2) 轨道换乘站点的位置要素

区位是一个复合概念,包括位置、交通、经济等因素,这些因素的组合形成了不同的区位条件。地理位置(位于中心城区、郊区等)、城市轨道换乘站点的经济位置(距中心城区的距离)和交通位置(靠近交通枢纽或与交通枢纽组合设计)会影响换乘客流,并使轨道换乘站点之间产生客流强度差异。

3.1.2　换乘客流变化特征

1) 换乘客流量和节点度

南京市轨道交通网络中空间 P 的节点度计算如表 3-1 所示。

表 3-1　南京轨道交通网络空间 P 的节点度

站点名称	节点度	站点名称	节点度
泰冯路站	44	元通站	38
南京站	53	安德门站	39
新街口站	51	南京南站	61
大行宫站	53		

研究结果表明,在轨道交通网络中,南京南站节点度最大;南京站、大行宫站和

新街口站的节点度位居第二;泰冯路站、元通站和安德门站的节点度位居第三;元通站的节点度最低。换乘客流与换乘站节点度呈正相关,如图3-3所示。

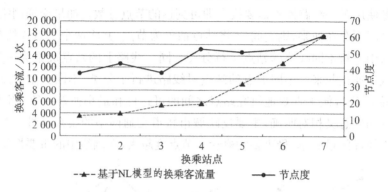

图3-3 换乘客流量与节点度关系图

注:1～7分别指元通站、泰冯路站、安德门站、大行宫站、新街口站、南京站和南京南站。

(1) 南京站、大行宫站和新街口站的节点度相似,大行宫站比南京站更靠近中心城区。然而,南京站的换乘客流量明显大于大行宫站和新街口站。南京站是大型交通枢纽,交通区位优于大行宫站、新街口站。南京站是南京北郊城市轨道交通通往市区的门户,居住在北郊、在市区工作的居民必须乘坐轨道交通3号线,在南京站换乘轨道交通1号线。因此,在早高峰时段,通勤客流在总换乘客流中尤其高。调查南京站的换乘客流时,发现在早高峰时段从轨道交通3号线换乘到1号线的客流非常多,超过了从轨道交通1号线换乘到3号线的客流。

(2) 新街口站的节点度略小于大行宫站的节点度,而新街口站的换乘客流量高于大行宫站的换乘客流量,前者的经济区位优于后者。

(3) 安德门站的节点度小于泰冯路站的节点度,安德门站的换乘客流量高于泰冯路站的换乘客流量。泰冯路站地处郊区,客流量相对较少。此外,安德门站位于城市边缘,比泰冯路站更靠近中心城区,因此,前者比后者具有更好的经济位置和地理位置。

2) 换乘客流量和位置要素

以新街口站为参考点,测量其他换乘站点与新街口站的距离,作为其经济位置。其中,泰冯路站位于新街口站以北17 km,距离市中心最远。大行宫站距新街口站1.02 km,距离新街口站最近。南京南站位于新街口站以南11.71 km,大于元通站到新街口站的距离,南京站和安德门站到新街口站的距离大致相同。就地理位置而言,新街口站和大行宫站位于中心城区。南京站、南京南站、安德门站和元通站位于城市边缘,泰冯路站位于郊区。对于定量分析,假设新街口站和大行宫站的地理位置为1,南京站、南京南站、安德门站和元通站的地理位置为2,泰冯路站的地理位置为3。南京站和南京南站由轨道站点和大型交通枢纽组成,对于定量分析,假设其交通位置为1,其他换乘站的交通位置为0。

换乘客流量与换乘站点的经济位置、地理位置和交通位置之间没有明显的关系,如图3-4所示。

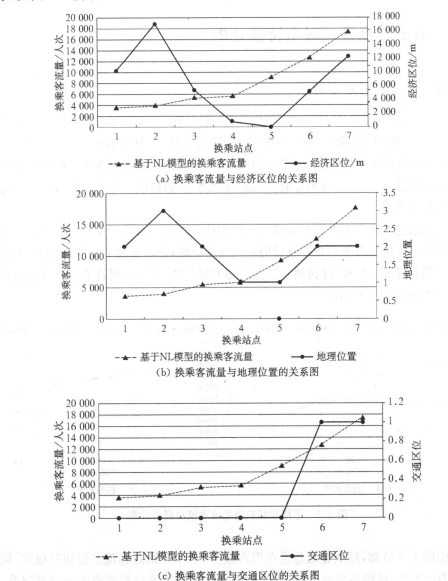

(a) 换乘客流量与经济区位的关系图

(b) 换乘客流量与地理位置的关系图

(c) 换乘客流量与交通区位的关系图

图3-4 换乘客流量与经济区位、地理位置、交通区位关系

注:1~7分别指元通站、泰冯路站、安德门站、大行宫站、新街口站、南京站和南京南站。

综上所述,换乘客流量与换乘站点的节点度呈正相关,而换乘客流量与换乘站点的经济位置、地理位置和交通位置不存在明显关系。为了更好地分析城市轨道交通换乘需求,需要研究网络拓扑特征,如节点度。对轨道站点设计而言,节点度高的换乘站点应在站内配备容量更大的换乘设施。

3.2 轨道站点客流时空特征分析

3.2.1 客流时间分布特征

以南京市为例,截至 2020 年底,共计 10 条轨道交通线路和 159 个站点。结合南京市 AFC 数据,时间为 2020 年 4 月 15 日至 5 月 15 日,期间 5 月 1 日至 5 月 5 日为劳动节假期。对工作日、周末和节假日三个不同时期的轨道站点客流进行时空分布特征分析,探究轨道交通客流的变化规律,为轨道交通的运营管理和设施配置提供参考。

轨道站点客流分布规律呈现极强的周期性,通常以 7 d 为一个周期。为研究分析轨道站点进出站客流和客流总量的时间分布特征,选取连续 7 d 和节假日 5 d 的站点客流总量统计数据,探讨站点客流时变的规律性,不同期间轨道站点客流总量日分布图如图 3-5 所示。

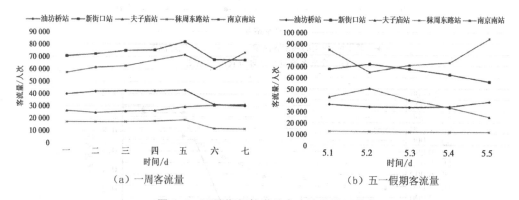

图 3-5 不同期间轨道站点客流总量日分布

由图 3-5 可知,站点客流总量在周六最少,工作日站点客流总量相对稳定,周五会有所增加,可能是异地往返、假日前娱乐休闲等因素导致站点客流明显提升。大部分站点客流量在周六会存在骤降情况,在周日会小幅增加,周六可能因为以必要通勤为主的乘客会居家休息,周日可能是以娱乐休闲为主。与平时的客流总量相比,节假日站点客流总量的波动更为显著。

分别选取工作日、周末和节假日中的某一天,统计全天分时段的所有轨道站点进站和出站客流总量,不同期间所有轨道站点客流时间分布图如图3-6所示。工作日站点客流分布具有明显的早高峰和晚高峰,且早高峰站点客流量大于晚高峰。周末站点客流分布整体较为平稳,无明显早晚高峰,在20:00～22:00进出站客流下降趋势不同,可能是站点周边有商业中心,乘客休闲、购物等娱乐活动后陆续返家,导致进站客流下降不明显。节假日站点客流分布特征与周末相似,相对站点客流波动幅度较大,进站客流在18:00～20:00会有峰值出现,而出站客流在9:00～19:00波动幅度不大,进出站客流分布整体上呈现先上升后下降的趋势。

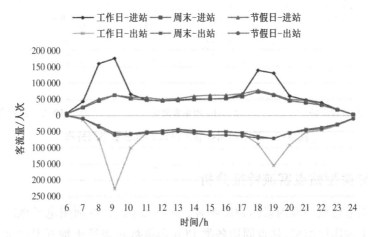

图3-6 不同期间所有轨道站点客流时间分布

3.2.2 客流空间分布特征

工作日、周末和节假日的站点客流分布均具有空间差异,不同期间各轨道站点客流总量空间分布如图3-7所示。在不同期间位于主城区的大多数轨道站点,其客流总量较大,且在周末和节假日大多数站点客流会明显下降。在工作日,靠近1号线、3号线首末站的部分站点客流总量较大,此外大多数换乘站点客流总量也较大;而在周末和节假日期间,大多数站点客流总量会有所下降,特别是在节假日期间,位于1号线、3号线末站的部分站点客流总量显著降低,而部分站点客流总量会明显增加。

在不同期间早高峰时段,位于郊区的站点进站客流远大于主城区站点,特别是在工作日7:00～8:00,主要原因是位于郊区乘客必要通勤、出行距离较远,轨道交通出行时间较长;在不同时期的晚高峰时段,位于主城区的站点出站客流远大于郊区站点,主要原因是乘客返程回家,特别是在周末和节假日,晚高峰时段后,在20:00~22:00会出现小高峰现象。

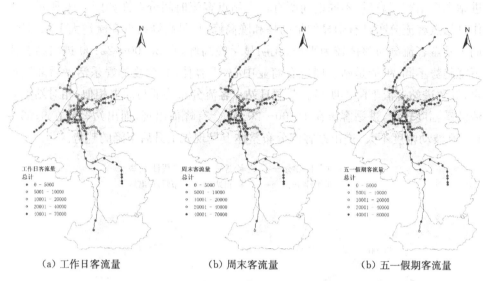

(a) 工作日客流量　　　(b) 周末客流量　　　(b) 五一假期客流量

图 3-7　不同期间各轨道站点客流总量空间分布

3.2.3　分类型站点客流特征分析

站点周边建成环境因素作为影响客流的重要因素,可利用电子地图各类POI数据表征土地用地类型,站点周边各类POI数据数量表征土地开发强度。站点周边公交站点及其服务线路可依据POI数据,站点周边道路网密度可使用ArcGIS软件计算。最终确定轨道站点客流影响因素如表3-2所示。

表 3-2　轨道站点客流影响因素

类型	影响因素	类型	影响因素
站点周边建成环境	餐饮服务	站点可达性	公交站点
	风景名胜		公交站点服务线路
	购物服务		道路网密度
	商务住宅	站点属性	首末站
	体育休闲服务		换乘站
	政府机构及社会团体		综合枢纽
	住宿服务		
	其他类型POI		

K-Means 聚类算法是将一组数据集中具有相似特征的数据划分为 k 类,其中

k 是通过个人对数据集进行初步判断设定的。K-Means 聚类算法具有复杂程度低、收敛速度快,在处理大数据集时具有较好的适应性,其聚类过程如下:

① 随机选取 k 个样本设为初始聚类中心;

② 分别计算数据集中每个样本与初始聚类中心的欧氏距离,并将每个样本分到与之欧氏距离最短的聚类中心;

③ 对每个聚类中心现有的样本进行重新计算,确定新的聚类中心;

④ 根据欧氏距离最短原则再次将每个样本分到每个聚类中心;

⑤ 重复第二步到第四步的步骤,当达到聚类要求时,聚类结束。

轨道站点聚类指标如表 3-3 所示,采用 K-Means 聚类算法,将站点分为六种类型,包括居住类、办公类、商业类、混合类、自然景观类和综合枢纽类,站点分类结果如表 3-4 所示。

表 3-3 轨道站点聚类指标

变量	聚类指标	变量	聚类指标
X_1	站点周边居住类 POI 数量	X_6	站点周边餐饮服务、科教文化等 POI 数量
X_2	站点周边商业类 POI 数量	X_7	站点周边道路网密度
X_3	站点周边政府办公类 POI 数量	X_8	站点周边是否有交通枢纽
X_4	站点周边自然风景 POI 数量	X_9	站点是否为换乘站或首末站
X_5	站点周边公交站点、公交线路 POI 数量		

表 3-4 轨道站点分类结果

编号	站点类型	站点名称	站点数
类型一	居住类站点	天润城站、迈皋桥站、秣周东路站等	36
类型二	办公类站点	玄武门站、文德路站、花神庙站等	28
类型三	商业类站点	新街口站、集庆门大街站、百家湖站等	33
类型四	混合类站点	大行宫站、常府街站、竹山路站等	52
类型五	自然景观类站点	夫子庙站、武定门站、绿博园站等	8
类型六	综合枢纽类站点	南京站、南京南站	2

根据站点聚类结果,依次分析六种类型轨道站点进出站客流分布特征。发现在整体上同种类型各站点客流分布规律在同一期间大致相同,而在不同期间差异显著。居住类、办公类和混合类站点客流分布在工作日集中于早晚高峰,在周末和工作日较为平稳;商业类站点客流量在周末和节假日的下午明显增加;自然景观类和综合枢纽类站点在不同期间站点客流分布变化幅度较大,特别是在周末和节

假日。

1) 居住类站点

类型一站点周边以居住区为主,并且大多数站点分布距主城区的距离相对较远,部分站点集中于几条轨道交通线路的首末站附近。居住类轨道站点客流时间分布如图3-8所示。在工作日,此类型站点客流量都集中于早高峰7:00~9:00和晚高峰17:00~19:00两个时段,所占比例很高,其中早高峰时段是进站客流,主要是居民上班出行,晚高峰时段是出站客流,主要是居民下班返家;而在周末和节假日早高峰客流量骤降,晚高峰客流量相对减少,其余时段都相对平稳。

2) 办公类站点

类型二站点大多集中在城市主城区。办公类轨道站点客流时间分布如图3-9所示,与居住类站点客流分布规律相似之处在于,在工作日,此类站点客流量也集中于早高峰7:00~8:00和晚高峰17:00~19:00两个时段,所占站点客流总量比例很高;在周末和节假日,早晚高峰客流量都呈现骤降幅度,且比居住类站点客流更大,部分站点也会出现早晚高峰,但站点客流量相对较小,可能是加班等原因。与居住类站点客流分布规律不同之处在于,早高峰是出站客流,主要是居民上班出行从居住类站点到达办公地点,晚高峰是进站客流,主要是居民下班陆续返家。

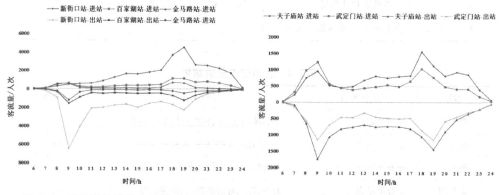

图3-8 居住类轨道站点客流时间分布图　　图3-9 办公类轨道站点客流时间分布图

3) 商业类站点

类型三站点周边主要是商业区,此类型站点集中于南京市几个商业中心区。商业类轨道站点客流时间分布如图3-10所示,在工作日,此类型进站客流量峰值分布时段不同于居住类和办公类站点,没有明显早高峰,客流量逐步上升,峰值集中于18:00~20:00;出站客流量在早高峰达到最大值,主要是因为大多站点是城市商务活动的集结地,此外在晚高峰时段的18:00~19:00有明显上升。在周末和节假日,进站客流分布从 10:00～21:00 有明显上升到趋于平稳,出站客流量峰值在 11:00～13:00 和 17:00～19:00,各时段进出站点客流量总体都大于工作日。

4) 混合类站点

类型四站点周边土地利用情况相对均衡,分布较为分散。混合类轨道站点客流时间分布图如图 3-11 所示,在周末和节假日,此类型站点客流量变化幅度不明显,无明显高峰;在工作日,相对于前三种类型,大多数此类型站点的进出站客流量都存在早晚高峰,其中早高峰在从 7:00～9:00,晚高峰在 17:00～19:00,部分站点客流分布因周边土地利用性质,存在小幅波动情况,可能会出现小高峰现象。例如草场门站,该站点周边存在很多中小学校,会在 15:00～16:00 出现小高峰。

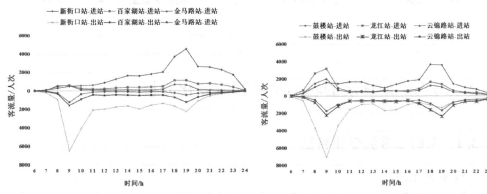

图 3-10　商业类轨道站点客流时间分布图　　图 3-11　混合类轨道站点客流时间分布图

5) 自然景观类站点

类型五站点周边以各种旅游景区为主,此类型站点位于南京市几个著名景点,例如夫子庙景区等。自然景观类轨道站点客流时间分布如图 3-12 所示,在工作日,大部分站点进站客流峰值在晚高峰 17:00～19:00,出站客流峰值在早高峰 8:00～9:00,晚高峰峰值在 18:00～19:00;在周末和节假日,进出站客流量明显增加,进站客流晚高峰会延后到 19:00～22:00,出站客流的峰值在 11:00～12:00 和 18:00～19:00 两个时段。

6) 综合枢纽类站点

类型六站点与其他类型相比较为特殊,仅有南京站和南京南站。南京站位于主城区,南京南站位于南部新城核心区,这两个站点周边土地利用情况分布均匀。综合枢纽类轨道站点客流时间分布如图 3-13 所示,此类型站点客流时间分布较为复杂,作为南京市对外交通综合枢纽,周边土地利用类型和开发强度对站点客流的影响相对较低。

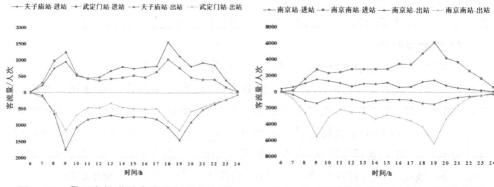

图 3-12 景观类轨道站点客流时间分布图　　图 3-13 枢纽类轨道站点客流时间分布图

3.3　考虑绿地环境的轨道站点客流变化分析

3.3.1　节假日客流变化特征

1) 数据来源

轨道站点客流数据由南京轨道交通公司提供,使用 2020 年 4 月 30 日(工作日)和 2020 年 5 月 1 日(法定假日)的南京市轨道站点客流数据,比较工作日和节假日之间轨道站点客流的变化规律。

通过卫星遥感识别获取站点周围绿地面积数据,因为图像上的植被生长和云量在每年的 9 月份都最容易追踪,故使用来自 2019 年 9 月陆地卫星 8 号卫星获得的遥感图像数据信息。

2) 客流变化特征分析

对于不同中心城区轨道站点的进站客流变化,不同的轨道交通线路有不同的客流高峰。南京市轨道交通 1 号线在工作日出现了两个大客流高峰和两个小客流高峰,其中一个小客流高峰在节假日消失。轨道交通 2 号线在工作日有一个大峰和两个小峰,但节假日只有两个峰值。轨道交通 3 号线在工作日有两个进站客流高峰,节假日有三个进站客流高峰。在工作日和节假日期间,轨道交通 4 号线各站点的客流略有变化。轨道交通 10 号线在工作日客流有高峰,但在节假日没有高峰。

对于不同城郊轨道站点的进站客流变化,工作日和节假日城郊轨道交通客流变化基本一致。轨道交通 S1 号线客流有两个峰值,分别在南京南站和禄口机场站;这两个站点都是城市重要的交通枢纽。S3 号线有一个大峰和三个小峰。轨道交通 S7 号线各站点客流较小,各站点客流差异也较小。

从总体上看,南京市中心城区每条轨道交通线路的客流均大于城郊线,且大部分站点工作日客流均大于节假日客流[141]。其中,图 3-14 至图 3-17 为南京市工作日和节假日进出轨道站点的客流量变化情况。

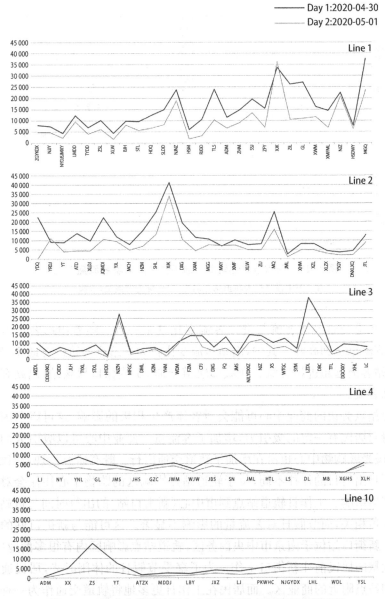

图 3-14　南京市轨道交通中心线不同站点入境客流量变化

注:图中横坐标为轨道站点名称,纵坐标为客流量(人次)。

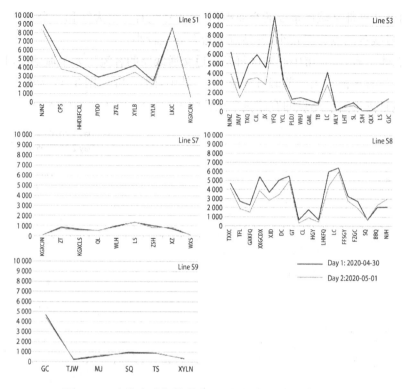

图 3-15 南京市城郊轨道交通不同站点入境客流量变化

注：图中横坐标为轨道站点名称，纵坐标为客流量（人次）。

南京轨道交通出站客流与进站客流变化基本一致。随着出站客流量达到高峰，进站客流也达到高峰。其中，出站客流变化较大的站点为轨道交通1号线南京南站，出站客流远超进站客流。在城郊轨道交通S1线禄口机场站，出站客流明显少于进站客流。

轨道站点旁边的商业中心可能会对客流产生积极的影响，这可以归因于商业中心本身对居民有一定的吸引力，增加了客流量。商业中心可以吸引人们停下来购物，居民光顾购物中心也潜在增加了轨道交通出行。既有研究发现，居民在工作日和节假日出行目的往往不同，位于轨道站点影响区的购物中心往往会对轨道交通客流产生影响。工作日轨道站点到市中心（新街口站）的出行时间与进站和出站客流量呈负相关，而节假日对客流量的影响不显著。这可能与新街口站的特殊位置有关。新街口站位于南京市中央商务区，轨道站点影响区内有很多商业中心，每天都有大量的居民前往新街口工作。为了享受节假日的休闲时光，居民通常去新街口站和站点附近的商业区。而居民在工作日更多地将轨道交通作为一种通勤方式，过长的通勤时间会降低居民的主观幸福感，从而降低使用轨道交通的意愿。

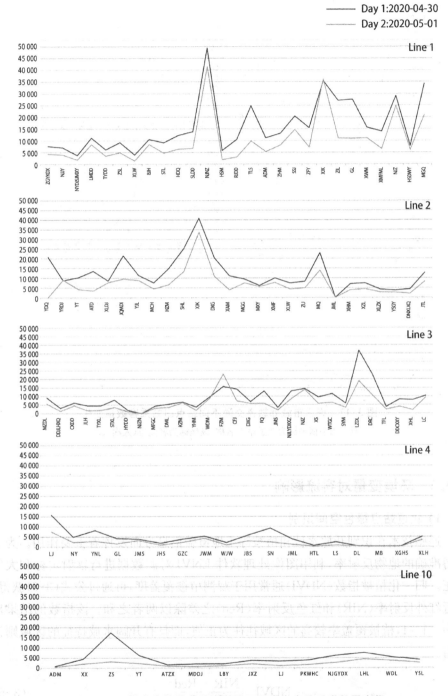

图 3-16　南京市轨道交通中心线不同站点出站乘客数量变化

注：图中横坐标为轨道站点名称，纵坐标为客流量（人次）。

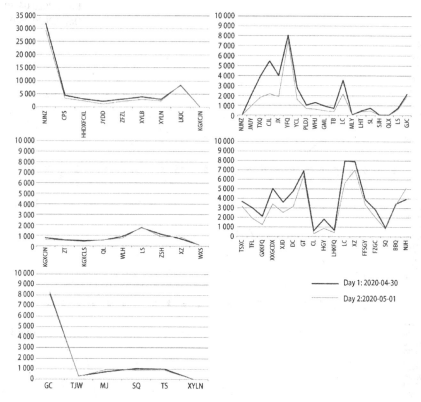

图 3-17 南京市城郊轨道交通不同站点出站乘客数量变化

注：图中横坐标为轨道站点名称，纵坐标为客流量(人次)。

3.3.2 环境变量对客流影响

1) 轨道站点绿色空间识别

遥感技术在识别开放水域和植被等土地覆盖信息方面发挥着重要作用。为了获得准确的地物反射率，利用图像处理软件 ENVI 对源数据进行辐射定标和大气校正。归一化植被指数(NDVI)通常用于观测植被覆盖度，可通过公式(3-5)获得，即近红外反射率(NIR)和红色反射率(Red)之差除以两者之和。该指数的结果范围为-1~1，植被覆盖率较高的区域往往为正值，而具有开阔水域特征的区域则为负值。

$$\text{NDVI} = \frac{\text{NIR} - \text{Red}}{\text{NIR} + \text{Red}} \tag{3-5}$$

当 NDVI 在 0.2~0.3 范围时即反映该区域的绿地面积多为灌木和草原，高指数通常代表森林面积。很明显,轨道站点影响区内的绿地区域不是森林,因此选用NDVI指数在 0.2~0.3 范围内,在轨道站点周边 1~2 km 的缓冲区内进行计数,以显示绿地的规模,具体如图 3-18 所示。

图 3-18　基于 NDVI 的南京市植被覆盖度研究图

2) 轨道站点环境变量对客流的影响分析

不同轨道站点的客流有明显的差异。例如,郊区轨道站点的客流可能比中心城区轨道站点的客流要小得多。新街口站位于南京市中心商业区,到新街口站的出行时间变量是指从给定轨道站点到新街口站的出行时间。此变量反映了从给定地点到市中心所需的时间。轨道站点的其他特征主要包括位置(在郊区或中心城区),轨道站点 1 km 范围内是否有商业中心、旅游景点、工业园区或商业区,以及轨道站点是否作为换乘站或终点(起始)站。

(1) 绿地面积与站点关系的回归结果

表 3-5 展示了轨道站点周边绿地面积与站点特征的关系。回归分析结果表明,靠近商业中心的站点具有更大的绿地面积。工业园区和商业区站点附近的绿地面积也明显大于其他类型站点附近的绿地面积。S9 号线站点周边绿地面积明显小于 1 号线站点周边绿地面积。研究结果表明以下因素对站点周围绿地面积程度的影响不显著:从给定站点到中心城区站点的距离;站点位于中心城区或郊区;附近有旅游景点的站点;换乘站、终点站或起点站。总体而言,站点周边绿地面积受站址规划及周边土地开发需求(如商业中心、工业园区、商业区)的影响较大,但与站点属性(如站点位置、站点功能)关系不明显。

表 3-5 南京绿地面积与轨道站点特征关系的回归结果

	系数	标准误差
到新街口站所需时间	0.269	(0.398)
位于中心城区的站点(参考:位于郊区的站点)	−0.050	(0.206)
站点 1 km 内有商业中心(参考:无)	0.350**	(0.150)
站点 1 km 范围内有旅游景点(参考:无)	−0.026	(0.142)
站点 1 km 范围内有工业园区或商业区(参考:无)	0.628***	(0.207)
站点为换乘站(参考:无)	0.232	(0.177)
站点为终点站或起点站(参考:无)	0.033	(0.193)
线路(参考:1 号线)		
2 号线	−0.230	(0.221)
3 号线	−0.165	(0.206)
4 号线	−0.208	(0.259)
10 号线	−0.140	(0.259)
S1 线	−0.131	(0.324)
S3 线	−0.351	(0.269)
S7 线	−0.124	(0.453)
S8 线	0.201	(0.300)
S9 线	−1.072**	(0.467)
常数	12.034***	(0.364)
R-sq	0.259	
adj. R-sq	0.183	
Log lik.	−188.492	

注: * $p<0.10$, ** $p<0.05$, *** $p<0.01$。

(2) 绿地面积与客流关系的回归结果

工作日和节假日轨道站点客流量与绿地关系的回归结果如表 3-6 所示(见书后插页),工作日轨道站点影响区绿地面积与进站人数呈倒 U 型曲线关系,新街口站的出行时间与客流量呈负相关。也就是说,站点到中心城区站点(新街口站)的出行时间越长,该站点的进站客流量就越少。与郊区轨道站点和附近没有商业中心的轨道站点相比,中心城区站点和附近有商业中心的轨道站点客流量相对较大。而到达轨道换乘站点的客流量明显少于非换乘站点。轨道交通 4 号线、10 号线、S3 号线、S7 号线、S8 号线、S9 号线进站客流量明显低于 1 号线。在节假日期间,绿地面积、站点特征和客流量之间的关系与工作日相似。而两个变量(到新街口站、换乘站的出行时间)在工作日对客流量有显著影响,但在节假日对客流量没有显著影响。

在出站客流量方面,轨道站点影响区内绿地面积与出站客流量的关系也呈现出倒 U 型曲线。到新街口站的出行时间与出站客流量呈负相关。与半径 1 km 内没有商业中心的轨道站点相比,附近有商业中心的轨道站点客流量更多,终点站或出发站的出站客流量也明显多于其他轨道站点。轨道交通 4 号线、10 号线、S3 号线、S7 号线进站客流量明显低于 1 号线。节假日期间,绿地面积、轨道站点特征和客流量的关系与工作日相似。然而工作日对轨道站点客流量有显著影响的两个变量(到新街口站的出行时间、是否为换乘站),对节假日客流量的影响并不显著。

一个工作日不同时段进站客流量与绿地面积关系之间的回归结果如表 3-7 所示(见书后插页),在一天的 6 个时段内,轨道站点影响区内绿地面积与进站人数呈倒 U 型曲线关系。除 6:00am~9:00am 这一时段外,其他 5 个时段(9:00am~12:00am、12:00am~3:00pm、3:00pm~6:00pm、6:00pm~9:00pm、9:00pm~12:00pm)到新街口站的出行时间与到站人数呈负相关。只有 6:00am~9:00am,轨道换乘站点的乘客数量明显高于其他轨道站点。从 6:00am~3:00pm,终点站和始发站的乘客人数明显多于其他轨道站点。

工作日不同时段出站客流量与周边绿地面积之间关系的回归结果如表 3-8 所示(见书后插页),在一天的 6 个时段中,轨道站点影响区绿地面积与出站客流量呈倒 U 型曲线关系。从 6:00am~3:00pm,新街口站的出行时间与出站客流量呈倒 U 型曲线关系。从 6:00am~12:00am,市中心站点的出站客流量明显高于郊区站点。除 6:00am~9:00am,邻近商业中心的轨道站点出站客流量明显高于没有邻近商业中心的站点。从 6:00am~12:00am,距离工业园区或商业区 1 km 以内的轨道站点出站客流量明显高于没有工业园区或商业区的站点。除 6:00am~9:00am外,终点站或起始站的出站客流量明显高于其他轨道站点。

节假日不同时段进站客流量与周边绿地面积关系的回归结果如表 3-9 所示

（见书后插页）。在一天的6个时间段内，轨道站点影响区内绿地面积与进站人数呈倒U型曲线关系。在3:00pm～6:00pm，6:00pm～9:00pm，9:00pm～12:00pm，到达中心城区站点的客流量明显高于郊区站点。在所有时间段内，到达距离商业中心1 km以内站点的客流量明显高于其他站点。只有6:00am～9:00am，轨道交通换乘站点的客流量明显高于其他站点。除6:00pm～9:00pm外，在终点站或起始站的进站客流量明显高于其他站点。

节假日不同时段出站客流量与轨道站点影响区内绿地面积关系的回归结果如表3-10所示（见书后插页），12:00am～12:00pm，轨道站点影响区内绿地面积与出站客流量呈倒U型曲线关系。在9:00pm～12:00pm之间，到新街口站的出行时间与进站人数呈负相关。从6:00am～3:00pm，中心城区站点的出站客流量明显高于郊区站。在所有时间段内，距离商业中心1 km以内的站点出站客流量显著高于附近没有商业中心的站点，而在终点站或起始站出站客流量显著高于其他站点。

综上所述，轨道站点周边绿地面积与站点进出客流呈倒U型关系。不同时段的绿地面积与客流量之间也呈现出类似的倒U型曲线。这可能是由于几个因素。①城市绿地通常可以吸引城市居民驻足参观，增加人们的出行欲望。这反过来又会增加人们使用这些附近拥有绿地的轨道站点的意愿。②轨道站点周围太多的绿地面积可能会降低人们使用轨道交通的意愿。如果轨道站点周围的绿地面积太大，换乘轨道交通会很不方便（如果在短距离内很难停车，或者需要走很长的路等）。这可能会降低人们使用轨道交通的意愿，从而减少客流量。

南京轨道交通建设与城市绿地分布存在一定的相关性。南京中心城区的绿地分布具有分散均匀的特点。相反，在南京周边地区，城市绿地面积较大，但可达性较差。南京轨道交通现已形成骨架结构，将城市内圈（小公园、湿地）与城市外圈（景点、水坝等）绿地连接起来。轨道站点影响区绿地面积受场地规划及周边土地开发需求（商业中心、商业区、工业园区）的影响显著，与轨道站点性质（区位、功能等）关系不显著。具有商业中心和工业园区的轨道站点会比没有这些设施的轨道站点有更多的绿地面积，这可能是因为商业中心和工业园区通常都有相应的绿地面积。轨道站点影响区环境受城市总体规划的影响较大，轨道站点自身对周边环境的影响较小。

3.4 本章小结

探讨换乘客流与轨道交通网络拓扑特征和位置的关系，分析轨道交通客流的时空分布和不同类型站点的客流分布特征，研究了轨道站点影响区绿地与客流的关系。研究发现：换乘客流与换乘站点节点度呈正相关；轨道交通客流在时间和空间上存在异质性，客流在工作日和节假日之间变化不明显，且中心城区轨道交通客流明显大于其他站点；靠近商业中心、工业园区或商业区的轨道站点影响区绿地面积显著增大；在工作日，轨道站点影响区绿地面积与进站客流量呈倒U型曲线关系；距离中心区的时间距离越长，轨道站点的客流量越小。

第 4 章　轨道站点影响区交通模式与服务体系设计

4.1　轨道站点影响区交通模式

4.1.1　轨道站点影响区交通模式组成及特征

城市轨道站点影响区交通模式包含步行、自行车、地面公交、小汽车等。各交通模式的交通特性不同，居民接受的可达范围不同，另外在不同地区不同轨道站点周边居民的出行活动需求不同，对各方式接驳出行接受的可达范围不同。

1) 步行交通模式特征

步行是最基本、最灵活的出行方式，通常作为其他交通方式两端的衔接方式，轨道交通与其他交通方式的衔接换乘最终都体现在步行上。应当优先考虑步行网络和设施的设置需求，提供安全、便利的步行环境和清晰、连续的步行流线。步行交通模式受交通设施的影响较小，但是受个人身体条件的影响，速度是所有交通模式中最慢的(步行速度一般为 4～5 km/h)，仅适用于短距离出行，出行距离的不断增加，越容易让人感到疲累。因此，轨道站点接驳距离的不断增加，会导致越来越少的人选择步行交通模式。此外，在早高峰期间，以上班、上学为目的的出行要求到达轨道站点的时间较短，而在晚高峰期间，居民回家可能携带购买的货物等，这些因素都决定了如果选择步行接驳轨道交通，轨道站点与居民区之间的步行距离不宜过长[142-143]。轨道站点周边居民选择步行可接受的范围在 800 m 以内，并随着距离的增加越不倾向于选择步行交通模式。

2) 自行车交通模式特征

自行车属于非机动车辆，以自主灵活、绿色低碳、成本低廉等特点，对土地空间利用、道路负荷以及环保等均具有正面效应，是除了步行之外优先发展的接驳方式。自行车平均时速仅 10～15 km/h，速度慢且需要依靠人力，服务范围有限，比较适用于短距离出行，且受天气和地形的影响，其安全性与适应性相对较差[144]。在城市交通出行中自行车主要承担的作用包括：作为短距离出行的重要交通工具，提供快捷、自由、环保的出行服务；作为一种接驳交通工具，为远距离出行提供最后"门到门"的服务[145]。人们通常愿意选择骑自行车到达轨道站点,然后换乘轨道交通去往目的地,自行车作为轨道交通接驳方式的优势将会逐步突显。轨道站点周边居民选择自行车方式可接受的范围在 1 200 m 以内,并随着接驳距离的增加越不倾向于选择自行车交通模式。

3) 地面公交特征

地面公交具有成本低、投入少、人均资源消耗少和环境污染较小的特点。地面公交在我国倡导的公交优先发展战略中作为重要的公共交通方式,是我国居民出行选择比例最高的公共交通工具。地面公交具有线路固定、运行速度适中、票价低廉等优点,成为城市公共交通的重要组成部分,同时也是轨道交通较为合适的接驳方式。然而,地面公交接驳过程中存在等车时间不确定、绕行距离较长、舒适度较低等问题,公交线路开行受到道路交通资源和其他交通需求强度的约束,在道路空间资源紧张、交通流量大的情况下,路网运行负荷较高,易出现交通拥堵,运行可靠性降低。因此,合理的地面公交接驳方案可以有效地避免或减少人流、车流在接驳站点的相互交织,提高接驳效率[146]。

4) 小汽车交通模式特征

城市道路基础设施不断完善,小汽车数量快速增加,导致小汽车在城市出行结构中的比例越来越高。小汽车出行包括私家车、出租车、网约车等类型,网约车与出租车有着相似的特征,可将其归为一类。

(1) 私家车

小汽车的便捷性、舒适性和直达性较其他交通模式具有优势,但小汽车的增加加重城市交通负担,产生交通拥堵、污染环境。在不鼓励小汽车出行的基础上,可引导小汽车作为轨道交通中短途距离接驳的补充,结合轨道站点实现"P+R"换乘,降低私人小汽车的使用。

(2) 出租车

出租车具有运行速度快、线路不固定、数量较多的特点,可在城市各等级的道路上便捷运行,其"门到门"的便捷性极大地弥补了地面公交的不足。采用出租车方式与轨道交通接驳,大多属于"即停即走"形式,但是出租车通常停靠较为随意,容易影响其他车辆的通行。

4.1.2 轨道站点影响区交通模式选择

城市居民出行方式的选择是其出行行为的一个重要方面,对城市层面的可用出行方式的构建和交通政策的制定具有重要影响,探讨城市居民在出行方式选择方面的行为特征具有基础性意义。公共交通导向的发展不断取得进展,提高了世界各地的城市规划者和决策者的期望,特别是在面临高速城市化和流动性问题的发展中国家。城市轨道交通系统在人均道路资源占用、人均交通事故发生率、环境保护、出行延误、运营效率、运力等方面具有诸多优点。因此,结合轨道站点影响区分析居民出行交通模式选择行为是必要的。

在家庭特征和个人属性方面,除拥有汽车和驾照的居民外,大多数居民倾向于选择慢行交通方式(包括步行和骑自行车),年龄较大的出行者不倾向于选择骑自行车,这表明速度较慢(环境友好型)的交通模式发挥了重要作用,能够满足出行者日常活动所需的大部分出行需求。随着年龄的增长,居民的时间支出选择变得更加稳定,居民活动持续时间越长,活动频率越低。与轨道交通相比,居民不太倾向于频繁选择使用地面公交,这表明传统公共交通模式的竞争力需要在很多方面进行改善和提高。在出行高峰时段,出行者没有明显偏向于乘坐地面公交、步行上班或上学。对于涉及个人或社会活动的出行,人们倾向于选择步行、小汽车和公共交通(轨道交通和地面公交)。

在选择出行交通模式时,出行时间变量对居民行为有本质的影响。居民在短途出行中更喜欢速度较慢的交通模式。居民倾向于选择公共交通进行长途出行,尤其是轨道交通模式,各种交通模式都有自己独特的特点和优势,使它们能够适应各种各样的条件和目的。通过对不同交通模式特征的探索,可以充分发挥其优势,同时提高运输系统效率。

轨道站点影响区内居民选择各交通模式所能接受的距离不同,步行交通模式可达800 m、自行车交通模式可达1 200 m、常规公交模式可达1 800 m,小汽车交通模式可达2 500 m,各交通模式因其特征不同,服务的范围不同,使轨道站点影响区形成了不同交通模式可达的服务圈层[147]。

1) 步行圈层

步行圈层是以轨道站点为中心,步行可达距离800 m范围内的步行交通模式服务圈,也是轨道站点客流的主要集散范围,是构建无缝衔接轨道站点的区域。

2) 自行车圈层

自行车圈层是以轨道站点为中心的1 200 m范围内自行车服务区域。随着共享单车的广泛普及,自行车以生态、健康、绿色的优点受到推广,所以"轨道交通+自行车"这一衔接方式也是轨道站点影响区内居民重要的出行方式之一。

3) 机动车圈层

由于小汽车接驳与地面公交接驳覆盖范围重叠,说明轨道站点影响区小汽车以其自由、灵活、舒适度高的优势成为地面公交接驳的补充,共同形成机动车可达圈层。因此,机动车圈层是以轨道站点为中心的1 200 m以外地面公交及小汽车换乘轨道交通的外层衔接服务圈。其中,地面公交的换乘区域主要在距离轨道站点1 800 m的范围内,而小汽车作为轨道交通接驳的补充,包括私家车、出租车、网约车,要充分考虑停车换乘。因此,机动车圈层内应在轨道站点建综合换乘枢纽,其中要包括公交站点、小汽车停车场和出租车停车位等。

4.2 轨道站点影响区交通服务特征

4.2.1 轨道站点影响区居民出行特征

轨道站点影响区差异化的人口、岗位特征,决定了居民在出行目的、出行方式、出行时耗、出行距离等方面的差异性。主要关注与轨道交通存在合作或竞争关系的出行方式,如步行、非机动车(自行车、助力车)、地面公交、小汽车[147]。

1) 出行目的

通勤是轨道站点周边居民出行的主要目的。无论是时间的延续,还是通车里程的不断增加,综合城市不断发展、人们经济水平不断提高、人们生活方式的转变等因素考虑,乘轨道交通出行的目的结构比例保持大致一致。乘轨道交通出行的居民出行目的中,以上下班为主要目的的约占60%~70%,以上下学为主要目的的约占10%,以公务、购物、文化娱乐等生活性出行的合计约占15%~20%,探亲访友等其他目的合计占5%以下。

2) 出行方式

分析不同出行目的下交通方式分担率,居民出行目的可分为上班、上学、公务、购物娱乐、探亲访友和看病等。尽管通常认为不同目的的出行对快速性、准时性、舒适性、便捷性等要求不同,但一般公共交通在服务不同出行目的时所占的比例相近,而轨道交通与地面公交之间则存在差异。由于轨道交通运营初期网络密度低,而购物娱乐和看病的出行目的地多集中于轨道交通,轨道交通服务于上述出行目的所占比例相对于其他出行目的更接近于地面公交方式。

以主要交通方式出行统计,轨道站点影响区内居民多以一种交通方式到站换乘轨道交通。居民到轨道站点主要交通方式是步行和地面公交,其中步行的比例最高,地面公交出行的比例次之,以自行车、电动车和小汽车出行到达轨道站点的比例相对较低。轨道站点影响区内居民以步行和地面公交出行到站比例最高,说明轨道站点对该部分人群出行的吸引最大,居民出行也多选用慢行交通和公共交通;使用自行车到地铁站相对较少,主要与站点周边停车不方便等因素有关,所以不愿意骑车去乘地铁;使用电动车出行目前是人们出行的一个很大趋势,但是多数电动车出行距离也较远,因此在居民出行到轨道站点过程中,使用电动车到站点的比例较小。小汽车出行到站的人群虽然是少数,但如果站点周边有较好的停车设施,轨道交通在城市到达区域更多时,人们还是愿意开车到站点换乘轨道交通,一方面可以降低出行成本,同时多使用公共交通,降低城市拥堵和环境污染水平。

3) 出行时耗

各交通方式运输特性不同,在城市交通系统中承担的功能也不同。总体上,时耗较短时,一般采用步行和非机动车方式,随着时耗的增加,轨道交通、地面公交以及私家车等出行方式的分担比例开始上升。步行和非机动车交通在 5~10 min 处存在峰值,但与步行相比非机动车峰值并不明显。地面公交与轨道交通的出行时耗分布则较为均匀,轨道交通的出行时间更长且峰值相对明显,峰值发生于 35~40 min,公共交通和慢行交通存在良好的互补性。仅有少数私家车出行在 40 min 以上,其与公共交通的竞争主要发生在 20~40 min 的出行。

4) 出行距离

轨道站点影响区内乘轨道交通出行的居民到轨道站点的距离总体上具有差别,不同类型站点周边居民到达轨道站点距离差异明显。无论是城市内部的轨道站点影响区还是城市外部的轨道站点影响区,吸引其周边 500 m 范围内的居民比例相对较高,500~1 000 m 范围内的居民次之。城市内部稳定型的轨道站点吸引的居民比城市外围新兴稳定型的轨道站点周边 500 m 范围内少,其主要原因是城市内部站点间距离较近。另外,城市内部稳定型站点周边居民换乘其他交通模式也更方便。

4.2.2 轨道站点影响区交通接驳特征

1) 需求特征

轨道站点对周边用地开发具有引导性,在城市发展过程中,其功能定位将不仅仅作为公共交通枢纽,同时还承担一定的城市职能,如商业、商务等活动场所。随着站点在城市发展中功能的增强以及区位重要度的提升,交通接驳设施在满足其集散客流需求的基础上,还将更多地承担周边地块生成客流和不同接驳方式间转换客流的任务。

轨道站点交通接驳设施客流构成由站点集散客流、周边地块生成客流和不同接驳方式间转换客流组成。三类客流均具有城市早晚高峰的交通特征,而位于城市对外交通枢纽处的站点集散客流特征与对外交通时刻表高度相关。站点集散客流为脉冲式间断流,离散客流集中,客流量大;不同接驳方式间转换客流为脉冲式间断流与连续流并存,流量适中;而周边地块生成客流一般为连续流,流量因轨道站点周边用地开发强度而异。不同客流类型对交通接驳资源的使用存在关联和冲突,有限的交通资源应在功能分配上注重协调。交通接驳系统的构建首先以满足轨道站点的集散客流需求为目标,同时适应各类客流到达和离散的特征。

2) 供给特征

交通接驳系统由各种城市交通方式构成,但有别于城市交通方式结构。一方面以适应轨道站点集散客流的方式选择,另一方面也应考虑站点处交通接驳设施供给特性和约束条件。各种交通接驳方式具有相应的供给特性如表4-1所示。交通接驳系统配置中应注重发挥各种交通方式的优势,构建相互协作、互为补充的接驳系统,以满足不同客流的出行需求,发挥系统整体效能,同时不同交通方式的设施供给投入和运输能力也存在差异。

表4-1 不同衔接交通方式供给特性比较

交通方式	供给特征		
	单向运输能力/(人/h)	运营速度/(km/h)	供给特性
步行	8 000	3~5	投入成本低,易实施,占用资源少,集散能力强
非机动车	2 000	10~15	投入成本低,易实施,不受约束,短距离出行快
出租车	1 500	20~50	投入成本低,出行成本高,运量小,受道路和车辆供给影响,占用道路资源多
小汽车	3 000	20~50	投入成本低,出行成本高,运量小,受道路和停车设施约束性强,占用资源多
地面公交	6 000~9 000	15~25	投入成本较高,出行成本低,运量大,受道路和停车设施约束性强,占用道路和场站资源多

4.2.3 轨道站点影响区公共交通系统特征

城市轨道交通的演变分为起步期、发展期与成熟期。起步期,轨道交通线路布局呈现"十字形"骨架居多,与城市公交客流主要流向保持一致,贯穿于城市中心区,连接城市副中心和大型交通枢纽的主要客流集散点。部分城市为了实现轨道交通建设前期对多个重点新区开发的引导功能,在城市中心区边缘增加轨道交通枢纽节点的支线建设,服务新区客流出行。轨道交通进入公交系统后,原地面公交乘客将在两者间重新选择,非公共交通方式出行的居民也将考虑是否放弃原有的出行方式。因此,原有公交系统特征将会改变,主要反映在客运量和客运结构上。

国内城市轨道交通发展基本处于起步期,里程在300 km以下;以南京、深圳等为代表的城市轨道交通线路数量达到10~12条,里程在400~500 km之间,处于发展期;北京与上海轨道交通起步较早,发展规模远超其他城市,线路达到15条以上,里程在700 km以上,处于城市轨道交通发展的成熟期。横向对比各城市轨道交通运营线路总里程与其占公交客流比重的关系,得出轨道交通客流占公交客流的比重随着其规模的扩大而上升,一方面轨道交通密度的提高,使得出行者能够方便地使用,另一方面轨道交通越成熟,城市规模越大,平均出行距离相对越长,使得更多的出行者愿意选择轨道交通出行。但轨道交通相对于地面公交较低的覆盖率使得其并不能承担起所有的公共交通出行需求,轨道交通客流比重的增长稳定于50%左右。起步期比重为5%~10%,成熟期比重达到40%~50%,而发展期的轨道交通客流的比重则介于两者之间。

4.3 轨道站点影响区交通服务体系设计

4.3.1 交通服务体系总体目标

《交通强国建设纲要》要求推进出行服务快速化、便捷化,加速新业态新模式发展,实现出行即服务。轨道交通出行是典型的多方式组合出行,其出行过程不连续、选择需求复杂、出行体验难以捕捉等特征,制约了轨道交通整体出行效率和满意度提升。多方式交通出行的资源配置需以轨道站点为核心,规划、建设与管理多管齐下,精细化协同轨道交通服务设施资源,提高轨道交通服务水平[148]。

轨道站点影响区交通服务体系设计的目标应以广泛的社会发展目标为基础,不仅需要提供高效、安全、快捷的交通服务,满足轨道交通沿线居民的出行需求,而且需要与城市总体规划协调,形成可持续、协调、平衡的交通系统。可持续、协调、平衡的交通系统并非有一种固定模式,需要因地制宜、因时而异,是决策部门所面临的"平衡"问题,使得规划方案满足财政、环境、能源等各方面的可持续性,并给出"多赢"效果的决策方案,使得决策方案最终转化为明确指向和易实施的"多赢"政策。

轨道站点影响区交通服务体系设计的目标需要紧紧围绕城市与交通可持续性,具体表现在站点周边土地利用与轨道交通设施的适应性方面。城市公共交通可持续发展目标不仅仅局限于满足日益增长的客流需求,同时还要更加注重公共交通设施与土地利用之间的协调性,注重环境保护、资源优化和生态契合等多种元素;公共交通服务体系设计应当更加注重于发挥公共交通主动引导型的作用,从点、线、面三个维度体现出轨道站点TOD开发模式的适应性;最后,可持续发展的公共交通设施配置目标的实现,贯穿于城市交通系统的整个演变过程中,需要结合不同发展阶段赋予差异化的公共交通设施配置要求。

轨道站点影响区交通服务体系设计应从设施服务效率、深度、广度、换乘服务质量与社会服务功能角度提出相应的目标,如表4-2所示。通过合理的交通设施配置,提高时空可达性,给居民提供多样化的交通出行选择,满足不同圈层、职业、年龄的公共交通出行需求,轨道交通设施与其他交通方式通过公交换乘枢纽高效衔接,实现与周边用地布局和谐共生[147]。

表 4-2 交通服务体系设计目标一览

目标	关注层面	落实方面
可达性	设施服务效率	强调客运服务过程,关注地块可达性,而非机动性; 关注轨道站点时间可达性,非仅仅关注空间可达性; 注重公交可达性,提升竞争力
多元化	设施服务深度	提供快速轨道交通等多种出行服务; 注重轨道站点与多种交通方式衔接换乘
公平性	设施服务广度	为不同年龄、收入、出行目的的沿线居民提供优质的公共交通服务; 结合不同地域圈层的差异性,尊重区位特有的出行习惯
一体化	换乘服务质量	实现各不同公共交通设施之间的换乘便捷,形成多模式公交体系; 注重与小汽车交通、自行车交通、步行等方式的衔接
协调性	社会服务功能	发挥公共交通引导作用,优化周边用地布局; 关注公共交通对沿线居民职住关系的影响; 注重公共交通设施布局对生态环境的影响

结合轨道站点影响区交通服务体系设计目标,从土地利用、环境能源、居民出行、公交换乘与运行等方面确定交通服务需满足的引导性指标和控制性指标。引导性指标是需要参照执行,但并不具有强制性,而控制性指标是必须要在公共交通设施配置中实施的指标。

4.3.2 交通服务体系设计要求

1) 轨道站点影响区交通服务的适应性要求

轨道站点影响区交通方式的合理配置首先应满足交通服务与用地布局的适应性,交通服务主要由大运量公共交通方式所构成的城市快线提供,需协调城市快线与用地性质、用地开发模式与土地利用强度的关系。城市快线与沿线土地利用是"源流"的相互关系,城市快线所提供的运输服务应满足沿线客流特征,达到城市快线运输能力与客流需求量相匹配,以及城市快线的运行模式与客流时空特征相匹配,实现供需双控下的动态平衡;城市快线与沿线土地利用是耦合作用关系,沿线用地表现为高可达性、高增值性与高区位度,强调沿线的土地利用混合程度,以满足沿线的职住平衡,且在城市快线站点附近往往采用高强度开发的TOD模式,人口与就业岗位在站点周围高度聚集,通勤、商务等出行需求不断提高,促使城市快线进一步升级以提高公交服务水平,从而实现轨道站点影响区交通服务与土地利用的动态平衡。

2）轨道站点影响区交通方式的技术性要求

城市轨道站点影响区客流时空分布特征对交通方式的选择提出了技术性的要求，以通勤客流特征为例，通勤客流作为轨道站点主要的服务对象，具有明显的上下班两个高峰时段，这就要求轨道站点影响区的高峰小时运能能够与客流需求相匹配。从通勤出行时间目标来看，通勤客流对时间的要求较高，需要满足 1 h 通勤的约束，对公共交通方式的速度、准点率等技术指标提出了相应的要求。从通勤客流空间分布特征角度，需要考虑轨道站点影响区各圈层客流分布特征，使得轨道站点影响区交通服务与土地利用布局相适应。各公共交通方式的技术特征决定了主要服务的功能层次，高峰小时运能、速度、站间距等技术特征是公共交通方式选择决策的重要参考指标。

3）轨道站点影响区交通项目的经济性要求

在有限资金约束下对公共交通项目的经济性评估是公共交通方式配置的重要内容，公共交通项目的经济评估不仅仅直接等同于项目预设成本与效益的财务评估，而是需要综合考虑项目的投资效益与社会效益。公共交通项目的投资效益体现在重大交通设施建设之后沿线产生大量诱增客流，提升企业的运营收益，需要用净现值法评估项目的成本与收益。公共交通项目的社会效益可通过社会环境效益与生态环境效益两方面表征，社会环境效益直接表现在效率与公平上，通过公交干线运输效率的提高，引导人口、就业岗位在轨道交通沿线的合理分布，形成集约化的土地利用模式，促进可持续发展，同时为不同圈层、不同阶层、不同年龄的居民提供高品质的公交服务，社会公平性得以提高。公共交通项目的生态环境效益是指通过选择低碳生态的公共交通方式，可以减少大气污染与噪声污染，同时节约单位客流量所消耗的能源。因此，公共交通方式选择决策时应将投资效益与社会效益综合分析，将社会环境等外部成本内部化处理，综合社会与经济效益评估。

4）轨道站点影响区交通网络的一体化要求

轨道站点影响区存在多种公共交通方式，承担着满足不同空间范围、不同出行需求的交通功能，为了提高轨道站点影响区交通网络的整体运行效率，增强整个交通服务体系的可靠性、可达性和机动性，形成功能层次分明、换乘衔接顺畅的一体化公交系统，具体表现为不同功能层次的公交子系统之间的一体化整合，以及整个公交系统与轨道站点影响区土地利用的协调统一。通过合理的衔接设施配置和高效的运行管理，实现网络衔接、换乘设施、票制票价、信息服务与体制机制等方面的一体化，减少或者消除不同交通模式之间换乘时间、空间、费用与信息等方面的障碍。其中公交网络衔接一体化需要在考虑轨道站点与各体系之间的耦合关系基础上，突出以轨道站点为核心的交通网络衔接理念，通过级别化的交通设施配置，将服务于轨道站点影响区不同空间尺度、实现不同功能的多层次交通网络紧密衔接。

4.4 本章小结

本章根据步行、自行车和机动车不同的服务圈层，研究了轨道站点影响区交通模式组成、特征和居民交通模式选择行为，分析了轨道站点影响区交通服务体系特征，重点分析居民出行特征、交通接驳特征与公共交通系统特征。响应国家对出行服务快速化、便捷化要求，满足不同圈层、不同职业、不同年龄居民对轨道交通出行需要，提出了轨道站点影响区交通服务体系可达性、多元化、公平性、一体化、协调性目标和适应性、技术性、经济性、一体化设计要求。

第5章 轨道站点影响区分类方法

5.1 轨道站点影响区与轨道站点 TOD 的关系

对轨道站点影响区进行分类是一种将具有共同特征的区域组合在一起的方法,可以增强其规划、设计和运营活动。类型的相似性使决策者和利益相关者能够制定共同的策略来规划或提高绩效。每种类型都具有相似的密度、土地利用混合度、连通性和交通系统功能,分类有助于了解在给定位置改善 TOD 所需的步骤,可以帮助城市交通规划师深入了解站点区域在交通需求以及是否应该加强步行环境中所起的作用。分类使地方政府能够投资于各类型的站点区域,获得更多的整体收益。轨道站点影响区分类将使政策制定者更好地理解 TOD 和轨道站点区域城市问题之间的关系。

轨道站点影响区的土地利用与交通的互动关系决定了公共交通相对于小汽车的竞争地位,从而可以为轨道站点 TOD 的空间发展创造较好的机会。轨道站点影响区的土地利用与交通存在两个基本的相关性:①交通系统的速度与轨道站点影响区的空间范围,例如,可以用居住地与工作地的距离来描述;②交通系统的容量、灵活性与轨道站点影响区活动的空间聚集程度,例如,可以用居住与就业密度来识别。如图 5-1 所示,小汽车是一种小容量、高灵活性、高速度的交通方式,可达空间范围更大,最适合低密度城市。轨道交通的速度和小汽车相当,是一种大容量、低灵活性的交通方式。非机动化交通方式同时具有大容量和高灵活性,但是速度低、空间可达范围小。为了提供一种具有竞争力的可替代小汽车出行的交通方式,可以充分发挥轨道交通与非机动车交通、微型公交的优势,这也是 TOD 的核心理念之一。然而,这种组合出行方式只有在高密度城市空间发展模式下、短距离出行时候才有可能获得成功,这是 TOD 的另一个核心理念。

这个简要的概念化指向轨道站点 TOD 最基本的土地利用与交通关系。在土地利用层面,是增加开发密度和功能混合的问题,尤其是围绕轨道站点。在交通层面,是提高相对于小汽车的可替代交通方式的竞争力,包括提高公共交通的灵活性、减少公共交通通勤出行时间。这不一定是绝对的情况,针对小汽车出行,还可

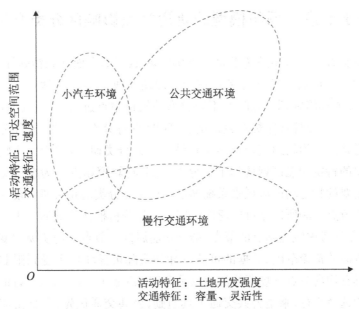

图 5-1　轨道站点影响区土地利用与交通基本关系

以使用旨在降低小汽车灵活性的相关政策也可能是有效的,例如停车泊位限制、小汽车限速等。因此,要想促使轨道站点影响区发展成为轨道站点 TOD,协调好轨道站点影响区的土地利用与交通的关系至关重要。

促进轨道站点影响区的土地利用与交通一体化发展,以实现轨道站点 TOD 是一个非常复杂的挑战。轨道站点影响区既是交通网络的节点,又是城市活动的重要功能区域。轨道站点影响区可能成为交通网络或非交通网络的重要节点,还可以识别一个场所,例如居住社区、密集且多样化用途的集合。因此,各种基于节点和场所的参与者参加了轨道站点影响区的建设进程,促进了其再发展。当地政府和交通运输部门往往起着主导作用,但是根据当地具体情况,其他参与者也有可能起到决定性作用,包括不同层级的公共管理部门、公共交通运营商、开发商、投资商、居民等。由此,可以发现轨道站点 TOD 的实现相对复杂,需要协调好土地利用与交通的关系、不同轨道站点的发展规模也需要与轨道网络相协调。轨道站点影响区向轨道站点 TOD 转变,需要土地利用与交通之间的互动过程,推进轨道站点影响区土地开发,使其土地利用呈现高密度、多样化特征;通过轨道站点影响区的超高层建筑停车配建调整、微型公交线路站点优化等策略来调控小汽车出行、进一步提升公共交通服务能力。

5.2　基于节点—场所模型的轨道站点影响区分类方法

已有分类方法大多还是基于大量调查数据,数据的全面性和精确性难以保证,且对站点周边土地利用特征的考量较少。即使在成熟的轨道站点 TOD(如波特兰)也存在建成环境区别,因此,对不同类型的轨道站点进行"一刀切"评估是不合理的,应该基于建成环境指标对轨道站点 TOD 进行分类。此外,以往分类方法较多关注轨道站点作为轨道交通网络节点情形下的分类研究,较少关注轨道站点作为城市重要的特定功能区域情形下的分类,同时将轨道站点作为轨道交通网络节点与城市重要的特定功能区域来系统确定轨道站点分类的相关研究较少。

考虑到节点—场所模型可广泛地应用于提供分析框架将交通与土地利用结合起来,可以充分考虑轨道站点的节点、场所功能属性。节点—场所模型变量可能在某些重要方面的覆盖范围、数据的可获取性和实际可操作性等受到限制。该模型无法识别具有均衡节点—场所值的地点是 TOD 还是 TAD。行人友好的环境激励居民更多的选择步行、乘坐公共交通工具通勤;公共交通优先、完整街道设计已受到充分关注,通勤者将有更多的出行选择;已有模型方法很少将步行性和公共交通可达性水平同时考虑在内进行建模优化。因此,将轨道站点拓展到轨道站点影响区,选用传统的节点—场所模型,在此基础上调整并改进变量构建改进的节点—场所模型来研究轨道站点影响区分类问题。

5.2.1　改进的节点—场所模型

轨道站点影响区不仅仅是指一个交通枢纽或者一个城市场所,其与周边区域紧密联系,承担了更多的城市功能,是促进轨道站点 TOD 的最佳场所。因此,对轨道站点影响区分类研究就需要考虑其土地利用与交通之间关系。Bertolini 提出了节点—场所模型,是一种基于公共交通网络的地域组织模型[149]。该模型将站点影响区同时看作交通网络的"节点"和城市的"场所",划分了站点区域的五种理想的典型情况。

如图 5-2 所示,沿着中间对角线两侧的"均衡"区域,节点和场所指数相对都比较高,意味着基本上实现了地区的发展,一般对应为发展较为成熟的城市地区站点。处于对角线右上方的"压力"区域,表示城市土地开发强度大、交通网络发达的地方,一般对应于城市中心城区站点。处于对角线左下方的"依赖"区域,土地开发和交通发展相对不够充分,一般对应于城市普通站点。上述三种类型都是位于城市地区,站点区域的节点和场所功能发展较为均衡的典型情况。除了这三种类型,还有两种"不均衡"发展的站点区域。"不均衡"节点—站点区域的交通供给能力显著高于其作为城市场所的功能,如图 5-2 左上方区域。"不均衡"场所—站点区域的土地开发密度和多样性显著高于其交通设施供给水平,如图 5-2 右下方区域。随着城市空间结构与城市轨道交通网络的不断耦合发展,这两种类型会以不同的方式发展演化成均衡发展区域。

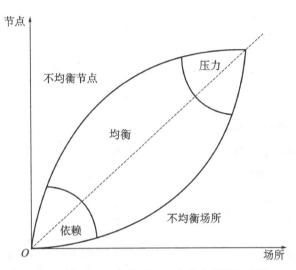

图 5-2　节点—场所模型及五类站点类型示意图

因此,识别土地利用和交通发展条件是否同时实现,或者只是揭示其发展潜力就变成了可能。假设会发生节点和场所之间的均衡,这种均衡将反映站点区域的等级结构。传统的节点—场所模型包括 15 个标准化变量,其中 9 个用于测度节点指数,6 个用于测度场所指数,所有节点和场所指数的权重都相同。

尽管节点—场所模型通过分析框架将交通与土地利用结合起来应用较为广泛,仍存在一些局限性。例如,变量集可能在某些重要方面的覆盖范围受到限制,考虑调整并改进变量。考虑到数据的可获取性和实际可操作性,调整并选择 6 个节点指数和 6 个场所指数,见表 5-1。为了确定会影响模型结果的变量的权重,使用专家法,调研来自大学、科研机构、交通管理部门的学者专家。为了识别出节点—场所均衡的位置是 TOD 或 TAD,通过引入站点影响区的步行性变量,进一步改进节点—场所模型,以更好地对轨道站点影响区进行分类研究。

表 5-1　改进的节点—场所模型变量构成

变量	权重	转换计算
节点指标		
N_1:轨道交通服务的方向数量	u_1	$\lg(N_1)$

(续表)

变量	权重	转换计算
N_2：轨道车辆日均班次	u_2	
N_3：20 min 出行时间内的轨道站点数量	u_3	
N_4：其他公共交通服务的方向数量	u_4	$\lg(N_4)$
N_5：自行车停车设施容量	u_5	$\lg(N_5)$
N_6：公共交通可达性水平	u_6	见公式(5-1)
场所指标		
P_1：居住人数	v_1	$\lg(P_1)$
P_2：零售酒店餐饮类的员工数量	v_2	$\lg(P_2)$
P_3：教育健康文化类的员工数量	v_3	$\lg(P_3)$
P_4：行政管理类的员工数量	v_4	$\lg(P_4)$
P_5：产业类的员工数量	v_5	$\lg(P_5)$
P_6：土地混合指数	v_6	$P_6 = 1 - [(a-b)/d - (a-c)/d]/2$ $a = \max\{P_1, P_2, P_3, P_4, P_5\}$ $b = \min\{P_1, P_2, P_3, P_4, P_5\}$ $c = (P_1 + P_2 + P_3 + P_4 + P_5)/5$ $d = P_1 + P_2 + P_3 + P_4 + P_5$

5.2.2 轨道站点影响区步行性

城市设计是描述出行行为的一个重要维度，除了其他重要的城市设计特征：多样性、复杂性和安全性等，人性化的尺度设计特征——步行性被认为是 TOD 的重要特征。步行性这一术语可以被广泛地定义为城市建成环境能够步行的程度，并且对行人友好[150-151]。已有研究表明，到轨道站点的步行性与交通方式选择之间存在统计学意义上的显著关系[152]，并发现步行与公交可用性、土地利用多样性和街道网络设计有关[153]，行人友好的环境激励居民更多的选择步行、乘坐公共交通工具通勤。因此，引入轨道站点影响区的步行性这一变量来识别节点与场所均衡的位置是 TOD 或 TAD。

学者专家们开发了许多用于评估城市建成环境步行性的方法，其中包括使用工具或清单来评估步行性、应用意向调查技术来确定步行环境特定方面的步行价值以及直接通过行人体验来感知步行环境的手机移动技术。上述所有的方法里，Walk Score 指数可以理解为特定社区建成环境密度的替代指标，表征有实际效用的步行潜力[154]，已经越来越多地应用于步行性研究。Walk Score 指数使用

Google TM AJAX 搜索应用程序接口（API）提供的数据和基于地理位置的算法识别周边区域并计算步行性指数，通过三个要素（到一组预选目的地的最短距离、街区长度和交叉口密度）的组合来评估一个场所的步行潜力。该指数将重力测度（距离可达性）与拓扑可达性（街道可达性）联系起来，计算到 13 类设施的距离，通过两个互补性指标的测度作为最终得分中的惩罚（线性扩展范围为 0～100）[155]。此外，数据可在公开网络上获取。因此，使用 Walk Score 指数来表征轨道站点影响区的步行性。

5.2.3 轨道站点影响区公共交通可达性

公共交通可达性水平（Public Transport Access Level，PTAL）是从起点到目的地采用公共交通通勤的便捷程度。学者们研究了大量测度可达性的方法，其中基于基础设施的可达性模型、基于活动的可达性模型和基于效用的可达性模型等测度方法使用较为普遍。这些方法在数据收集方面限制较多；复杂的数学方法和编程使得解决实际规划问题变得尤其困难。因此，采用简化的 PTAL 模型衡量可达性。由于通勤族的出发地点分布是随机的，量化距离和时间指数来计算轨道站点影响区的 PTAL 变得较为困难。到达频率体现出通勤族到达轨道站点的便捷性，可以用来表征 PTAL。通勤族会选择不同的路线到达轨道站点。总消耗时间包括从高层建筑到公共交通站点的步行时间和平均等待时间，将步行时间视为平均等待时间的一部分（即在轨道站点的"出入口"就有公共交通线路，通勤者在"出入口"乘坐公共交通）。总消耗时间与发车间隔等价，可用公共交通的等价到达频率（Equivalent doorstep frequency，EDF）表征。因此，较高的 EDF 表示较高的公共交通可达性水平（PTAL），PTAL 的计算就可以转化为 EDF 的计算。公共交通到达率越高，等待时间越短，通勤者的成本就越低。也就是说，其他外部因素对公共交通到达率的影响较弱。因此，干扰因子被引入到公式（5-1）。为了简化公式，给出以下假设：

（1）PTAL 是所有公共交通方式的可达性水平；

（2）平均等候时间可以表征为相邻公共交通站点之间运营时间的一半；

（3）干扰因素和公共交通的到达率成反比例关系，仅与公共交通方式存在相关性。因此，PTAL 可以用公式（5-1）计算：

$$\left. \begin{array}{l} PTAL^* = \sum_{i=1}^{I} \dfrac{60}{t_{xi} + t_{yi}} \\ PTAL = \sum PTAL^* \\ t_{xi} = l_i / v_m \\ t_{yi} = \dfrac{1}{2} \times \dfrac{60}{r} \times k \end{array} \right\} \quad (5\text{-}1)$$

式中：$PTAL^*$——某一种公共交通方式的可达性水平；

$PTAL$——公共交通可达性水平；

t_{xi}——第 i 条线路的步行时间(min)；

t_{yi}——第 i 条路径的平均等待时间(min)；

I——轨道站点出入口和其他公共交通站点之间的线路集；

l_i——第 i 条路径的步行距离(m)；

v_m——平均步行速度(m/min)；

k——干扰因素，取值 1～2，可由实地调查获得；

r——公共交通到达率(veh/h)。

为减少个体分数的不均匀性，将一些变量进行对数转换，如 N_1、N_4。其他变量之间的差异非常小，使用原始分数。由于所有变量都是以不同的单位进行测度的，使用极差标准化法对其进行标准化和重新标定，得分介于 0 和 1 之间，可以用公式(5-2)表示：

$$S'_{ij}=\frac{S_{ij}-S_j^{\min}}{S_j^{\max}-S_j^{\min}} \tag{5-2}$$

式中：S'_{ij}——第 j 个变量中项目 i 的标准化值；

$S_{ij}^{\min}$——第 j 个变量的最小值；

$S_{ij}^{\max}$——第 j 个变量的最大值；

$S_{ij}^{\max}-S_{ij}^{\min}$——给定标准的范围。

5.3 轨道站点 TOD 与交通协调发展

5.3.1 案例分析

西安市位于我国西北部，是重要的国家中心城市。截至 2020 年底，西安市城市常住人口 1 296 万人，居全国第 9 位。城市建成区面积 868.2 km²，小汽车拥有量快速增长，全社会机动车保有量 398.0 万辆，比上年末增长 9.7%，小汽车保有量 342.5 万辆，增长 8.4%[156]。小汽车保有量和使用的增长导致了交通拥堵，建设轨道交通系统是为了减少小汽车使用并缓解拥堵。

西安市计划到 2030 年建设 17 条轨道交通线路，现有 3 条线路投入运营，总长 91 km，设置 63 个站点(见表 5-2，图 5-3)。轨道交通 1 号线于 2013 年运营，长

25.4 km,设置19个站点。轨道交通2号线于2014年全面运营,从北向南延伸,长26.8 km,设置21个站点。轨道交通3号线于2016年全面运营,长39.15 km,设置26个站点。采用多源数据进行分析,主要包括三个来源:

(1) 实地踏勘(调查了西安市的63个轨道站点的定量属性数据;邀请来自大学、研究机构、运输规划局的专家确定模型变量的权重);

(2) 从Google地图、百度地图、开放街道地图、Walk Score网站获取空间数据和基于Python的网络爬虫从百度地图API获取兴趣点数据;

(3) 西安市相关政府部门(规划局、统计局、交通运输局)以及西安市地铁有限公司、西安市公共交通公司等。

表5-2 西安市轨道交通站名及编号

编号	站名	编号	站名	编号	站名	编号	站名
L_1	后卫寨	L_{17}	浐河	M_{14}	小寨	R_{10}	延兴门
L_2	三桥	L_{18}	半坡	M_{15}	纬一街	R_{11}	咸宁路
L_3	皂河	L_{19}	纺织城	M_{16}	会展中心	R_{12}	长乐公园
L_4	枣园	M_1	西安北	M_{17}	三爻	R_{13}	胡家庙
L_5	汉城路	M_2	北苑	M_{18}	凤栖原	R_{14}	石家街
L_6	开远门	M_3	运动公园	M_{19}	航天城	R_{15}	辛家庙
L_7	劳动路	M_4	行政中心	M_{20}	韦曲南	R_{16}	广泰门
L_8	玉祥门	M_5	凤城五路	R_1	鱼化寨	R_{17}	桃花潭
L_9	洒金桥	M_6	市图书馆	R_2	丈八北路	R_{18}	浐灞中心
L_{10}	北大街	M_7	大明宫西	R_3	延平门	R_{19}	香湖湾
L_{11}	五路口	M_8	龙首原	R_4	科技路	R_{20}	务庄
L_{12}	朝阳门	M_9	安远门	R_5	太白南路	R_{21}	国际港务区
L_{13}	康复路	M_{10}	钟楼	R_6	吉祥村	R_{22}	双寨
L_{14}	通化门	M_{11}	永宁门	R_7	大雁塔	R_{23}	新筑
L_{15}	万寿路	M_{12}	南稍门	R_8	北池头	R_{24}	保税区
L_{16}	长乐坡	M_{13}	体育场	R_9	青龙寺		

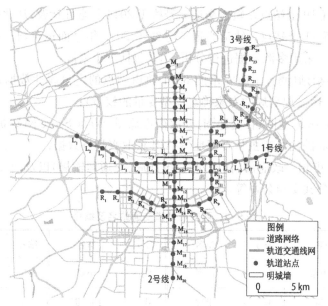

图 5-3 西安市轨道交通网络图

改进的节点—场所模型在西安市的应用表明,大多数轨道站点的场所指数(0.554)高于节点指数(0.446)。从图 5-4 可以看出,大多数地方可以被归类为均衡发展场所。最不均衡发展的场所是 M_{10}（钟楼）、L_{10}（北大街）、L_9（洒金桥）、L_{11}

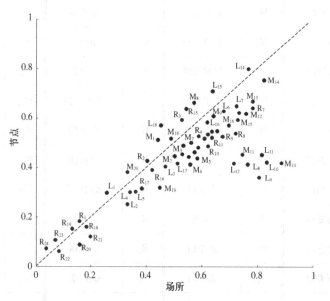

图 5-4 西安市轨道站点影响区的节点与场所指数

(五路口)等轨道站点,均位于西安市中心城区的明城墙内(老城区)。西安市明城墙内的人口密度和就业密度都明显高于其他地区,但现有道路网络以里坊单元体系为主,导致主干道间距过大,而次干道严重不足,支路不成系统。基于古城、历史街区保护的需求,道路建设大多以改造扩建和局部道路打通为主,新建道路的可能性非常小,交通设施供应的增长空间极其有限。R_{24}(保税区)、R_{23}(新筑)、R_{22}(双寨)、R_{21}(国际港务区)、R_{20}(务庄)轨道站点可以划分为"依赖型"轨道站点影响区,处于西安市东北部较远的地方。L_{14}(通化门)、M_{14}(小寨)轨道站点可以划分为"压力型"轨道站点影响区,因为其不仅是西安市重要的商圈,还是交通换乘枢纽。轨道交通3号线主要是由节点指数高于场所指数的地区所构成,这反映了该线路建设较晚,当时郊区已经显著得到发展。

根据 Walk Score 网站数据,轨道站点影响区的步行性指数值范围是从29到97,这表明在步行到轨道站点存在不同的情况。步行性与场所指数($r=0.582$,$p<0.001$,$n=63$)、节点指数($r=0.336$,$p<0.001$,$n=63$)呈显著正相关性。一旦相关指数捕捉到轨道站点影响区的城市性,场所指数就更高。尽管如此,相关性指数很小,但它表明步行性表现出较大的变化性,特别是对于具有平均节点和场所指数的轨道站点影响区。

使用聚类分析法来测试改进的节点—场所模型的有效性。首先,进行多个层次聚类分析,使用平方欧氏距离作为相异性的度量,并使用不同的聚类方法:最小距离法、最大距离法、组间距离法、离差平方和法(Ward's method)。结果表明,6个类型是最优解,也符合 R_2 准则。然后,使用6个类型的非阶层式均值聚类分析。表5-3列出聚类和 F 统计值,结果表明场所指数($F=55.6$)更容易识别聚类,其次是步行性指数($F=46.2$)、节点指数($F=22.5$)。6个聚类显示了3个变量的一致性,并且将它们按照一定的顺序放置(见图5-5)。"压力"站点区域表现出高于平均步行性(第四类),而"依赖"站点区域表现出非常低的步行性(第三类)。轨道站点影响区的步行性有助于区分是否"均衡"站点区域,提供一个与 TOD 相关的分析框架。

表5-3 聚类和 F 检验

变量	聚类						F 检验
	1	2	3	4	5	6	
节点	1.362	0.569	−0.283	−0.741	−0.115	−1.094	22.5
场所	0.915	0.330	0.107	0.686	−0.809	−1.422	55.6
步行性	0.784	−0.621	0.595	0.239	−0.127	−1.386	46.2

注:使用 Z-Score 计算。

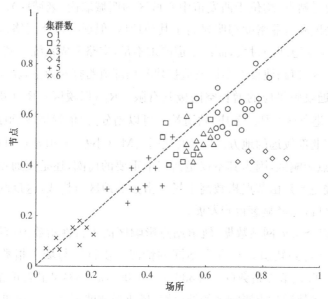

图 5-5 西安市轨道站点影响区的聚类分析结果

研究结果表明,轨道站点影响区可以分为六类:第一类——步行友好的均衡地点、节点和场所指数均衡、具有较高的步行性和公共交通可达性水平,被定义为"城市 TOD"类型。第二类——较低步行性的均衡地点,这种只是与轨道站点的物理距离较近被定义为"均衡 TAD"类型。第三类——具有平均节点指数、平均场所指数、较高步行性的地点,但是这些指数值都低于"城市 TOD"类型,被定义为"郊区 TOD"类型。第四类——具有较高的步行性和场所指数、节点指数较低,被定义为"交通供给不足型 TOD"类型;这些地点的公共交通客流量将随着交通供应的增加而增长。第五类——具有平均节点指数、中等步行性、较低的场所指数,被定义为"不均衡 TOD"类型。第六类——节点指数、场所指数、步行性等都较低的地点,被定义为"小汽车依赖型站点"类型。由于交通基础设施已经存在,但交通供给和城市发展水平都较低,被定义为"潜在 TOD"类型。

5.3.2 发展建议

本章提出的方法在西安市的应用研究发现可以将轨道站点影响区分成六类以促进轨道站点 TOD。第一类"城市 TOD"、第三类"郊区 TOD"都是具有均衡节点和场所指数、较高步行性的轨道站点影响区,建议这两类区域的交通供给水平不能下降,有新建建筑项目时需要进行交通影响评估。对于第二类"均衡 TAD",建议改善步行环境。对于第四类"交通供给不足型 TOD",建议提高公共交通供给水平,在城市交通规划中提出相应的干预措施。对于第五类"不均衡 TOD"建议在城市规划中给予重视,适当提高土地利用混合度、改善步行环境。对于第六类"潜在 TOD",建议适当降低停车配建标准,调控小汽车出行,同时提高公共交通供给水平、土地利用混合度,改善步行环境。要想开发一个场所,整合土地利用与交通尤为关键。在郊区轨道交通是重要的通勤方式,可以促进轨道站点地区的城市发展。

由于各个大城市的土地利用与交通情况发展存在差异,轨道站点影响区分类也会有一定区别。因此,方法应用时还需要进行相应的数据采集、数据处理、参数标定等工作以更好地进行适应于特定城市的轨道站点影响区分类。该方法可以帮助发现适合发展 TOD 的轨道站点。例如,该模型可以识别一系列"不均衡"的地点,可以作为过度拥挤的中心城区的替代发展地点。对这些替代发展地点的深入了解可能有助于政府推动整个西安的均衡增长,这将实现其对"公交都市"的新城市规划愿景。每个轨道站点都有自己的特定情况,需要不同的发展模式,城乡规划师应更多地关注改进节点—场所模型中的土地利用和交通动态情况,并使用最有效的变量。

该方法还可用于识别出就业或交通服务方面机会较多的地点。在土地利用层面,可通过集中人口、劳动力和混合土地利用来管理场所指数。与场所指数相关的空间指标也与其他因素有关,因此,轨道站点影响区的街道网络空间配置可能会对其产生附加影响,以完整、连续、密集方式发展街道网络会更有效。可通过分配较高的容积率值、完善街道网络系统来促进轨道站点影响区的发展。在交通层面,可通过减少通勤时间来提高节点指数。还可以改善站点影响区的步行环境,特别是将完整街道衔接到站点影响区。通过与其他轨道交通线路建立新的衔接关系、提高公共交通可达性水平来减少通勤时间,可以进一步改善轨道站点的场所指数。

5.4 本章小结

本章通过调整并改进节点—场所模型的变量,优选 6 个节点指数和 6 个场所指数。考虑到轨道站点影响区未来成长为轨道站点 TOD,需要识别出节点—场所均衡位置是 TOD 或 TAD,继续引入轨道站点影响区的步行性变量。使用多层次聚类分析、非阶层式 K-Means 聚类分析等方法来测试改进的节点—场所模型的有效性。以西安市轨道站点为案例,研究发现轨道站点影响区可以划分成"城市 TOD""均衡 TAD""郊区 TOD""交通供给不足型 TOD""不均衡 TOD""潜在 TOD"等 6 种类型以促进轨道站点 TOD。

第6章 轨道站点影响区范围确定方法

6.1 成网条件下轨道站点选择行为

轨道站点影响区范围的确定是计算潜在需求、公共交通可达性和轨道站点间距等基本统计数据的先决条件。合理估算并确定轨道站点影响区范围是一个重要的交通科学问题,是进一步认识轨道交通对土地利用、社会经济属性影响机理的重要途径,也是站点周边土地利用和交通设施配置优化的基础,可为接驳型交通设施配置提供依据,为城市轨道交通客流预测、线网规划编制、管理政策制定(放宽限制性分区或为财政计划划拨 TOD 项目)等提供参考,有助于加深对我国大城市发展轨道交通 TOD 的认识和理解。因此,为了促进轨道站点 TOD,研究并确定轨道站点影响区的空间范围具有重要理论和现实意义。

改善城市建成环境、发展高质量的微型公交服务、调整出行成本可以使轨道交通更具竞争力和吸引力,有助于轨道交通在大城市、都市区等发挥更大的作用。轨道交通的竞争力和吸引力一部分与其本身密切相关,包括票价、服务频率、候车环境、车内设施等,还受到其轨道站点与家或工作地之间建成环境的重要影响,这种影响在轨道交通成网条件下尤为显著。将慢行交通方式、微型公交服务作为通勤出行的第一段或最后一段,通常被称为"最后一公里"问题,这不仅影响着整个出行链使用轨道交通通勤,还影响着轨道交通乘客如何从轨道站点到达目的地。轨道交通成网条件下,"最后一公里"问题的解决就尤为关键。轨道站点与通勤出行起点或目的地之间的物理距离往往大于通勤者愿意步行距离,长期以来一直被认为是影响轨道交通使用的关键因素。

目前解决"最后一公里"问题主要还是依靠步行、自行车交通方式,轨道站点影响区微型公交服务探讨相对较少。虽然公共交通运营商可以调控"最后一公里",比如减少衔接轨道站点的微型公交通勤时间、改善微型公交站点的候车环境等,但是轨道站点的可达性很大程度上依赖于建成环境。当轨道交通网络发展逐渐成熟,出行者将有更多的轨道站点可供选择出行,出行者的出行行为可能会发生一定变化,不一定会选择距离其起点最近的轨道站点。例如,有学者使用荷兰铁路

360个站点乘客调查数据,发现约50%的乘客不会选择距离他们最近的铁路站点出行;距离、服务频率、城际地位以及现有停车换乘设施对出发铁路站点选择产生重要影响[157]。出行者可能会更多考虑轨道站点影响区的步行环境、公共交通可达性水平以及服务质量情况。各个轨道站点影响区所能服务的空间范围也可能会发生一定变化。因此,有必要在轨道交通成网条件下,面向出行者的轨道站点选择行为变化重新考量轨道站点影响区范围问题。

6.2 基于 Huff 模型的轨道站点影响区确定方法

6.2.1 轨道站点影响区范围影响因素分析

关于轨道站点影响区范围的研究大多关注于步行方式,但到达轨道站点的大量乘客并不都是采用步行方式,更多采用自行车、公共交通等方式。因此有必要将这些接驳方式纳入考虑范畴,继续深入探讨轨道站点影响区范围。当轨道交通网络逐渐成熟,通勤者会有更多的轨道站点可供其选择出行,站点选择行为会发生一定变化,不同站点会因其周边建成环境、服务设施等差异导致影响区范围不同。而站点选择行为研究相对较少,且主要集中在铁路站点,而区别于铁路站点,轨道站点受到城市土地利用的复杂影响,站点选择行为也可能不同。以往方法较多关注通勤者选择最近轨道站点通勤出行的情形,考虑轨道交通网络成熟情形下,多个轨道站点可供通勤者选择出行。通勤者不一定会选择最近的轨道站点出行,可能还会考虑轨道站点吸引力。引力模型不仅考虑距离,还考虑轨道站点吸引力,可能更合适于轨道成网条件下的轨道站点选择行为建模。传统的 Huff 模型是一个考虑城市复杂道路网络的随机概率引力模型,其优势在于能够方便地计算出通勤者选择某一轨道站点出行的比例。基于 Huff 模型,引入步行性、公共交通可达性、服务质量指数等调整并改进模型参数,研究轨道站点影响区范围问题。

Huff 开发了一种影响区模型,该模型使用三个主要变量:距离、吸引力和竞争力,最初应用于存在竞争性的零售商店间的顾客行为预测[158]。Huff 模型是从引力模型衍生而来,是断裂点模型的二维表征。相比其他简化的零售模型,其主要优势是能够同时估计顾客选择多个零售的概率,包括交易区域重叠的顾客。该模型也已被应用于其他研究领域,包括医疗保健和餐饮服务设施的可达性[159],去学校的选择分析[160]。Huff 模型应用的前提是:选择行为随机情况下,当一个通勤者面临多个轨道站点选择时,其选择某一个轨道站点出行的概率与轨道站点吸引力成正比。在轨道交通成网条件下,通勤者可根据自己的意愿选择一个轨道站点完成通勤出行。因此,使用改进的 Huff 模型来研究轨道站点选择行为。位于小区 i 的通勤者选择在轨道站点 j 出行的概率 P_{ij} 可根据公式(6-1)计算:

$$P_{ij} = \frac{A_j^\lambda \cdot T_{ij}^\beta}{\sum_{j=1}^n A_j^\lambda \cdot T_{ij}^{-\beta}} \tag{6-1}$$

式中: A_j ——轨道站点 j 的吸引力;

T_{ij} ——从小区 i 通过轨道站点 j 到中心城区的通勤时间;

λ ——吸引力参数,根据经验观察估计可得;

β ——通勤时间对轨道站点选择影响的距离衰减参数。

参数标定是模型应用的关键,提出了以下模型参数标定方法。

λ 是根据经验观察估计的吸引力参数。这使得吸引力参数的非线性建模成为可能。在 Huff 模型中,它可用于解释各种定性因素,如特定轨道站点的可达性、吸引力感知等(通常根据经验观察进行估计)。本章只考虑可达性对轨道站点影响区范围的影响,对于其他距离,使用默认值 1。定义"便捷到达"是由通勤者的起点和轨道站点之间的 10 min 步行、自行车或微型公交服务,并将给定轨道站点的感知吸引力增加两倍。

β 是距离衰减参数,通常取值 1 和 2,这取决于零售中心类型或竞争等因素。应用 Matlab 对距离和轨道交通出行百分比之间的关系进行建模,得到 $\beta=1.93$。综合已有研究和模型,β 取值 2。T_{ij} 是指从起点小区 i 经轨道站点 j 到达中心城区的时间。为简化分析,仅考虑到所有到该区域的通勤交通。T_{ij} 包括两个方面,计算方法如公式(6-2)所示:

$$T_{ij} = T_{ij-\text{access}} + T_{j-\text{vehicle}} \tag{6-2}$$

式中: $T_{ij-\text{access}}$ ——从小区 i 到轨道站点 j 的基于网络的出行时间,即轨道站点可达时间;

$T_{j-\text{vehicle}}$ ——从轨道站点 j 到中心城区的行驶时间,即车内时间。

使用基于多标准决策分析(Multi-criteria decision analysis,MCDA)的加法形式,将专家意见纳入到轨道站点影响区选择因素重要性评价中;使用 3 个变量测度轨道站点的吸引力:步行性得分(WS)、公共交通可达性水平(PTAL)以及服务质量指数(SQI)。因此,轨道站点 j 的吸引力 A_j 可以计算如公式(6-3)所示:

$$A_j = \sum_{k=1}^{3} \mu_k m_k = \mu_1 \cdot \text{WS} + \mu_2 \cdot \text{PTAL} + \mu_3 \cdot \text{SQI} \tag{6-3}$$

式中: m_k ——轨道站点吸引力的影响因子;

μ_k ——影响因子的权重,由专家学者通过将影响因子的重要性从 1 到 7 排序并使用 Likert 七点评分法来确定。

步行性得分(WS)：考虑到数据采集的现实约束,直接测量城市土地利用多样性还存在困难,寻求另一个参数来替代表示。Walk Score™(www.walkscore.com)是一个公开的网站,对于评估轨道站点影响区的步行性是有效且可靠的。WS是根据到13类设施的步行距离来计算的,每类设施的权重相等,将分数相加后归一化得出0~100分。WS也可以作为一个较好的替代参数,用于表征土地利用多样性。

公共交通可达性水平(PTAL)：第五章重点研究了考虑数据可用性的公共交通可达性水平测度方法,本章和第五章都是关注轨道站点影响区的基础问题,因此,采用第五章提出的方法进行计算。

服务质量指数(SQI)：轨道站点的服务质量包括服务频率和服务设施。服务频率是每个轨道站点的列车到达频率,可以使用每小时为轨道站点服务的平均列车数量来表示。轨道站点的服务设施包括10种类型的设施(自行车停车位、电梯、候车区等),使用Likert法来确定服务质量。基于Chen等[161]研究,服务频率比服务设施重要两倍,SQI可以计算如公式(6-4)所示：

$$\text{SQI} = f_j + 0.5 \times \frac{\sum_{m=1}^{n_j}\sum_{m=1}^{10} q_{jmn}}{10 n_j} \tag{6-4}$$

式中：f_j——轨道站点 j 的服务频率；

q_{jmn}——第 m 个调查问卷参与者对轨道站点 j 第 n 类设施的评价值；

n_j——在轨道站点 j 参与设施评估的人数。

由于所有这些因素都是以不同的单位来衡量的,因此应用极差标准化法对其进行标准化和重新标定,得分介于0和1之间,将它们标准化为一个吸引力指数,可以用公式(6-5)来计算：

$$H'_{ij} = \frac{H_{ij} - H_j^{\min}}{H_j^{\max} - H_j^{\min}} \tag{6-5}$$

式中：H'_{ij}——第 j 个变量中项目 i 的标准化值；

$H_j^{\min}$——第 j 个变量的最小值；

$H_j^{\max}$——第 j 个变量的最大值；

$H_j^{\max} - H_j^{\min}$——给定标准的范围。

线性参考法是对线性要素进行分析的重要方法,可以极大地减少传统方法中由相对距离计算平面坐标的误差。该方法原理简单、易操作实施,优势在于仅用一个参数并依线性构造就可以定位属性和事件,只需确定起终点,就可以动态地参考此线性构造的各部分,不需要对各部分的数据进行存储。该方法还有一个优势,仅有基础线性网络具有几何特征,线性分布事件可以表达为属性,并用线性分段技术在 GIS 中表征其空间位置;同时,属性会随着时间发生变化,其动态分段的优势可以灵活地表征随之变化的空间范围。因此,将轨道站点周边的社区抽样成点集,应用线性参考法可以快速有效地确定轨道站点影响区的空间范围,同时还可以进行动态调整。

根据改进的 Huff 模型计算出从特定位置(例如社区的质心)出发选择某个轨道站点出行的概率。社区的通勤者可以从社区周边多个轨道站点($j \geq 2$)中选择其中一个来通勤出行。基于改进的 Huff 模型计算结果,再应用线性参考方法确定轨道站点影响区的空间边界。

基于以下假设,可以得到调整后的社区位置,可以用公式(6-6)计算:

(1) 通勤者选择轨道站点的概率与其所在社区到轨道站点之间的距离成反比;

(2) 如果选择轨道站点的概率较低,将社区的质心将从其原始位置移开并且更靠近轨道站点;

(3) P_{ij} 越低,社区 i 的质心位置调整越大,距离 d'_{ij} 越短。

$$d'_{ij} = d_{ij} \cdot \left(1 - \frac{P_{ij}}{P_{ij}^{\max}}\right) \quad (6-6)$$

式中:d'_{ij} ——从社区 i 的质心到轨道站点 j 的修正距离,可以确定修正后的社区 i 的质心位置;

d_{ij} ——从社区 i 的质心到轨道站点 j 的距离;

P_{ij} ——位于社区 i 的通勤者选择在轨道站点 j 出行的概率;

$P_{ij}^{\max}$ ——位于社区 i 的通勤者选择某个轨道站点出行的最大概率。

由于每个校准的原点代表一个社区,通过选择一个轨道站点的相交社区并使用 ArcGIS 软件将所选社区多边形的边界融合或聚合到该站点的一个区域来绘制轨道站点的空间边界。使用 ArcGIS 软件中的 Model Builder 确定轨道站点影响区空间范围的过程如图 6-1 所示。

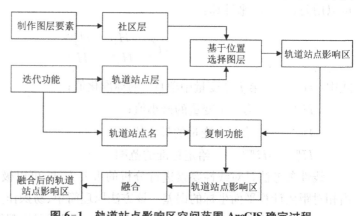

图 6-1 轨道站点影响区空间范围 ArcGIS 确定过程

6.2.2 轨道站点影响区范围确定

以西安市轨道站点为例,关于西安市轨道交通网络基本情况介绍、轨道站点名称及编号等详细内容可参见第五章。此处使用了两个来源的数据:包括实地调查数据和相关政府部门档案数据。为了解通勤者的站点选择行为,进行实地调查(选择轨道站点的通勤出行者,要求填写调查问卷),以收集所有通勤者的出行数据,以及他们对城市轨道站点服务和设施的满意度。为了确定轨道站点吸引力的影响因子权重,调研了来自大学、研究机构、交通运输/规划行政主管部门等专家学者,公共交通时刻表信息来自西安市交通运输局、西安市公共交通公司。

根据提出的方法和采集的数据集,可以获得西安市各个轨道站点的吸引力指数,如图 6-2 所示。该指数表明,市区轨道站点吸引力较高,而郊区轨道站点吸引力较低。研究发现 3 个轨道站点:M_{12}(南稍门)、M_{13}(体育场)、M_{14}(小寨)不在市中心区域,却也有很高的吸引力指数,主要是因为这 3 个轨道站点位于小寨地区,不仅是西安市最重要商业中心之一,步行环境较好,同时也有着较高可达性的交通换乘枢纽。尽管 L_8(玉祥门)、L_9(洒金桥)、L_{12}(朝阳门)等轨道站点位于西安市明城墙内或附近,但它们的吸引力指数较低,主要是因为这些站点影响区的现有道路网是由历史遗留下的道路系统构成,出于对历史性地区的保护需求,直接导致了交通设施供应的有限性。

图 6-2 西安市轨道站点吸引力图

图 6-3 给出了应用改进 Huff 模型的示例,以详细说明该方法的应用。确定西安市东方罗马社区居民通勤出行选择的 3 个站点分别为 R_{14}(石家街)、R_{15}(辛家庙)、R_{16}(广泰门)。根据模型计算可得,3 个轨道站点被选择的概率分别为 0.345、0.367、0.288。

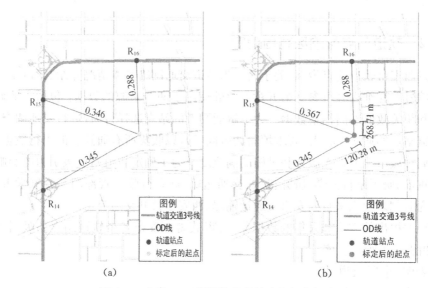

图 6-3　改进 Huff 模型的参数输出及起点标定

每个经过标定的起点代表一个社区,通过 ArcGIS 软件中的 Model Builder 选择相交社区的多边形边界聚合成一个区域,从而获得 R_{16}(广泰门轨道站点)的空间范围。最后,选择自行车、微型公交等通勤方式来获得其对应的空间范围,即面向自行车的轨道站点影响区(BCA)和面向微型公交服务的轨道站点影响区(FCA)如图 6-4 所示。

图 6-4　广泰门轨道站点影响区范围

6.3 数据驱动的轨道站点影响区确定方法

6.3.1 Mobike 数据驱动的轨道站点聚类分析

以南京市为例,截至 2021 年 12 月,南京市轨道交通已开通运营线路共有 11 条,包括 1、2、3、4、10、S1、S3、S6、S7、S8 及 S9 号线,均采用地铁系统。南京市轨道交通网络初步形成,其中主城区基本可认为达到轨道成网条件。由于当时 Mobike 在共享单车中拥有较高的市场占有率,其位置信息较为方便、准确地获取,因此,采用 Mobike 数据进行分析。

1) 数据获取

轨道站点影响区自行车停车时间特性主要表现为城市内各轨道站点周边自行车停车数量随时间的变化情况。在人力资源及经费充足的情况下,可组织人员对城市内各轨道站点周边的自行车停车情况进行持续调查,以获取站点周边自行车停车数量的时变数据。而大多数情况下,共享单车在较大程度上可以代表城市总体自行车交通的特性,因此可以通过爬虫技术获取共享单车的位置数据进行分析。

2) 数据清洗

人工调查获取的调查数据由于有效性等问题,应进行数据清洗,剔除掉数值异常高或低的数据、站点周边存在突发情况的数据等。对于通过网络爬取获取的共享单车数据,数据清洗应剔除下雨天的数据、不完整的数据、存在异常值的数据等。

3) 数据结构整理

在完成数据清洗后,需对数据进行结构整理。由于不同轨道站点周边自行车停车时间特性,数据本质上是多维数据,不同维度为各个时间点,对应的数据为此时间段的轨道站点周边的自行车停车数。

使用微信小程序中 Mobike 的 API 接口,每 30 min 收集一次数据集。通过输入经度和纬度参数,获得站点周边共享单车位置。2018 年 6 月 12 日至 2018 年 6 月 26 日,共收集了 9 169 707 份观测数据,其结构如表 6-1 所示。

表 6-1 Mobike 数据的结构

时间	轨道站点纬度	轨道站点经度	单车 ID	单车纬度	单车经度	轨道站点与自行车位置之间的距离/m
2018-06-12 00:00:00	32.049 556	118.894 656	8640215020	32.049 943 43	118.894 814 5	45
			0256507954	32.049 884 37	118.894 957 4	46
			0256539136	32.049 492 0	118.893 895	72

4) 聚类分类

K-Means 算法对上述数据进行聚类分析。成网条件下轨道站点影响区主要考虑自行车工作日的接驳特性，因此选用其中工作日的数据，完成聚类计算后，对每一簇中的所有样本数据依各维度（即各个时间点）求均值，各类站点工作日自行车交通接驳特性如图 6-5 所示。

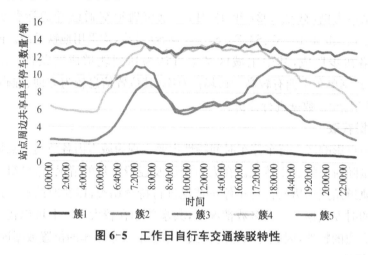

图 6-5 工作日自行车交通接驳特性

簇 1 轨道站点：周边土地开发不完善，轨道站点周边人口密度较低，自行车交通需求较少。各个时段的自行车出行需求一直处于较低水平。具体到轨道站点周围的自行车停车场，每个时段的自行车停车数量，不会随时间显著浮动。这些轨道站点一般分布在城市边缘地区和土地开发不完善的地区。

簇 2 轨道站点：周边土地开发较为全面，土地利用混合度较高，包括住宅用地、工业用地和商业用地，即周边聚集了大量住宅区和就业岗位。该类轨道站点周边自行车交通换乘特点表现出明显的职住分离。周边自行车交通换乘的潮汐特征也存在，但潮汐特征更接近于簇 2 和簇 3 轨道站点的组合。在早高峰时段，从周围生活区到轨道站点的骑行需求很大，然后是从轨道站点到周围工作场所的骑行需求高峰；晚高峰时段，有从周边工作场所到轨道站点的高峰骑行需求，然后有从轨道站点到周边居民区的高峰骑行需求。轨道站点周边自行车停放情况如下：自行车停放量在早高峰时先增加，然后减少并保持稳定；在晚高峰时先增加后减少。

簇 3 轨道站点：该类轨道站点周边主要为工业用地和商业用地，轨道站点周边聚集了大量的就业岗位，轨道站点周边自行车换乘需求也具有明显的潮汐特征，但其潮汐特征与簇 2 轨道站点相反。早高峰时段主要从轨道站点至周边地块的骑行需求，晚高峰时段主要为周边地块至轨道站点的骑行需求。针对轨道站点周边的双循环停车情况,研究表明,在早高峰时段轨道站点周边对自行车的需求显著,但共享单车和公共自行车严重短缺;而晚高峰时段轨道站点周边自行车停车需求显著,停车资源紧张。这些轨道站点通常位于城市工业园区附近。

簇4轨道站点:周边主要为居住用地,周边自行车换乘具有明显的潮汐特征,即早高峰时段使用单车从周边居住区骑行至轨道站点,晚高峰时段再从轨道站点骑行回居住区。针对轨道站点周边自行车停放情况,表现为早高峰时段自行车停放需求较高,周边停车资源紧张;夜间高峰时段的自行车需求量很大,共享单车和公共自行车供应不足。这些轨道站点主要分布在城市居民区周围。

簇5轨道站点:周边地区一般以商业和旅游用地为主,轨道站点周边自行车换乘需求相对稳定。针对轨道站点周边自行车停放情况,自行车停放数量保持较高水平。这些轨道站点主要集中在城市核心区、热门旅游景点等,或者轨道站点本身就是换乘站。

各类轨道站点的空间分布如图6-6所示。

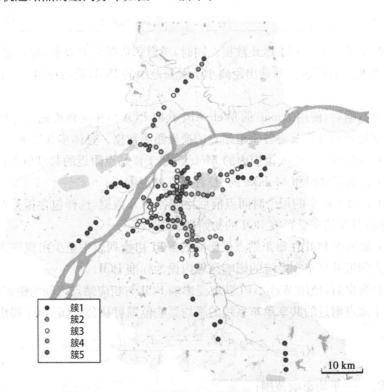

图6-6 南京市轨道站点分类的空间分布图

簇1轨道站点主要分布于城市远郊及偏远地区,这些地区一般土地尚未开发或未开发完全,人口密度较低,轨道站点自行车接驳需求较少;簇2轨道站点主要分布于新开发区、近郊等区域,这些区域一般既有较多的居住区,也有较多的企业和工厂等,同时存在职住不平衡的现象,导致此类轨道站点早晚高峰会出现错峰逆向的自行车接驳需求;簇3轨道站点主要分布于各产业园、工业园等,周边聚集了较多的工作岗位;簇4轨道站点主要分布于城市内居住区,周边居住小区较多;簇5轨道站点普遍分布在中心城区、商业聚集地、旅游景点以及高校附近等。

6.3.2 基于Mobike数据的轨道站点影响区范围

对南京所有POI点进行爬取。通过高德地图的API接口获取POI相关数据,包括南京市餐饮企业、景区、公司、商务住宅、公共设施的各类POI数据。POI数据格式如表6-2所示。

表 6-2 POI数据结构

编号	B0FFIPG6MK	类型	购物服务
纬度	32.033 497	名称	天翼手机卖场
经度	118.891 673	所属轨道站点	马群

共收集了225 356份POI数据。同时,考虑到数据采集效率,有必要对采集到的POI数据进行筛选。筛选出距离小于覆盖范围的POI,最后保留21 621个POI数据。

过滤数据后,使用Amap的Web API获取POI与相应轨道站点之间的距离,通过数据处理和计算获得各轨道站点的换乘距离数据。具体步骤如下:

(1) 站点半径100 m范围内的Mobike属于该站点附近的共享单车;

(2) 将采集时间和Mobike的ID存储在站点附近;

(3) 在每个站点的每个时间点前后检查各POI数据,选择包含相关Mobike的对象,并将其存储在受影响POI的初始列表中;

(4) 如果该POI在每个站点受影响的POI初始列表中至少出现三次,则该数据在站点附近共享单车系统的影响区域内设为标准POI。

选择数据后,使用Web API获取受影响POI与相应站点之间的距离以生成地图。每个站点附近的共享单车系统的平均影响范围可从公式(6-7)中得出:

$$R_f = \frac{d_1 + d_2 + d_3 + \cdots + d_n - d_{max} - d_{min}}{n-2} \tag{6-7}$$

式中:R_f——平均影响范围;

d_i——影响范围内POI的数量i与轨道站点之间的距离;

d_{max}——d_i中的最大值;

d_{min}——d_i中的最小值;

n——影响范围内的 POI 的总和。

以下是使用式(6-7)计算平均影响范围的示例。进行过滤后,确定某站的影响范围内有 5 个 POI。这些 POI 离轨道站点之间的距离如下:1 000 m、1 100 m、1 200 m、1 300 m 和 1 400 m。

$$R_f = \frac{1\,000 + 1\,100 + 1\,200 + 1\,300 + 1\,400 - 1\,400 - 1\,000}{5 - 2} = 1\,200$$

每个轨道站点附近的自行车的平均影响范围通过图标的大小相对显示,并根据聚类的类型进行着色(由于数据不完整,有一些站点被过滤掉),如图 6-7 所示。图中显示了一个总体趋势,即轨道站点离市中心越近,同一类中站点的影响范围就越小。

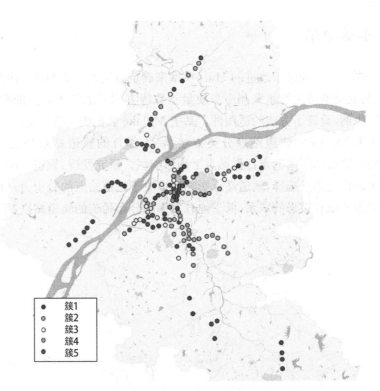

图 6-7 每类站点工作日的地理分布和平均影响范围

每类站点在工作日的具体平均影响范围如图 6-8 所示。簇 1 和簇 2 中的轨道站点对工作日的平均影响范围最大,其次是簇 4、簇 3 和簇 5。因此,土地开发率低,轨道站点分布稀疏,平均影响范围大,反之亦然。

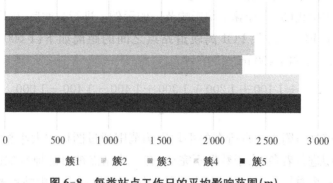

图 6-8 每类站点工作日的平均影响范围(m)

6.4 本章小结

本章提出了一种基于改进的 Huff 模型来确定轨道站点影响区范围的方法,从步行性、公共交通可达性水平和服务质量指数等方面考虑轨道站点的吸引力。以中国西安为例,验证了方法的适用性。基于 Mobike 数据确定轨道站点影响区。提出了基于 K-Means 的轨道站点分类方法,将工作日的轨道站点分为 5 类,根据 POI 到轨道站点的距离确定每类站点平均影响区。研究发现:轨道成网条件下,居民将有多个轨道站点选择,轨道站点影响区取决于轨道站点的吸引力;每类站点的分布与周围环境有很强的联系,低土地开发率和分布稀疏的轨道站点,平均影响范围大。

第 7 章 轨道站点影响区步行环境分析与设计方法

7.1 轨道站点影响区步行网络形态分析

7.1.1 步行网络数据处理

轨道站点影响区步行网络的形态感知来源于居民生活中的经验积累,在意识中形成步行网络的拓扑结构,例如街道大致的长度、方位等;同时也受到步行网络内部连接结构的影响,即街道与街道、街道与空间之间的关系。然而步行网络所具有的空间网络属性需要准确表达网络元素之间的架构关系,才能反映出人们大脑中的步行网络形态。

轨道站点影响区步行网络数据处理步骤包括:

1) 步行网络空间剥离

使用不同时期步行网络数据,从时空维度对轨道站点影响区步行网络进行分析。步行网络通过高精确度的遥感或测绘进行专业编制,利用地图截获器捕捉底图和自定义的栅格瓦片并对其进行重组。

2) 步行网络数据预处理

通过矢量化所得到的轨道站点影响区步行网络数据,需要经过预处理后才能应用空间句法进行分析。步行网络的调整需遵循空间可见性原则,空间可见性在实际操作中可以具体归纳为:①街道与街道的搭接处需要留出多余的距离;②街道需要更长且数量更少的轴线进行表征,如图 7-1 所示。

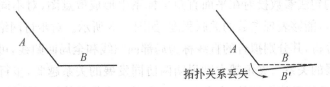

图 7-1 轴线交接可靠性示意图

处理步行网络形态复杂的街道交接关系时,不能仅考虑用更多的短轴线拼接圆弧来抽象弧形街道。细密的轴线会增添起终点间的步数,降低集成度。对于步行网络的映射,转折的步数越多则集成度越低,与实际的拓扑距离情况不符。因此,一般使用一步链接方式处理步行网络形态复杂的交叉口,复杂交叉口拓扑如图7-2所示。

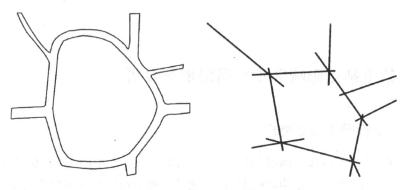

图 7-2 复杂交叉口拓扑示意图

3)步行网络数据可视化分析

(1)指标参数汇总分析

步行网络的每个构成元素通过句法分析获得句法参量数值,并将各构成元素按照句法参量数值大小按升序或降序排列,通过表格形式进行对比研究,并根据 Z 分数、T 分数等标准化参量进行全局判断。对于句法参量进行不同时间刻度的对比研究,可以得到步行网络在多维度下尺度构成变化的特征信息。

(2)分层色谱分析

在指标参数汇总分析的基础上,在句法参数的区间之内对指标进行色谱表达,偏红橙色的暖色系表达更高的指标参数值,偏蓝绿色的冷色系表达参数区间内相对偏低的指标参数值。街道轴线的色谱表达将量化的数理逻辑转化为可视化图像,色彩的聚集特征凸显行人流在步行网络上的分布差异。

(3)散点图协同分析

将街道的句法参数投射在平面直角坐标系中形成散点图,对不同的句法参数进行线性拟合,能够表现参数的关联程度,如图7-3所示。对步行网络进行局部和整体的协同分析,其分别拟合的直线称为局部回归线和全局回归线,可以说明参数之间协同发展的关系。夹角越大则说明两协同发展的关系越弱,步行网络空间离散化越严重,整体系统性较差;夹角越小则步行网络的整体协同性较强,资源的整合利用效率更高。

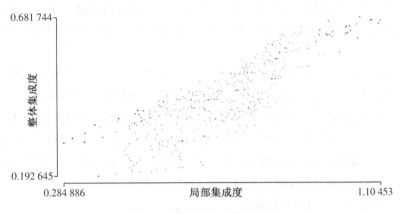

图 7-3 散点拟合分析示意图

7.1.2 步行网络分析方法

1) 空间句法适用性

(1) 系统尺度性

空间句法可对步行网络进行多尺度分析。在空间句法的轴线分析中,将城市公共自由空间作为分析的基本元素,人们在公共自由空间中可以相互可视,共同交流,对空间的主客体进行无障碍感知交互。空间感知交互的过程中,以局部空间片段为空间认知单元,进行单元印象的复合形成空间整体性认知。

不同拓扑半径的集成度反映不同层级的单元空间和连续的系统整体之间的离散和聚合程度,局部集成度体现空间使用主体对于拓扑距离内的空间关系的直观感受,表达局部空间中人的行为选择;整体集成度体现研究范围内整体空间属性,是局部空间与整体空间紧密程度的表征,描述空间使用主体对于空间使用的整体情况。根据轴线分析指标的内涵,可以从整体和局部两个尺度对步行网络空间形态进行描述。

运用空间句法的轴线分析轨道站点影响区的步行网络空间形态,可以描述轨道站点影响区空间的多尺度性,因此通过设置不同的拓扑半径对轨道站点影响区的步行网络结构和规模进行对比。区域半径的改变会影响研究主体,不同的区域半径决定步行网络构成要素的数量,同时针对不同研究主体生成各自的可视化关系图解,更深层次挖掘轨道站点影响区步行网络的全局和局部之间的空间关系。

(2) 步行出行经济性

由于步行网络中行人流的运动选择与空间中的用地布局、城市治安以及其他经济属性都有明显的相关性,不同选择之间的因素关联则可以看作是空间对使用主体进行行为选择的经济附加效应。因此,可以把步行空间当作是由多方面综合作用形成的"运动经济体",当步行网络的形态结构和街道功能可满足并适应行人的需求时,行人流对运动经济体中的经济行为和交流活动产生放大的影响,即倍增效应。

轨道站点影响区紧密的步行网络结构能够影响行人步行路径的选择,而行人流的运动能够影响步行网络的构成。空间句法能够分析步行网络发展中网络社会逻辑和矛盾间的耦合作用,这种耦合作用能够推动步行经济的倍增效应,促进步行网络的中心集聚。在句法理论中,步行网络的结构为追求降低步行经济成本,会倾向于集聚在几条轴线中,更能体现集聚的中心效应。因此,对于步行网络的变化而言,步行轴线集聚能力的变化能够反映步行网络结构的变化。

(3) 步行网络构成要素相似性

行人对于空间的感知是通过多方面综合的感受形成的,虽然空间是客观存在的实体,却不容易通过语言进行阐述。空间句法是将空间作为研究对象,通过对空间的元素进行抽象化表达,建构成数学拓扑模型。建构模型的过程中,更侧重于空间之间关联性的表达,同时在二维平面对空间进行更深层次分析。

轨道站点影响区步行网络对于空间具有主体作用,即在其他空间变量不变的前提下,不同区域的行人流更容易受到步行网络自身结构的影响,这种反馈让步行网络能够激发不同区域行人流之间的联系,进而推进不同区域步行网络结构的局部自发调整。

(4) 步行网络发展双向性

句法参数可以定量地表达发展态势。轨道站点影响区步行网络的整体集成度值增高,则表示中心集聚能力的加强;局部集成度值的增高则表示各分区内街道空间集成能力得到强化,分区中心吸引力增强;智能度值的增加说明全局和局部之间互动关联加强,促进周边地区的发展,周边地区也能更好地与轨道站点影响区联动发展。反之,轨道站点影响区步行网络的整体集成度值降低,则表示中心吸引能力降低,集聚化发展能力被削弱;局部集成度值的降低则说明局部吸引力不足;智能度值的减少说明各分区内网络关联能力降低,局部步行网络无法和整体形成良性互动,空间发展趋于离散化。在轨道站点影响区的步行网络规划实践中,通过参数对比分析,可以定量分析轨道站点影响区步行网络空间的发展走向,为步行网络规划提供分析依据。

2) 轨道站点影响区步行网络形态分析方法

(1) 步行网络形态图像表达

以轴线抽象化步行网络,运用拓扑空间的架构原理,对步行网络空间进行图像化转译。空间句法中对空间的表达分析模型有很多,如凸状空间建模、视线深度分析模型以及轴线模型。轨道站点影响区的步行网络用轴线模型进行分析,简化步行网络,表征街道空间要素,如图 7-4 所示。

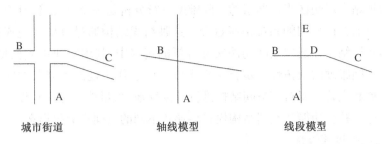

图 7-4 轴线模型和线段模型转译对比图

步行网络的线性转译要尽量用简洁的轴线覆盖所有的凸空间,拓扑结构在数学意义上具有唯一性。同时,线段模型的转译方式表征空间使用主体的运动流线,对应使用主体的线性运动。在拓扑结构中,每一条轴线都基于线性运动描述运动流线的通感空间,折射出街道空间的几何特征。实际运用中,街道轴线穿过的每个凸空间都可以代表拓扑意义上的一个节点,各节点之间的关联关系组合成步行网络的关联关系,利用分层色谱进行可视化能够获取拓扑结构之外丰富的信息。

(2) 步行网络形态表征平台选择

在空间句法的应用领域已经有很多运用成熟的分析软件,如美国地理信息系统软件 MapInfo 公司推出的基于 MapInfo 平台的 Axman、Confeego 软件。Axman 的功能较为局限,只能计算变量和较为简单的图像可视化,导致应用规模较小。相比之下,Axwoman、Depthmap 和 sDNA 更被广大的学者所应用。

Axwoman 和 sDNA 都是基于 ArcGIS 平台搭建,Axwoman 是以插件的形式出现在 ArcGIS 中,能较好地完成轴线自然道路的句法分析;sDNA 由卡迪夫大学开发,与 ArcGIS 平台较为贴合,并且由于不同的建模方式,对曲线也能较好地识别,特别适用于较大尺度的分析,但是可用于分析的参数较少。

Depthmap 由伦敦大学巴格特建筑学院开发,可充分利用电脑的计算能力,弱化不必要的功能,运算速度较高。其输出的各个图层并不明确地指向建筑学或城市学中某个特定功能,而是单纯的空间形态特征指标,可为学者们研究步行网络提供便利。

(3) 步行网络形态多维度分析

步行网络具有内部发展的规律,空间动态演进为步行街道的拓展提供可能性。步行网络存在空间上的稳态和时间上的动态发展。在空间和时间的制约下,轨道站点影响区的步行网络呈现不同的形态,对步行网络的空间属性和时间属性进行量化分析,是研究轨道站点影响区步行网络发展活力的关键。

① 空间维度延拓性

对轨道站点影响区步行网络的空间维度进行分析是一个从经济、社会、环境和资源四个方面共同作用的系统组织过程。这种组织结构通过分层级地连接,形成通达的步行网络。在运用空间句法实际分析的过程中,利用空间集成核量化分析步行网络空间维度的延拓性。步行网络集成核中心往往是经济繁荣的区域,城市功能的发展和完善需要对其空间结构进行持续性地、大量地优化和建设,不同的轨道站点影响区社会功能和空间结构模式会导致不同的空间集成核形态。

② 时间维度连续性

步行网络的发展是局部和整体相互影响的过程。为更好地服务整体步行网络结构,需要优化轨道站点影响区局部步行网络结构,同时加强局部网络之间衔接,促进步行网络的整体均衡发展。轨道站点影响区的发展赋予步行网络的动态稳定性和发展延续性,并表现在时间维度的连续性上,随着空间发展与延伸,轨道站点影响区空间结构趋于复杂化,难以把握步行网络发展规律。

从时间维度讨论轨道站点影响区的步行网络,对不同时期步行网络的集成度进行图解,实现轨道站点影响区步行网络的时间维度连续性发展分析,判断步行网络在时间尺度下的动态优化和发展趋势。通过对整体集成度的可视化分析,整体空间集成核在时间轴中的位移代表着轨道站点影响区功能的更新和结构的变迁,集成度句法参量值的变换也说明空间活力的分布以及发展的趋势和走向,从步行网络不同时间段的集成度可视化和句法参量值的对比能够呈现轨道站点影响区步行网络结构的生成与发展,在整体局面呈现轨道站点影响区步行网络空间形态的发展时序变化。

7.1.3 步行网络形态指标

网络通过空间句法的拓扑转译后,对拓扑图像进行空间构成要素计量,通过集成度、智能度、连接值、角度选择度、距离选择度、控制值、深度值等指标对网络空间进行定量表征。这些句法参数并不特定的描述某一方面的特性,而是对抽象化的拓扑结构的客观表达,甚至可以改变拓扑半径进行自由化地研究。因此,轨道站点影响区的拓扑化轴线图像运用空间句法对其进行分析,深层解读轨道站点影响区步行网络空间形态下的结构内涵,掌握其空间结构的基本规则。

1) 步行网络整体集成度

空间句法的集成度 I 通过计算每条轴线到其他所有轴线的拓扑深度来表征系统空间整体与局部之间的组构关系。空间之中各组构元素间障碍小,集聚性高则集成度高;反之,若各组构元素间联系不紧密,空间结构较为松散,集成度则相对较低。对集成度的计算中有两个关键的参数变量:相对不对称值 RA_i 和真实相对不

对称值 RRA_i，具体见公式(7-1)至(7-3)所示：

$$I = RA_i = \frac{2(MD_i - 1)}{n - 2} \quad (7-1)$$

$$MD = \frac{\sum_{i=1}^{n} d_{ij}}{n - 1} \quad (7-2)$$

$$RRA_i = \frac{RA_i}{D_n} = \frac{(n-1)|MD-1|}{n\left[\log_2\left(\frac{n+2}{3}-1\right)+1\right]} \quad (7-3)$$

式中：MD——平均深度值，计算集成度的中间变量；

d_{ij}——第 i 条街道到第 j 条街道的拓扑距离；

n——抽象的拓扑街道网络中节点的个数。

在运用过程中，整体集成度 I 用 RRA_i 的倒数来表示，易于在整体的街道空间网络系统中进行各街道对比。

整体集成度表征街道在全局步行网络中的可达性，整体集成度较高的街道，人流量越大，对于街道社会功能性设施的聚集有较高的吸引力，其值大于1的时候，街道要素的集聚效应较强，当集成度介于0.4~0.6时布局则较为分散。在轨道站点影响区步行网络的研究中，整体集成度表征在轴线空间中某一条街道相对于其他的街道轴线空间的行人集聚效力，反映这一街道轴线在整体的步行网络中可达性和渗透互动的相对优势。

2) 步行网络局部集成度

局部集成度 LI 在实际运用过程中限制其研究范围空间才具有实际研究意义，即作为研究对象的街道在固定的拓扑街道步数之间才能进行讨论和比较。通常情况下，LI_{R3}（拓扑步数为3的局部集成度）作为典型的局部集成度界定，反映该街道拓扑步数为3范围内街道之间的可达性。

全局集成度和局部集成度之间没有必然的联系，对于围合的封闭空间可能全局集成度并不高，但是局部集成度却可能非常高，外部街道对其影响较小。局部集成度只是表征在一定尺度的组团分区内部街道的联系互动较为密切，更能体现分区范围内街道空间对行人流的吸引性。

3) 步行网络空间智能度

空间智能度描述局部街道空间与整体步行网络之间的特征互联关系，通常把空间智能度同集成度放在一起比较，在局部的街道空间范围内，若与目标街道相关联的其他街道空间单元数目较大，在整体空间中，该目标街道的集成度也较高，如公式(7-4)所示：

$$R^2 = \frac{[\sum(I_n - \bar{I}_n)(LI_{R3} - \overline{LI}_{R3})]^2}{\sum(I_n - \bar{I}_n)^2 \sum(LI_{R3} - \overline{LI}_{R3})^2} \tag{7-4}$$

式中：$\bar{I}_n$——全局集成度的平均值；

$\overline{LI}_{R3}$——拓扑半径为3的局部集成度平均值。

空间智能度实质就是全局集成度和局部集成度两个变量的协方差与标准差的比值，是站在观察者的角度审视其局部范围空间，通过感知街道空间的基本特征，获得整体街道空间的可达性程度，是对客观地描述街道空间可达性的判断。所以智能度高的步行街道系统通过任意街道获取整个街道空间的可达性信息多，容易吸引人流聚集，而智能度较低的步行街道系统则通过局部街道获取的整个街道空间的可达性信息较少，对行人流的吸引聚集效应不强。

4) 步行网络集成核

在步行网络的拓扑空间里，某些街道的集成度占主导位置，这些街道所集中的区域便是步行网络的集成核，具有人流辐射和功能集聚能力。根据集成度的选取不同，集成核也分为两类：局部集成度较高的轴线聚集形成的核称为局部集成核，具有区域中心性；全局集成度高的街道轴线聚集形成的核称为全局集成核，具有全局中心性。

Depthmap通过分级色谱对集成度进行可视化图解，冷色调聚集的街道集成度较低，暖色调聚集的街道集成度较高，聚集的区域就是集成核区域。如图7-5所示，蓝色色谱的街道集成度较低，红色色谱聚集的区域是该区的集成核。

图7-5 步行网络集成核示意图

7.2 轨道站点影响区步行空间环境分析

7.2.1 街道功能要素分析

街道功能要素是步行景观环境的重要组成部分，由完成步行街道功能的设施组成。街道功能要素的多样性增加步行道的活力和对行人的吸引力，不同要素之间的差异能满足不同目的的步行需求，同时也引起行人对某类要素的多样化诉求。

街道功能要素主要取决于沿街布设的与居民日常生活有直接关联的服务设施，比如超市、药店、公园、餐厅等，是居民或行人完成社会功能的场所。POI 包含了地理信息属性和类别属性的街道功能元素，通过百度 API 接口，可以同时大量且完整地获取表征街道功能元素的兴趣点。兴趣点的局限性在于没有关注街道功能元素的设施规模和设施等级，通过获取较大数量级的兴趣点可以在一定程度上避免设施规模和等级的不同所引起的差异。

7.2.2 步行尺度要素分析

步行尺度要素是街道空间的重要衡量准则，是街道空间尺度感知的重要指标，建立起行人与步行街道尺度感知的相互联系[162]。在尺度适中的空间或街道界面内，合理的街道空间能创造出社会距离的尺度。在此种尺度下，人们更能感受到自在的感觉，更容易产生交流的机会，延长交流时间。相反，不合理的尺度空间更容易给人产生压迫和陌生感，难以集聚人群。

1) 步行道宽度

步行道的横向衡量尺度常用宽度进行表示，在道路红线范围内是行人的活动范围。从街道空间景观的角度看，步行道的宽度决定了行人的活动行为，对行人的视觉和空间感有直接影响。步行道实际宽度受街边建筑、街道生活小品影响，宽阔的步行道有利于更多公共设施布设和行人活动。但当步行道的宽度超过一定尺度，空旷的空间会让行人失去场所感。步行道宽度是一个易于获取的指标，可以通过道路规划的资料获取，条件具备可通过实地调研获取道路横断面形式、步行道实际宽度等。

2) 街道高宽比

行人在完成步行出行过程中视野包括整个街道空间，街道高宽比是行人对于视野空间的直观感受，街道宽度 D 与沿街建筑高度 H 之间比例失调会影响行人观察环境的视角和视域范围。当 D/H 的比值大于 2 时，沿街建筑所提供的空间围合感、街道功能氛围会被阻隔，视域范围内建筑垂直视角将小于 26°，宽阔的空间促使离散感增强;当 D/H 的比值小于 1 时,空间内聚性加强,水平视角无法包括建筑全景,仰视角观察建筑物顶部将超过 45°,建筑和街道之间紧张的关系会带来心理压抑,狭长的空间会给行人造成压迫感;当 D/H 的比值在 1~2 范围内,和谐的比例关系让行人感受到的街道空间既安定又不会产生强烈的压迫感。

3) 步行网络整体集成度

步行网络整体集成度从网络拓扑结构层面表征了步行网络可达性,集成度越高,可达性越好。具体计算公式如公式(7-1)所示。

7.2.3 视觉要素分析

街道空间环境是轨道站点影响区公共空间的重要组成部分,既反映城市文化风情和公共空间品质,同时也为空间中生活的人塑造情感底蕴。客观的街道空间环境是行人的第一主观印象感知,环境中的各项因素对行人的心理建立综合的影响机制,引导行人进行步行的选择和公共活动的参与。步行在人们的日常生活中不仅是作为一种完成出行目的交通方式,同时也是一种生活活动的体验,因此需要物质承载支撑完成这项活动。步行道是主要完成以步行出行为主的城市道路,行人在步行道上停留的时间较长,移动速度较缓,能更好感知街道的属性,尤其是街道功能属性和视觉感知属性。

轨道站点影响区行人出行目的以休闲性出行和交通性出行为主,而良好的步行街道景观环境能够提供更加愉悦的步行体验,为步行出行提供良性循环。步行街道景观环境属于城市公共空间的构成要素,涉及社会、经济、文化的各个研究领域,随着城市发展从增量基础建设转变为存量提质优化时期,步行的高品质体验成为步行交通规划的重要组成内容,影响着城市形象、活力和公共健康。

步行街道的空间环境很难进行合理地量化分析。传统的数据获取方法多是通过拍照、摄像等方法进行图像的获取,然后通过人工进行一一解读,存在主观判断,缺乏一定的说服力。随着百度、谷歌、Mapillary、City8 等企业对于街景图片的开源获取,规划者可便捷地获取街景数据,机器学习、深度学习的普及也为大规模街景图片的定量分析贡献一种可能性。针对语义分割,提出一系列结合深度卷积神经网络(DCNNS)和概率图模型(Dense CRFs)以及空洞卷积(Hole)算法的深度学习模型——DeepLab,将定义好的语义标签(例如信号灯、建筑、人行道等)分配给输入图像的每一个像素。DeepLab-v3+在 DeepLab-v1 和 DeepLab-v2 的基础上进一步探讨空洞卷积,同时为解决不用尺度下图片语义的分割,利用空洞卷积级联和多采样率空洞卷积并行架构,并着重运用空洞空间卷积池化金字塔(ASPP),添加批量归一化层(BN)可以获取更大尺度的信息,这与之前 DeepLab-v1 和 DeepLab-v2 的模型相比,运用更加普适性的框架,能够被更多的网络采用。

2015年，奔驰公司推动发布Cityscapes评测数据集，该数据集包含5 000张高精度级标注的图像，20 000余张粗略级标注的图像，图像来自50多个城市不同城市空间，不同街景元素，不同街道背景，以及30余类涵盖交通标志、交通参与者、自然植物、建筑等物理元素的标注，如图7-6所示。与街道环境因素的实例级图像场景分割相比，像素级图像场景分割更加贴近自动驾驶的热门需求，这也为街道空间元素的大规模提取和快速化分析提供可能。

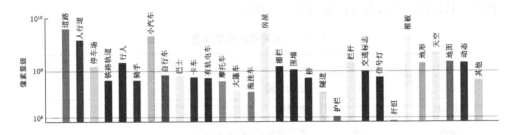

图7-6　Cityscapes数据集像素样本数量

Cityscapes数据集在对图片进行分类标定时将标注的30类标签大致分为平地、建筑、自然、车辆、天空、物体、人、其他共8大类型，在30类标签的基础上选取部分较为常见且对街道的意义更为重大的19个类别用于测试时的实例分割并纳入计算，剩下的11个类别在测试时不纳入计算中。Cityscapes数据集语义树如图7-7所示。

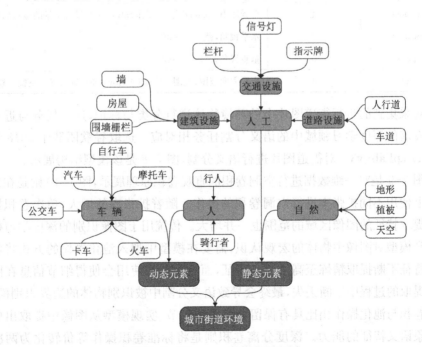

图7-7　Cityscapes数据集语义树

117

由于轨道站点影响区街景图片并不是每条街道都被覆盖，所以街景图片的获取可以分为实地拍摄获取和百度街景 API 获取两个部分，即筛选带有街景覆盖的街道，并对剩余的街道进行实地补充拍摄。实地拍摄可以采取拍照和沿街摄像的方式，如果街景未覆盖街道欠缺较多，可利用跟车拍摄代替大量的照片获取工作。百度街景图片在调取时需要设置参数以保证图片取景角度，通常采用 fov 为 360°的视角进行获取，可以模拟该视点 360°范围内的视野全景，需对全景图像进行批量裁剪。具体图片调取参数设置如表 7-1 所示。

表 7-1 图片调取参数设置

参数名	默认值	描述
ak	无	访问密钥
mcode	无	安全码
width	400	图片宽度，范围 10～1024
height	300	图片高度，范围 10～512
location	无	全景位置点坐标。坐标格式 lng<经度>，lat<纬度>
coordtype	bd0911	全景位置点的坐标类型
poiid	无	POI 的 ID，该属性通常通过 place api 接口获取，poiid 与 panoid、location 一起设置全景的显示场景，优先级为：poiid>panoid>location。其中根据 poiid 获取的全景视角最佳
panoid	无	全景图 ID，panoid 与 poiid、location 一起设置全景的显示场景
heading	0	水平视角，范围 0°～360°
pitch	0	垂直视角，范围 0°～90°
fov	90	水平方向范围，范围 10°～360°，fov=360°即可显示整幅全景图

对采集到的步行街道图片中的环境物体进行分类与标记，这一任务与近年来火热发展的深度学习领域中的语义分割任务相对应。选取谷歌团队于 2018 年提出的 DeepLab-v3+对街道图片进行语义分割，图 7-8 是该模型结构展示。

图 7-9 是对一维数据进行空洞卷积的直观卷积原理展示，图 7-10 则是在二维图像上使用不同扩张率进行空洞卷积的操作。随着扩张率的增大，单次卷积操作中被提取特征的图像区域的范围也一并增大。传统用于图像识别的深度学习模型为提升模型对图像中物体的宏观认识，需要在模型中加入池化操作的方式将低维视觉特征不断提取精炼至高维语义特征，而池化层的使用会使得细节信息在图像特征提取的过程中不断丢失，最终会导致语义分割中被识别物体的边界识别模糊。空洞卷积与池化操作相比具有保留更多图像细节、实现模型从图像中提取出更高层抽象语义特征的能力。深度分离卷积则是将标准卷积操作等价转化为两次卷

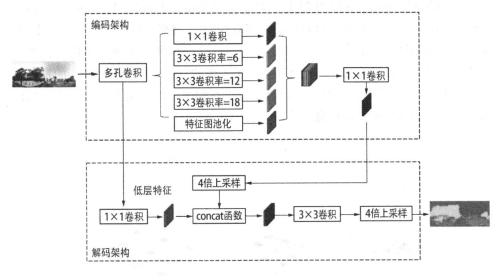

图 7-8　DeepLab-v3+模型结构图

积,从而大大降低模型参数与计算量。通过两种卷积方式的结合,该模型实现对图像中物体更低耗和快速识别以及对物体边界更加精准地划分。

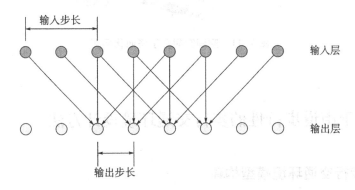

图 7-9　一维数据的空洞卷积操作,扩张率为 2 示意图

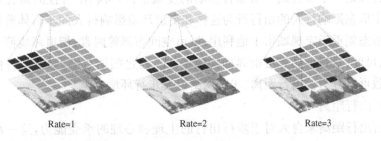

图 7-10　在同一特征图上使用不同扩张率的 3×3 卷积核进行空洞卷积示意图

同时该模型使用空洞空间金字塔池化（Atrous Spatial Pyramid Pooling，ASPP）结构提升模型对多尺度目标的自适应性，大大降低小尺度目标的漏检率，空洞空间金字塔池化层的原理展示如图7-11所示。ASPP是空间金字塔池化和空洞卷积的结合。该结构首先并行使用不同扩张率的空洞卷积对相同输入的目标进行特征提取得到不同尺度的特征，接着将多个空洞卷积的输出在通道维度上加以堆叠从而获得多尺度特征信息[163]。

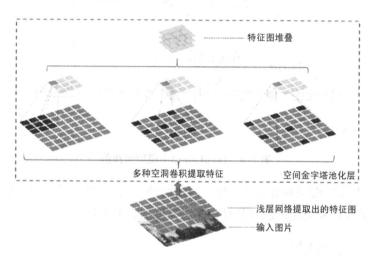

图7-11　空洞空间金字塔池化层图

7.3　基于街道步行性的步行交通环境设计方法

7.3.1　步行交通环境模型构建

1）街道步行性

步行性是一个多方面因素综合影响的度量指标，可将步行性的研究范围划分为：城市形态影响行人的出行行为选择和街道环境影响行人的步行体验两类。其中城市形态侧重于宏观城市土地利用、城市空间布局等因素；街道环境侧重于步行道设计、尺度、景观小品等沿街界面构成要素。通过归纳总结，影响步行性测度的因素大致可以分为：出行距离、步行网络以及步行环境三类。

（1）出行距离

步行出行距离来自人对于步行出行的生理和心理的承受能力，这一承受能力决定人们在采取步行这一交通方式完成出行的空间范围。多数人心理偏好的出行距离为 400~500 m,但不同个体生理上能出行的距离可达到 1.2~3.0 km。不同的出行目的以及外界环境常常会引起距离的波动,而有时出行目的单一、步行条件不佳会降低人们对于步行距离的忍受值。如果将步行作为其他交通工具的接驳出行模式,心理承受距离会更低。

(2) 步行网络

与机动化出行不同,行人更倾向于多样化的步行网络,其网络空间结构能够在社会逻辑的作用下,形成人流的自然运动。步行网络建设的目标和关键内容就是保证行人在网络中能完成连续的、不受扰乱的自由步行活动。因此,连续、关联度高的步行网络能够让行人获取更多网络信息,同时有偏好地选择步行路径。

(3) 步行环境

相比于机动车出行,街道空间环境会直接影响步行出行。车辆为机动车出行者提供相对稳定的环境来规避外界的不良因素,而行人直接暴露在步行空间中,对于空间环境的变化和影响更加强烈。在中心城区的机动出行速度为 20~30 km/h,而行人的速度仅为 2~3 km/h,机动化出行速度是步行速度的 10 倍左右。行人对于空间环境的观察精度和感受度远远超过机动车出行者,良好的步行环境更有利于人们选择步行出行。通过创造令人心情愉悦的空间和连续的步行走廊,人们心理可承受的步行距离会显著增加。

2) 步行交通环境模型

(1) 步行交通环境模型原理

步行交通环境模型基于步行指数模型,考虑视觉构成因素的视觉感官和街道功能因素的空间布局对街道空间环境进行综合分析。通过将不同的设施进行分类,如将超市、杂货铺、药店等归类为零售类;KTV、酒吧、电影院等归类为娱乐类;公园、景区等可以归类为休闲类;餐厅、咖啡馆等归类为餐饮类;学校、培训基地、书店归类为教育类。对于空间功能因素包括天空开阔度、空间色彩、绿化可视率等,并赋予权重,步行尺度要素从局部街道和整体网络分析,如公式(7-5)所示:

$$S = \sum_{i=1}^{n}(w_i \cdot \prod f(j)) \times \frac{100}{N} \qquad (7-5)$$

式中：S——步行空间环境得分;

w_i——第 i 类评价指标的权重;

$f(j)$——第 j 项衰减因素的衰减系数;

N——所有设施的总权重。

通过百分化获取一个范围在 0~100 的值,如表 7-2 所示。最后得到的评分可以从整体评估步行街道,针对各类型指标的可视化可以指导步行街道环境的设计。

表 7-2　步行街道空间环境模型等级标准

步行评分	状态描述
0~24	步行性很低：步行不友好
25~49	步行性较低：步行配套设施较少
50~69	步行性一般：可步行性范围内有部分步行设施
70~89	步行性较高：可满足基本日常步行出行
90~100	步行性很高：日常步行出行有较好的体验

（2）景观环境分类权重

街道空间的步行景观环境是一个与行人进行关联互动的完整系统，系统由众多实体视觉元素组成，通过行人对实体景观在视觉直观感受的基础上，分类建立可定量描述的步行街道景观环境特征的客观测量指标，街道空间景观环境指标体系如图 7-12 所示。

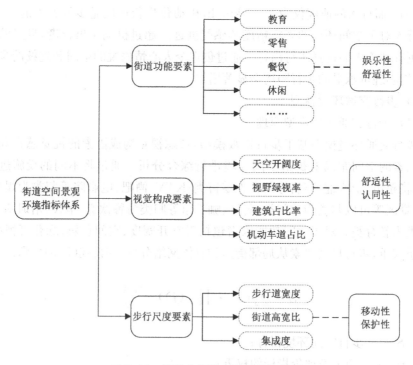

图 7-12　街道空间景观环境指标体系

① 街道功能要素

在研究中调查日常生活中的步行街道功能元素[164]，具体到功能元素使用频率如图 7-13 所示，最终确定 19 类常用的街道功能元素以及日常使用频次。

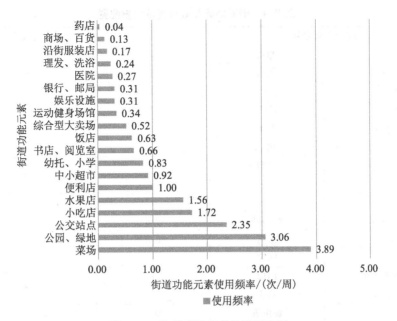

图 7-13　街道功能元素使用频率图

在确定的 19 类街道功能元素的基础上,结合轨道站点影响区设施配置的特点,根据轨道站点影响区设施分类,最终确定 7 大类 20 小类街道功能元素,根据美国自然资源保护协会和清华大学建筑学院联合发布的《中国城市步行友好性评价——基于街道功能促进步行的研究》报告中对于设施分类赋予权重进行更细致分类。

针对不同的功能元素赋予权重考虑不同街道功能元素提供的服务,如表 7-3 所示,日常生活中使用频率较高的服务设施,如便利店、药店、通信营业服务等设施所提供服务质量差异较小,定义为"等质"功能元素,人们通常会就近选择;而有一部分服务设施由于市场竞争等原因,由自身优化服务质量导致差异化的服务,这一类设施定义为"非等质"功能元素,人们对步行距离相对不敏感,在可承受范围内更愿意接受较长的步行距离。

表 7-3　步行街道功能元素服务特征

功能元素类型	服务内容	元素类别
"等质"功能	服务质量无差异	金融邮电类、行政管理类、休闲类、医疗卫生
"非等质"功能	服务质量由自身决定	商业服务类、娱乐类、医疗卫生、教育类

综合考虑步行街道功能元素的使用频次和服务特征,提出如表 7-4 所示的街道功能要素分类及权重配置。

表 7-4 街道功能要素分类及权重配置

街道功能要素分类		权重	总权重
商业服务	超市	2	6
	餐馆	3	
	理发店	1	
娱乐	KTV	1	4
	茶馆	2	
	电影院	1	
休闲	公园	1	2
	景区	1	
教育	学校	1	2
	培训基地	0.5	
	书店	0.5	
医疗卫生	医院	3	6
	门诊	2	
	药店	1	
行政管理	派出所	0.5	2.5
	街道办事处	1	
	社区中心	1	
金融邮电	银行	1	2.5
	ATM	0.5	
	邮政通信	1	
总计		25	25

② 视觉构成要素

视觉构成要素以行人在街道空间内视觉感知为基础,所能感受到的环境意向为街道空间环境的分析指标。在街道空间进行活动的行人能够从空间中获取超过约 80% 的景观信息:街道绿化、小品布景、街边建筑等。

行人通过对街道空间的景观环境进行视觉感知,对于纷繁的视觉构成要素,行人会对某些特定的视觉实体进行优先有选择性地选取,并通过初步筛选的实体景观形成初步的视觉感知,经过对比形成自己对于街道空间环境的情感选择,产生不同的心理感受,视觉感知过程如图 7-14 所示。

通过调查问卷获取行人对于街道视觉景观的视觉倾向程度,将倾向程度分成四个等级,易于感知、一般感知、主动感知和忽视感知,并分别设置为 10 分、5 分、2 分和 0 分,并将其乘以各倾向程度调研人数的百分比,加权求和所得到的分值越高,代表此类景观更容易被注意。通过汇总结果得到天空开阔度、视野绿视率、建筑占比率、机动车道占比得分都超过 5 分,容易被优先注意。行人视觉感知元素权重如表 7-5 所示。

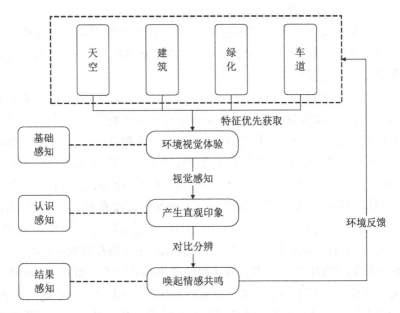

图 7-14 视觉感知过程

表 7-5 视觉感知元素权重

指标	取值范围		
天空开阔度	<0.2	0.2~0.4	>0.4
视野绿视率	<0.1	0.1~0.3	>0.3
建筑占比率	<0.1	0.1~0.3	>0.3
机动车道占比	<0.04	0.04~0.1	>0.1
权重	1	1.5	2.5

③ 步行尺度要素

根据整体集成度值、步行道宽度、街道宽高比的分布规律,在步行街道空间环境评价模型中的不同步行尺度赋予权重如表 7-6 所示。

表 7-6 步行尺度权重

指标	取值范围		
整体集成度	<0.8	0.8~1.5	>1.5
步行道宽度	机非混行	独立步行道但不符合推荐宽度	独立步行道且符合推荐宽度
街道宽高比	>3	0~1 或 2~3	1~2
权重	1	3	5

④ 设施距离衰减系数

距离衰减是指由于行人生理和心理的原因,出行起讫点间相互吸引的能力随着步行距离的延长而降低。人们通过步行完成日常出行目的时,目的地设施距离衰减系数遵循步行衰减规律。

步行衰减主要考虑步行速度、步行时间和步行距离三个因素,综合表现在步行距离的衰减上,考虑设施分类的权重与步行半径的衰减系数对步行距离的影响,可以将步行的衰减距离分为:步行适宜距离、步行忍耐距离、步行抗拒距离和步行放弃距离。500 m 步行距离内为步行适宜距离;轨道站点影响区的平均步行出行距离为 1 000~1 300 m 范围内,将 1 300 m 设为步行忍耐距离边界;在步行景观的研究中发现良好的步行环境能够显著增加行人的步行忍受距离,但这个距离内设距离衰减显著提高,将 1 300~2 400 m 的区间范围称为步行抗拒距离;超过 2 400 m 的范围步行可能性较小,不纳入考虑范围,定义为步行放弃距离。

不同的规划实践中对于距离衰减函数的取值和分段不尽相同,根据《中国城市步行友好性评价——基于街道功能促进步行的研究》报告中衰减系数的设置方法,结合轨道站点影响区步行特征,对步行设施衰减系数进行优化。步行距离的衰减根据分段的步行衰减距离,设置相应的步行衰减系数。步行适宜距离内,设施对步行设施的吸引力不随距离的改变而削弱,距离衰减系数为 1;步行忍受距离内,步行距离开始受到影响,但属于可承受范围内,设施衰减为 0.88;步行抵抗距离内,随着步行距离的增加,行人产生的步行抵抗情绪更大,设施衰减更强,衰减率为 0.25;超过 2 400 m,将视作步行设施对步行不产生影响,设施衰减系数为 0,具体设施权重距离衰减系数如图 7-15 所示。

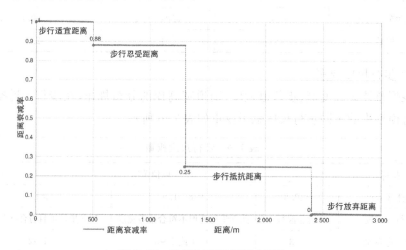

图 7-15 设施权重距离衰减系数

7.3.2 步行街道分类设计

1）功能偏向型步行道

功能偏向型步行道,主要特点是街道功能齐全,种类多样性,能够在舒适的步行距离内较好完成居民及行人的出行目的。但步行尺度和视觉感知评分不高。在此种步行道进行空间环境设计策略的同时注重街道功能和视觉感知的融合,适合集成度高、步行道宽度适宜的步行道。

2）视觉偏向型步行道

视觉偏向型步行道主要特点是视觉构成要素得分较高,天空占比、绿视占比在合理区间,沿街建筑和机动车道具有较好的尺度性,能够给予行人在视觉感知中提供令人接受的感知尺度,但街道功能不完善,步行尺度不能较好支持步行。对视觉偏向型步行道的设计应注重丰富街道功能的多样性,并同时注重步行道宽度的合理配置以及与步行网络的衔接。

3）尺度偏向型步行道

尺度偏向型步行道主要特点是步行尺度要素评分较突出,拥有独立的步行道且步行道宽度适宜,街道与建筑高度比例适中,不会给行人以压迫感,与其他街道的连通性较好,能给行人提供良好的道路信息。应利用良好的步行尺度合理布局街道功能和绿植设计,丰富视觉元素,调整视觉感知占比。

4）环境均衡型步行道

环境均衡型步行道上各类要素的空间占比相对均衡,街道功能较齐全,建筑空间占比较多,视野相对开阔,绿化设施较为完善,步行尺度较为合理,属于较为常见的道路,道路两侧多为居住小区等。

步行道得分示意图见图 7-16。

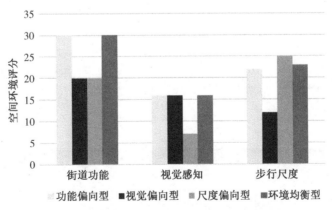

图 7-16 步行道得分示意图

7.4 本章小结

本章提供轨道站点影响区步行环境分析与设计方法,对步行网络数据进行预处理,选取步行网络形态表达模型,应用 Depthmap 对轨道站点影响区的步行网络进行多维度分析。从卫星地图中剥离步行网络,并进行拓扑化处理,搭建句法分析数据库。通过 POI 提取街道功能因素,运用 DeepLab 模型对获取的百度街景图片进行语义分割,提取视觉感知构成因素。以步行指数为基础,构建步行交通环境模型,对获取到的因素进行分类分配权重,根据轨道站点影响区步行出行距离,设置合理的设施距离衰减系数,结合模型结果进行步行街道分类设计。

第8章 轨道站点影响区自行车需求分析与设施设计

8.1 轨道站点影响区自行车交通需求分析

8.1.1 自行车交通需求分析层次

自行车交通作为慢行交通的一种,与步行交通存在一定程度的可比性。步行交通的需求层次由可行性、可达性、安全性、舒适性和愉悦性构成,对应人的生理需求、安全需求、归属与爱的需求、尊重需求和自我实现需求五个需求层次[165]。自行车交通在承担交通功能的同时,也承担一定程度的社会功能,其同样满足马斯洛需求层次理论。基于此提出自行车交通需求层次,如表8-1所示。

表8-1 自行车需求层次

需求层次	马斯洛需求	出行要求	自行车需求	影响因素
第一层次	生理需求	可以骑行	可行性	年龄、体重、健康状况、天气等
第二层次	安全需求	有路可骑	可达性	道路网络、与公共交通的接驳、停车设施等
第三层次	归属与爱的需求	安全骑行	安全性	机非隔离情况、交叉口混行情况、交通秩序情况等
第四层次	尊重需求	舒适骑行	舒适性	自行车道宽度、路面平整度、指示标识系统等
第五层次	自我实现需求	愉悦骑行	愉悦性	城市街景、空气质量、社会文化氛围等

1) 可行性需求

可行性需求作为自行车交通中最基本的需求,影响自行车出行率。自行车交通具有人力驱动、车身无包围遮挡等特点,对于骑行者本身及外部环境有一定的要求。自行车交通一般对骑行者年龄及身体状况有相应要求,幼儿及老年人采用自行车出行存在一定障碍,因此,自行车交通主要服务有较强自主行动能力的健康居民。此外,外部环境对于自行车交通也存在较强影响,雨雪天气、极度低温或高温等恶劣天气会显著降低自行车出行率。同时,城市地形在一定程度上也会影响其出行率,地形起伏较大、坡度明显的城市,自行车出行会相对受限。

2) 可达性需求

可达性需求是自行车完成交通功能的基本需求,主要关注道路网络和与公共交通的接驳。自行车道路网络主要包括路网等级结构、道路连通性、路网密度等,与公共交通的接驳则注重于自行车交通与轨道站点、地面公交站点等的衔接以及停取车的便捷程度。

3) 安全性需求

安全性需求是骑行者在交通行为中寻求自身安全的基本心理需求。自行车交通相对于机动车交通处于弱势地位,在机非混行情况下,无法完全保证骑行者的安全,路段的机非隔离情况、交叉口的混行情况等都会对自行车交通的安全产生较大影响。由于自行车灵活且没有牌照,相对于机动车交通更不易管理,混乱的交通秩序同样会对骑行者安全产生威胁。

4) 舒适性需求

舒适性需求是骑行者在骑行过程中相对高层次的需求,注重骑行体验而不仅仅是实现自行车的交通功能。其主要针对骑行过程中的基础设施建设水平,包括自行车道宽度、自行车道平整度、指示标识系统完善度等。

5) 愉悦性需求

愉悦性需求是自行车交通社会功能的体现。自行车除了基本的交通功能外,还承担了一部分旅游观光、健身休闲等社会功能。而愉悦性则是骑行者在这些社会活动中的心理需求,主要针对城市街景、空气质量、社会文化氛围等。

8.1.2 自行车交通需求影响因素

1) 自行车出行影响因素

自行车出行的影响因素可以分为:土地利用和建成环境、自行车交通设施、自然环境、社会因素、认知度。

(1) 土地利用和建成环境

主要包括城市规模、密度(人口、就业)、多样性(土地利用混合度)、站点密度(公共交通覆盖率)等。

(2) 自行车交通设施

主要包括设施类型、设施安全性等。

(3) 自然环境

主要包括气候、温度、天气、亮度、地形等。

(4) 社会因素

主要包括年龄、性别、收入等。自行车出行比例随着年龄和收入的增高而下降,女性和老年人更关注交通安全。

(5) 认知度

认知度与社会因素有相似性,主要反映出行者的选择感受,而社会影响因素更多反映客观事实。

2) 自行车停车需求影响因素

轨道站点影响区自行车停车需求是影响区内居民使用私人自行车、共享单车以及电动自行车接驳轨道交通的需求。因此,自行车停车需求的影响因素主要包括轨道站点影响区内各地块的用地性质、用地面积、地块到轨道站点的骑行距离、高峰期的需求集中度及周转率、自行车道路网络服务水平、共享单车供给能力等。

(1) 用地性质及面积

轨道站点影响区内各地块的用地性质直接影响轨道站点的自行车停车需求,不同用地性质的地块单位面积所产生的停车需求差异显著,如居住、教育、娱乐等用地的停车需求一般较大,商业、工业等用地的停车需求则相对较小。用地面积则与轨道站点影响区的停车需求呈线性关系,需求随用地面积的增加而增大。

(2) 地块到轨道站点的骑行距离

地块到轨道站点的骑行距离通常会直接影响此地块到轨道站点产生的停车需求。地块离轨道站点越远,骑行距离越长,使用自行车接驳轨道站点的比例越低,在轨道站点影响区产生的停车需求越少。在轨道站点平均接驳距离范围内,停车需求随骑行距离的变化并不明显,而超出该范围后则会显著下降,此现象在轨道站点密度较低的地区更为显著。

(3) 高峰期的需求集中度及停车周转率

轨道站点影响区的停车需求预测为停车设施配置服务,一般只需确定停车高峰期的最大需求。因此,需要确定各个地块高峰期的需求集中度,即高峰期此地块在轨道站点产生的停车需求占其每日总需求的比例。此外,高峰期的停车周转率也是影响停车设施配置的重要因素,周转率越高,则停车资源的利用率越高,相同停车资源所服务的停车需求就越多。

早高峰时期,轨道站点周围的居住用地会产生大量的停车需求,且分布集中;晚高峰时期则会产生大量取车需求,且分布相对早高峰较为分散。其他时间段的停车需求相对较少,同时停车周转率较低,大部分自行车会在非早晚高峰时期占用停车位。工业用地则相反,早高峰会在轨道站点产生大量取车需求,且分布较为集中;晚高峰则会产生大量停车需求,分布同样较为集中。而在非早晚高峰时期的需求相对较少,日间停车需求不高,而夜间停车需求较多,周转率也较低。

商业、娱乐等用地所产生的需求有所不同，停取车的需求分布相对分散，且保持在较高需求水平，同时停车周转率明显高于其他用地类型。

(4) 自行车道路网络服务水平

轨道站点影响区自行车道路网络服务水平越高，使用自行车接驳轨道站点的比例越高。自行车道路网络服务水平主要通过自行车道路网络密度、路面平整度等指标确定。

(5) 共享单车供给能力

轨道站点影响区内共享单车供给能力的差异会影响各地块在轨道站点产生的停车需求。共享单车供给能力较强的轨道站点影响区，使用自行车交通接驳轨道站点的比例较高，共享单车的供给能力主要由轨道站点影响区内共享单车数量等因素决定。

8.1.3　自行车交通需求分析方法

自行车交通需求分析可以分为基于方式分析与基于设施分析。基于方式分析主要包括出行链模型；基于设施分析主要包括自行车路径选择模型和直接需求模型。

1) 出行链模型

出行链模型是基于出行链建立的四阶段模型。与传统四阶段模型相比，该模型从地块的个人出行生成和方式选择研究自行车出行选择的影响因素，强调了自行车路网特征对出行时间计算、可达性测算和路网配置的重要性。模型可获得自行车交通的出行规模和细微差异，以地块或地点取代传统的交通小区。根据土地利用和交通可达性将实际出行划分为基于家和基于工作的出行，并通过分析土地利用得到出行者简单出行与复杂出行的差异。同时可以得到自行车路网中影响可达性的重要物理属性，如出行距离、坡度、有无自行车道等；出行者社会经济因素，如性别、工作职务、家庭规模和组成、收入等。

2) 自行车路径选择模型

基于自行车出行的 GPS 数据，提取直线率、设施类型、梯度、转弯以及交通风险等影响因素，构建自行车路径选择模型。模型结果可为设施规划中的属性赋值、出行加权阻抗测度等提供参考。模型通过 GPS 记录的骑行者行为数据，量化自行车路网中与路径选择相关的属性，可用于评价设施和路网配置特性，以实际观测的出行生成数据量化可选择线路的物理属性。

3) 直接需求模型

直接需求模型可预测节点的自行车需求，用于辅助交通安全研究或评估工程建设项目。该模型与区域环境及出行强度相关，因此，需校准研究区域及设施的现有条件。模型需要精确的流量统计信息，若考虑社会人口特性、出行目的或起讫点位置,还需补充使用者调查信息。但模型未能将活力水平与决策要素(出行生成方式或目的地选择)进行匹配,而是考虑了开发水平等具有相关性的环境因素,且其一般不考虑出行特征,在分析单个路段或交叉口时不考虑路网连通度[166]。

4) 停车需求预测模型

轨道站点影响区的自行车停车需求预测可参考机动车停车生产率模型的需求预测思路,将不同性质的用地看作轨道站点影响区自行车停车的发生、吸引源。轨道站点影响区的总停车需求即为轨道站点影响区内各地块在站点停车需求的总和。考虑轨道站点停车需求的影响因素,并参考相关自行车及机动车停车需求预测模型[167],提出轨道站点影响区自行车停车需求预测模型如公式(8-1)所示:

$$P_i = \sum_{j=1}^{N} \left(\frac{R_j \alpha_j \gamma_j}{\rho_j} \cdot \frac{e^{R_i}}{e^{d_j} + e^{R_i} - 1} \right) \cdot S_i \mu_i \tag{8-1}$$

式中:P_i——轨道站点影响区自行车停车需求(辆);

N——轨道站点影响区内各类地块的总数;

R_j——地块 j 的面积(km^2);

α_j——地块 j 所属地块类型位于轨道站点旁时,单位面积在轨道站点影响区的停车需求(辆/km^2);

γ_j——地块 j 所属地块类型在停车高峰期的停车需求占比,一般可通过调查获得;

ρ_j——地块 j 所属地块类型在停车高峰时期的停车周转率,一般可通过调查获得;

R_i——轨道站点 i 所属站点种类的平均自行车接驳距离(km);

d_j——地块 j 与轨道站点 i 之间的骑行距离(km);

S_i——轨道站点影响区内自行车道路网络服务水平调整系数,参考前文轨道站点影响区模型的服务水平系数,一般取 0.5~1 之间;

μ_i——轨道站点影响区内共享单车供给能力调整系数,考虑共享单车在轨道站点影响区停车占比一般在 10%~20%,因此调整系数一般取 0.8~1。

轨道站点影响区的自行车停车需求预测主要服务于停车设施配置,不同类型站点的停车高峰期不同,因此,模型具体应针对不同类型站点确定对应的停车高峰期。突峰型和双峰型轨道站点的停车需求高峰一般在早高峰(7:30~8:30);全峰型和无峰型轨道站点的停车需求无明显潮汐特性,但 7:30~8:30 一般同样存在微小高峰,因此,也可选择此时段作为高峰期;内凹型轨道站点的停车需求高峰在晚高峰(17:30~18:30)。

8.2 轨道站点影响区自行车交通系统特征

8.2.1 自行车交通系统环境特征

自行车交通作为城市交通系统的一部分,与城市的土地利用、公共交通系统及道路系统等有较强的联系,因此,对轨道站点影响区的自行车交通系统运行特征进行分析前,应对其所处的交通系统环境进行分析。

1) 土地利用差异

(1) 空间差异性大

中心城区和城市边缘地区轨道站点的土地利用性质差别较大。中心城区轨道站点影响区多为城市商业中心和就业中心,零售业、金融业和服务业等产业逐步向区域内聚集,商业用地不断增加,导致土地利用强度及建筑密度进一步提升;而城市边缘地区轨道站点影响区内土地利用强度较小、建筑密度较低。同时,中心城区的部分经济社会活动逐步向城市边缘地区的优势中心点转移,形成一个或多个城市副中心,中心城区和各个副中心轨道站点影响区的土地利用强度较大、混合度较高、人口密集,而两者之间轨道站点影响区的土地利用强度则较小、混合度较低、人口聚集度也较低。

(2) 受轨道站点分布影响较大

城市用地与轨道站点的分布密切相关,在非中心城区更为明显。由于中心城区和城市副中心地区轨道站点密度一般较大,土地开发连续性较强,土地利用受轨道站点分布的影响不明显。而对于非中心城区,轨道站点密度和人口密度相对较低,轨道站点带来的周边土地价值升值明显,站点周边的人流聚集效应突出,因此,其土地利用在受城市职能、地理环境影响的同时,也受轨道站点分布的影响。

2) 公共交通系统特性

(1) 轨道交通特性

轨道交通一般为城市交通的骨架,承担了城市大量的日常通勤客流、中长途客流以及部分短途客流。作为典型的点线型交通方式[168],通过轨道站点完成客流集散,而由于轨道站点周边的用地性质、开发强度都存在差异,导致轨道站点的客流存在差异,空间分布不均。以南京市为例,2018 年轨道站点日均客流分布如图 8-1 所示,各轨道站点的客流分布不均,流量集中于中心城区及交通枢纽站点,边缘地区的轨道站点客流水平普遍较低。日均客流水平前十的轨道站点,其流量占据整个南京市轨道交通总客流的 30.5%,而流量水平最低的 30 个轨道站点承担了总流量的1.1%,客流分布显著不均。

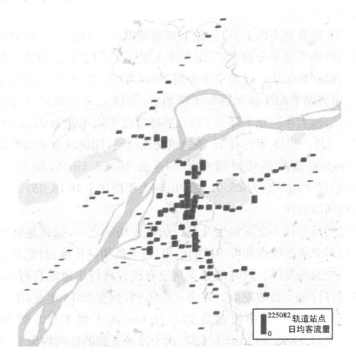

图8-1 南京市轨道站点日均客流空间分布

轨道成网条件下中心城区一般为多条线路的交汇区,轨道站点密度较大、间距较小、服务半径相对较小。而随着远离中心城区,轨道线路密度下降,站点密度逐渐减小,相应其站点服务半径也相对较大。

(2) 地面公交特性

轨道交通一般承担城市中长距离通勤需求,地面公交承担城市中长距离和部分短距离通勤需求,因此,轨道交通与地面公交在一定程度上存在功能重叠。轨道交通发展早期,其出行需求快速增长,与地面公交的客流量存在同步上升情况。例如,北京2006—2009年期间,其地面公交年客流量从1 090万人次增长到1 416万人次,与此同时轨道交通年客流量从190万人次增长到390万人次。居民出行需求的逐步稳定使轨道交通与地面公交产生竞争。北京的地面公交客流量自2009年达到历史最高点后进入平稳期,2009—2012年基本稳定在1 400万人次,到2017年地面公交客流量已降至919万人次。同时,轨道交通客流量从2009年的390万人次快速增长到2017年的1 035万人次,超越地面公交的客流量。其中,2015年轨道6、7、14、15号线的开通直接导致地面公交客运量下降超过200万人次。因此,地面公交的功能定位更多偏向于填补轨道交通服务空白。

3) 道路交通系统特性

(1) 机动车交通特性

城市机动车保有量不断上升,导致城市道路网络运行压力逐渐加大。轨道交通可以降低高峰期机动车分担率,一定程度上缓解交通拥堵,但道路资源与机动车交通需求之间仍存在矛盾。以南京市为例,2014 年之前仅两条轨道交通线路开通运营,同期城市道路平均车速呈逐年下降趋势,2014 主要干道高峰时段平均车速为 15.77 km/h,较上年同比下降 3.78%;平峰时段平均车速为 21.49 km/h,较上年同比下降 1.4%。2018 年已有 10 条轨道交通线路,同期城市道路平均车速逐步回升,2016 年主要道路高峰时段平均车速为 16.08 km/h,较上年同比上升 1.83%,平峰时段平均车速为 26.01 km/h,较上年同比上升 18.05%。

(2) 道路网络特性

城市支路网是自行车交通发生及运行的主要场所之一,保证足够的支路网密度是保障自行车交通便捷性和可达性的前提,过大的街区尺度、过低的支路占比都会制约自行车交通的发展。同时部分支路没有设置自行车道或自行车道被占用,也影响了城市自行车交通的发展。以南京市为例,截至 2016 年底,南京城市道路总里程为 5 568.46 km,其中快速路 227.31 km、主干路 1 150.39 km、次干路 1 014.46 km、支路 1 345.99 km,主干路、次干路及支路的比例约为 1∶0.9∶1.2。

8.2.2 自行车交通系统运行特征

1) 自行车交通骑行者特征

自行车灵活性较大、出行距离较短、没有牌照约束,骑行者特征调查难度相对较大,人力调查成本高昂、问卷调查准确度较低。共享单车携带 GPS 定位装置,出行信息可由手机端进行记录,通过后台数据分析轨道站点影响区自行车交通系统时空特性。

2019 年 3 月 22 日至 3 月 26 日在南京市各轨道站点影响区,采用线上线下形式对轨道交通线网情况、骑行者行为特征等进行了调查,共收集有效问卷 370 份。城市居民日常出行中自行车的使用频率如图 8-2 所示,约 36.43% 的居民不使用自行车出行,37.14% 的居民一周使用 1~3 次,9.29% 的居民一周使用 3~5 次,4.29% 的居民一周使用 5~7 次,12.86% 的居民则每天使用。可以发现超过 63% 的居民存在自行车出行需求,其中约 26% 存在稳定而持续的自行车出行需求。

对于不使用自行车出行的居民,其原因如图 8-3 所示。主要原因为使用其他交通方式出行,没有使用自行车的意愿,其占比达 63.33%,而自行车骑行环境不好、公交服务水平低、不会骑车以及身体原因等因素占比分别为 13.33%、5.00%、5.00% 和 3.33%。

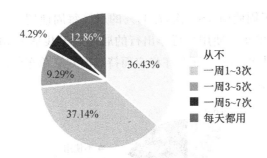

图 8-2　居民自行车交通出行频率

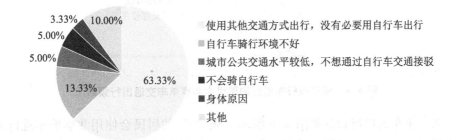

图 8-3　居民不使用自行车的原因分布

在使用自行车出行的居民中，自行车出行目的如图 8-4 所示。84.83% 的居民会使用自行车进行 3 km 以内的短途出行，48.88% 的居民会使用自行车进行公共交通的接驳，9.55% 的居民会使用自行车进行休闲锻炼，只有 3.93% 的居民会使用自行车进行超过 3 km 的长距离出行。

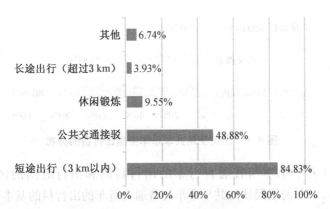

图 8-4　居民使用自行车交通出行目的分布

在使用自行车出行的居民中，共享单车的使用频率情况如图 8-5 所示。约 16.85% 使用自行车出行的居民不使用共享单车，55.06% 的居民每周使用 1～

3次,11.80%的居民每周使用3～5次,7.30%的居民每周使用5～7次,8.99%的居民则每天使用共享单车。使用自行车出行的居民对于共享单车的接受度较高,存在使用需求的比例达83.15%,而存在稳定而持续的共享单车使用需求的比例达28.09%。

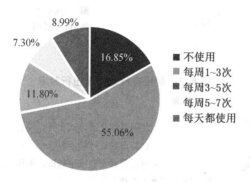

图8-5　使用自行车出行的居民中共享单车交通出行频率

共享单车的出行目的如图8-6所示。86.49%的居民会使用共享单车进行短途出行,55.41%的居民用来接驳公交,6.08%的居民用来休闲锻炼,5.41%的居民用来长距离出行。相比普通自行车,共享单车用于短途出行、公交接驳的比例较高,而用于休闲锻炼的比例则较低。

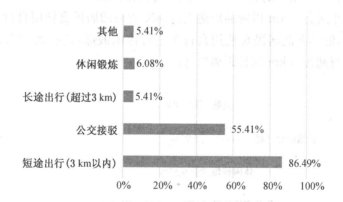

图8-6　居民使用共享单车交通出行目的分布

居民对于共享单车与普通自行车的出行目的和出行时间的区别认知如图8-7所示。67.57%的居民认为共享单车与普通自行车的出行目的基本一致,22.30%的居民认为存在一点区别,只有10.14%的居民认为存在较大区别。70.27%的居民认为两者出行时间基本一致,18.24%的居民认为存在一点区别,只有11.49%的居民认为存在较大区别。因此,可认为轨道站点影响区共享单车的时空运行特征较大程度上可以代表轨道站点影响区自行车交通的时空运行特征。

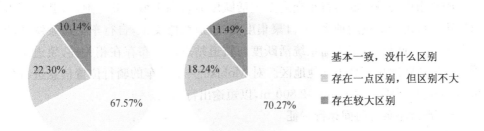

图 8-7　居民对于共享单车与普通自行车的出行目的和出行时间的区别认知

2) 自行车交通系统空间运行特征

自行车空间运行特征与城市用地、道路基础设施建设及其他交通系统的运行特征密切相关。轨道站点影响区共享单车的时空运行特征可以较大程度上代表轨道站点影响区自行车交通的时空运行特征,因此,采用共享单车数据对轨道站点影响区自行车交通系统的时空运行特征进行分析。以南京市为例,采集 2018 年 6 月 12 日至 6 月 26 日的 Mobike 共享单车位置点数据,以 30 min 为时间间隔进行爬取,获得数据共计 12 640 899 条,考虑天气、数据有效性等因素,对数据进行清洗,根据区域累计平均共享单车数,对有效数据进行核密度分析,得到南京市自行车交通系统活跃度空间分布,如图 8-8 所示。

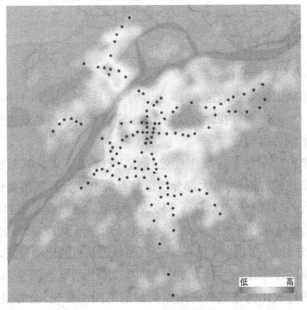

图 8-8　南京市轨道站点及自行车交通系统活跃度空间分布

南京市中心城区的自行车交通系统活跃度显著高于城市其他地区,其中新街口周边区域由于商业用地多、人口聚集度高、轨道线路交汇,自行车交通系统活跃度尤为高。同时自行车交通系统活跃度与轨道站点的分布存在相关性,轨道站点周边区域活跃度显著高于其他地区。对 Mobike 共享单车的骑行位置信息进行分析,其平均骑行距离在 1 500～2 800 m,以短途出行为主。

3) 自行车系统时间运行特征

基于 Mobike 共享单车的骑行订单数据,分析其时间运行特性[169]。其工作日和周末各时段骑行发生占比如图 8-9 所示。工作日中轨道站点影响区共享单车的出行有明显的早晚高峰,约 45% 的共享单车出行集中于早晚高峰时期;周末轨道站点影响区共享单车的出行变化则相对平缓,无明显早晚高峰,在 8:00～21:00 之间维持了较高的出行水平。

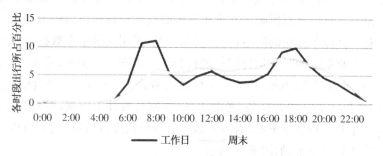

图 8-9 Mobike 共享单车各时段骑行发生占比

8.2.3 自行车停车特征

1) 自行车停车现状分析

基于南京市轨道站点影响区 2019 年 3 月 11 日至 3 月 13 日的自行车停车调研数据,对全峰型、突峰型、内凹型、双峰型、无峰型五类轨道站点进行调查。

(1) 停靠车辆种类构成

轨道站点非机动车停车区域主要停靠私人自行车、共享单车及电动自行车。电动自行车停车比例普遍较高,大部分轨道站点的电动自行车停放比例超过 40%,部分站点甚至达 75% 以上。电动自行车停放比例随轨道站点类型的不同而变化,双峰型和无峰型轨道站点的停放比例最高,分别为 70.8% 和 72.7%;突峰型与内凹型轨道站点次之,分别为 59.0% 和 56.5%;全峰型轨道站点的比例最低,为 43.2%。

私人自行车的停车比例一般为 20%～30%,部分站点会低至 10%。私人自行车在轨道站点的停放比例也随轨道站点类型的不同而变化,全峰型轨道站点的私人自行车停放比例最高,比例为 37.1%;突峰型与内凹型轨道站点次之,比例分别为 26.2%和 21.9%；双峰型和无峰型轨道站点的比例最低，分别为 16.7%和 18.8%。总体呈现出与电动自行车相反的变化趋势。

共享单车的停车比例一般低于电动自行车和私人自行车，大部分轨道站点的共享单车停车比例为 10%~20%，部分站点可以达到 30%。共享单车在轨道站点的停车比例同样随轨道站点类型的不同而变化，内凹型轨道站点的共享单车停车比例最高，比例为 21.6%；全峰型轨道站点次之，比例为 19.7%；突峰型和双峰型轨道站点随后，比例分别为 14.7%和 12.5%；无峰型轨道站点最低，比例为 8.6%。整体变化趋势与私人自行车较为相似。

各类轨道站点非机动车停车比例具体如图 8-10 所示。

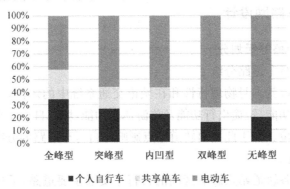

图 8-10　各类轨道站点非机动车停车比例

（2）停靠车辆数

轨道站点周边停靠的车辆总数与轨道站点种类存在联系。突峰型轨道站点的停车总数最高，平均达 803 辆，全峰型轨道站点 586 辆，内凹型轨道站点 533 辆，双峰型轨道站点 328 辆，无峰型轨道站点 222 辆。各类站点非机动车停靠车辆数量具体如图 8-11 所示。

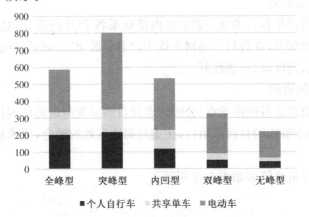

图 8-11　各类轨道站点非机动车停车数量

2) 自行车停车问题分析

轨道站点影响区自行车停车用地紧张,停放规范性有待提升,停放安全性有待改善,存在较多废弃车辆占用停车位,停车区域设置有待优化,限制了轨道站点的接驳服务水平。

8.3 轨道站点影响区自行车交通设施设计

8.3.1 自行车路网设计

1) 自行车道路等级划分

(1) 城市自行车道路分级

自行车交通以其本身物理特性和在城市交通系统中的定位,主要承担轨道站点影响区的接驳功能、短途出行功能及旅游休闲功能,城市自行车道路等级划分应服务于此功能定位。基于此提出轨道站点影响区自行车道路的分级:

① 区级干道

区级干道是各轨道站点影响区间的自行车交通主要道路,承担了相邻轨道站点影响区的自行车出行,其路径方向应与自行车出行主要方向一致,要求快速、干扰小、通行能力大。

② 区内干道

区内干道是各轨道站点影响区内部的自行车交通主要道路,承担了轨道站点影响区内主要的自行车接驳及部分短途出行,联系区内的轨道站点与主要接驳方式,要求快速、安全、通行能力大。

③ 区内集散道路

区内集散道路是各轨道站点影响区内部联系各 POI 的道路,是城市自行车路网系统基本组成部分,在自行车路网系统中起着集散交通、联系区级及区内干道的功能,要求便捷、密度高、可达性好。

④ 绿色休闲道路

绿色休闲道路是各旅游景点、公园绿地及自然景观附近的休闲性道路,主要承担休闲旅游、娱乐锻炼的自行车出行,注重与周边景观的融合,要求骑行舒适性、愉悦性。

城市自行车道路等级如表 8-2 所示。

表 8-2　城市自行车道路等级

自行车道路等级	功能定位	需求分析
区级干道	轨道站点影响区间自行车主要联系干道	相邻轨道站点影响区间的自行车出行需求
区内干道	区内主要自行车干道	区内轨道站点的接驳需求及部分短途出行需求
区内集散道路	高可达性的自行车集散道路	区内主要短途出行需求和集散需求
绿色休闲道路	强调骑行舒适性的休闲性道路	旅游、休闲、娱乐、锻炼需求

(2) 各类轨道站点影响区自行车道路等级构建

不同种类的轨道站点影响区对应的自行车道路的等级构建也有所不同。

① 全峰型轨道站点

全峰型轨道站点影响区分布于中心城区核心区域、热门旅游景点附近以及轨道线路交汇处等，这些区域的轨道站点分布密度较高，POI 分布较为均匀、密集，轨道站点自行车接驳需求旺盛，且处于较高的需求水平，无明显的潮汐特征，同时其轨道站点的自行车平均接驳距离较短。此类型轨道站点影响区的自行车出行行为表现为轨道站点的各方向的接驳需求都较强；短途出行需求旺盛、分布均匀；相邻轨道站点影响区联系需求较大；景点公园附近旅游休闲出行较多。对应到自行车道路等级构建上，表现为轨道站点各方向都设置有区内干道以满足接驳需求，区内集散道路密集，与各方向的邻接轨道站点影响区都有区级干道进行连接，景点公园附近绿色休闲道路较多。

② 突峰型轨道站点

突峰型轨道站点影响区分布于居住区。这些轨道站点影响区 POI 分布呈簇状，聚集于主要的几个区域，一般为大型居住小区周边。此类轨道站点影响区的自行车出行行为表现为轨道站点的接驳需求有明显的方向性，主要集中于几个居住小区方向，存在明显早晚高峰，潮汐性明显；短途出行需求较多，分布也相对集中，与 POI 分布基本一致；相邻轨道站点影响区联系需求处于中等水平；同时有一定的休闲出行需求。对应到自行车道路等级构建上，表现为轨道站点与主要接驳方向(一般为居住小区方向)设置区内干道以满足接驳需求，区内集散道路密度较全峰型低，且集中于 POI 聚集区，与联系较强的邻接轨道站点影响区设置区级干道进行连接，公园广场附近应设一定的绿色休闲道路。

③ 内凹型轨道站点

内凹型轨道站点影响区分布于公司企业聚集区，如产业园区、工业园区等。此类轨道站点影响区 POI 数量相对较少，分布也相对密集，主要聚集于公司企业周边。此类轨道站点影响区的自行车出行行为表现为轨道站点的接驳需求有明显的方向性，主要集中于公司企业方向，存在明显的早晚高峰，潮汐性明显；短途出行需求较少，主要聚集于公司企业建筑周边;相邻轨道站点影响区联系需求也较少;休闲出行的需求不大。对应到自行车道路等级构建上,表现为轨道站点与主要接驳方向(一般为公司企业建筑方向)设置区内干道以满足接驳需求,区内集散道路密度较低,且主要围绕公司企业建筑布设,与周边有较强联系的轨道站点影响区设置区级干道进行连接。

④ 双峰型轨道站点

双峰型轨道站点影响区分布于城市近郊及新区等区域,区域内有居住小区和公司企业,POI 数量处于中等水平,分布也相对较为分散。此类轨道站点影响区的自行车出行行为表现为轨道站点的接驳需求方向性不明显,各方向都存在接驳需求,存在明显的早晚高峰,且早晚高峰各存在前后两波逆方向的接驳需求;存在一定的短途出行需求,且主要集中于居住小区周边;与相邻轨道站点影响区存在联系需求,并有一定的休闲出行需求。对应到自行车道路等级构建上,表现为轨道站点各方向都应设置区内干道以满足接驳需求,区内集散道路密度适中,主要聚集于居住小区周边,与联系较强的邻接轨道站点影响区设置区级干道进行连接,公园广场附近应设绿色休闲道路。

⑤ 无峰型轨道站点

无峰型轨道站点影响区分布于城市远郊及未开发区,区域内用地开发不足,人口密度较低,社会经济活动较少。此类轨道站点影响区 POI 数量较低,分布也较为分散。此类轨道站点影响区的自行车出行行为表现为轨道站点的接驳需求较少,接驳距离较长,方向性不明显,没有明显的早晚高峰;短途出行需求、与相邻轨道站点影响区的联系需求以及休闲出行的需求都不高。对应到自行车道路等级构建上,表现为区内的自行车道路以低密度的集散道路为主,区级干道、区内干道及绿色休闲道路可根据具体情况进行设置。

2) 自行车道路网络连续性设计

大部分城市自行车道路的规划建设往往依附于机动车道,部分道路网络的连续性较差,影响机动车、自行车及步行的安全性和效率,降低自行车骑行体验。对于城市自行车道路网络连续性的设计,主要基于轨道站点影响区的城市自行车道路等级构建和区内主要自行车道路识别。组成自行车道路网络的路段,应建设对应等级的自行车道;对于缺失自行车道的路段、中心城区等用地紧张的区域,可以考虑适当压缩机动车道、分隔绿化带,同时此区域的自行车道标准可适当降低。

8.3.2 自行车道路设施设计

1) 自行车道路断面设施设计

(1) 自行车道路断面形式设计

城市自行车道路类型一般有自行车专用道、物理分隔的自行车道、划线分隔的自行车道以及混行的自行车道等形式。

① 自行车专用道

自行车专用道独立于机动车道路存在,禁止机动车进入,同时分隔行人,专供自行车通行,对向车道合并设置,如图 8-12 所示。此类自行车道可最大限度减少自行车交通与其他交通方式之间的冲突,提升自行车骑行的安全性、舒适性。

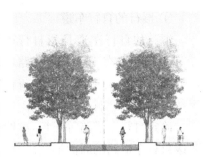

图 8-12　自行车专用道示意图

② 物理分隔的自行车道

物理分隔的自行车道是指伴随机动车道设置、使用绿化或护栏与机动车道进行分隔的自行车道,禁止机动车进入,同时分隔行人,如图 8-13 所示。此类自行车道是我国城市主次干道中较为普遍的形式,实际应用中存在机动车占道、行人混行等现象,同时在交叉口依然存在与机动车交通的冲突,自行车骑行体验受到一定冲击。

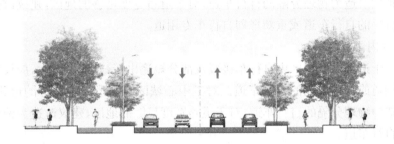

图 8-13　物理分隔的自行车道示意图

③ 划线分隔的自行车道

划线分隔的自行车道是指伴随机动车道设置、使用标线与机动车道进行分隔的自行车道,如图 8-14 所示。此类自行车道没有与机动车道完全隔离,自行车骑行者的安全无法得到保证,同时存在机动车占道停车等现象,骑行体验较差。

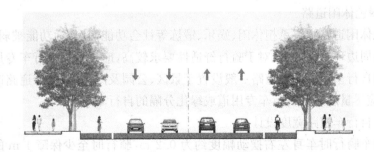

图 8-14　划线分隔的自行车道示意图

④ 混行的自行车道

混行的自行车道是指自行车与机动车完全没有分隔的道路,如图8-15所示。此类道路自行车骑行安全无法得到保证,骑行体验较差。

确定自行车道路等级后,应明确各等级自行车道路的断面形式。

① 区级干道

区级干道其主要功能为承担相邻轨道站点影响区间的自行车出行,骑行

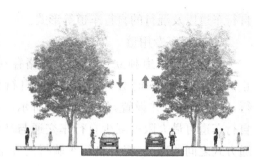

图 8-15 混行的自行车道示意图

距离相对较远。因此,对于自行车道路的断面形式有较高的要求,应设置为自行车专用道或物理分隔的自行车道。对于中心城区断面形式不符合的道路,由于土地利用以及基础设施建设限制,改造为自行车专用道的建设难度较大且成本过高,可以利用护栏改造为物理分隔的自行车道;对于道路宽度足够的地区,建议改造为使用绿化分隔的自行车道或重新规划自行车专用道。

② 区内干道

区内干道主要承担区内自行车接驳及部分短途出行,其流量较大,应设置为自行车专用道或物理分隔的自行车道。对于中心城区断面形式不符合的道路,可用护栏改造为物理分隔的自行车道;对于道路宽度足够的地区,建议改造为使用绿化分隔的自行车道。

③ 区内集散道路

区内集散道路主要承担区内主要短途出行和集散需求,道路密度较大,流量相对于区内干道较小,应设置为物理分隔的自行车道或划线分隔的自行车道。对于中心城区断面形式不符合的道路,可以利用护栏改造为物理分隔的自行车道或改造为划线分隔的自行车道;对于道路宽度足够的地区,建议改造为使用绿化分隔的自行车道。

④ 绿色休闲道路

绿色休闲道路主要承担休闲、娱乐、锻炼等社会功能,其交通功能被弱化,更注重道路与周边环境的融合,对于骑行舒适性要求较高,应设置为自行车专用道或物理分隔的自行车道。此类道路一般设置于景区、公园及广场等区域,道路改造自由度较高,应尽量改造为自行车专用道或绿化分隔的自行车道。

(2) 自行车道路宽度设计

自行车骑行时车身左右摆动幅度约为 0.2 m,骑行时至少保障 1 m 的侧向宽度。对于有路缘石或物理隔离的自行车道,其两侧约各有 0.25 m 无法用于骑行,

因此,自行车单车道的宽度应保证1.5 m。自行车骑行存在大量超车需求,自行车专用道和物理分隔的自行车道如采用单车道形式则无法进行超车,而划线分隔的自行车道虽可借助机动车道实现超车,但骑行者的安全性会受到影响。对于多车道形式,每增加一个车道,自行车道宽度应增加1 m。

① 区级干道

区级干道一般采用自行车专用道或物理分隔的自行车道,骑行距离相对较长,骑行超越行为较多,应设置2～3车道,对应宽度为2.5～3.5 m。如采用自行车专用道形式,对向自行车道合并设置,则自行车专用道的总宽度应为5～7 m。

② 区内干道

区内干道采用自行车专用道或物理分隔的自行车道,其承担的流量较大,应设置2～4车道,对应宽度为2.5～4.5 m。流量较大的路段可采用4车道宽度,较小的路段可采用2车道宽度。

③ 区内集散道路

区内集散道路采用物理分隔的自行车道或划线分隔的自行车道,承担的流量相对较小,应设置为2～3车道,对于中心城区用地较为紧张的路段,可设置为划线分隔的单车道。

④ 绿色休闲道路

绿色休闲道路应设置为自行车专用道或绿化分隔的自行车道,主要承担休闲、娱乐、锻炼等社会功能,对于道路骑行体验要求较高,应设置为2～3车道,对应的车道宽度为2.5～3.5 m。如采用自行车专用道形式,对向车道合并设置,则总宽度为5～7 m。各等级的城市自行车道路断面形式及宽度如表8-3所示。

表8-3 城市自行车道路断面设计

自行车道路等级	断面形式	车道数	道路宽度/m
区级干道	自行车专用道;有物理分隔的自行车道	2～3	2.5～3.5
区内干道	自行车专用道;有物理分隔的自行车道	2～4	2.5～4.5
区内集散路	有物理分隔的自行车道;划线分隔的自行车道	1～3	1.5～3.5
绿色休闲道路	自行车专用道;有物理分隔的自行车道	2～3	2.5～3.5

2) 自行车交通交叉口及过街设施设计

(1) 自行车交通交叉口设施设计

机动车与自行车交通的冲突是影响自行车骑行体验及机动车通行效率的重要因素。可通过在路段设置自行车专用道、物理分隔及划线分隔等方式将自行车交通与机动车交通进行分离,从而实现机非分离、减少冲突。自行车交通和机动车交通在交叉口争夺时空资源,导致交叉口的冲突点大幅增加[170],进而导致机动车通行效率下降，自行车交通的安全性、舒适性无法得到保障。因此，对自行车交通交叉口设施进行设计是提升骑行体验和自行车出行率的重要手段。交叉口自行车交通设施设计主要包括：

① 绿灯提前

在交叉口通行时，由于自行车启动速度快，骑行存在横向摇摆特性，同时绿灯相位开启后自行车以群体形式涌出，存在一定的横向膨胀性，会侵占机动车道，造成冲突[171]。绿灯提前法考虑自行车启动快，在开始阶段存在群体涌出效应，使自行车交通的绿灯先亮，使其先于机动车启动，通过交叉口，以减少交通冲突。此方法适用性较强，但会导致交叉口信号周期增加，进而增大机动车的平均延误。

② 停车线提前

同样为让自行车先行通过交叉口以减少交通冲突，所不同的是停车线提前法采用空间上的提前，即将交叉口自行车停车线提前设置，从而在相同的绿灯时间下让自行车先行通过交叉口。此方法适用于空间尺度较小的交叉口，较大的交叉口效果较低。此方法在实施初期需要管理人员进行协调管理，引导驾驶员和骑行者规范停车。

③ 独立相位

为自行车交通的左转车流设置独立相位，从而减少左转自行车与机动车的冲突，一般用于自行车流量较大的交叉口。此方法同样会导致交叉口信号周期增加，进而增大机动车的平均延误。

④ 自行车左转专用道

利用交叉口现有路面设置自行车左转专用道，如图8-16所示。一般设置在自行车左转流量较大的进口道处，可利用彩色铺装或标线进行标识，配合自行车左转相位进行设置。可较大程度减小左转自行车与机动车的冲突，提升骑行安全性，但对交叉口进口道宽度有一定要求。

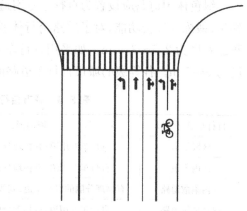

图8-16 自行车左转专用道示意图

⑤ 自行车右转专用道

可利用交叉口现有路面或渠化岛设置自行车右转专用车道，如图8-17、8-18所示。一般设置在自行车右转流量较大的进口道处，可利用彩色铺装或标线进行标识。可较大程度减轻进口道的拥堵压力，减少右转自行车的延误时间，但对交叉口进口道宽度及周边用地有一定要求。

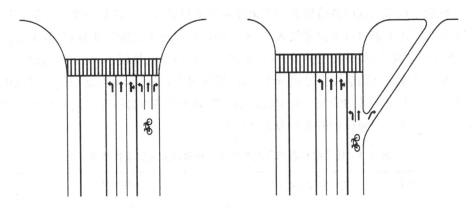

图 8-17　无渠化岛自行车右转专用道示意图　　图 8-18　有渠化岛自行车右转专用道示意图

⑥ 左转自行车二次过街

禁止自行车左转,左转车流先随直行车流到达对面的左转待转区,等另一方向的绿灯亮后再完成过街,如图 8-19 所示。一般设置于自行车左转流量不大的交叉口,可避免左转自行车与机动车的冲突,保证骑行安全,但自行车左转过街效率较低,影响骑行体验。

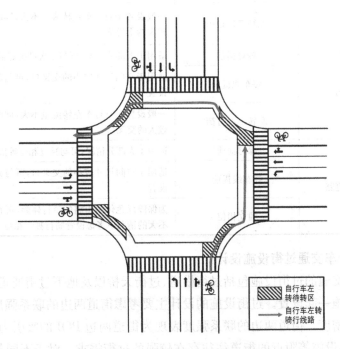

图 8-19　左转自行车二次过街示意图

轨道站点影响区内各等级自行车道路在交叉口处可采取的设计措施不同。区级干道及区内干道自行车流量较大,交叉口的设计注重于实现机非分离,减少冲突点,保障骑行安全,提升骑行体验;区内集散道路自行车流量较小,交叉口的设计注重于在保障安全性的前提下尽量减少延误,简化过街;绿色休闲道路则一般应避免出现与机动车道交叉的情况。对于轨道站点影响区内各级自行车道路在交叉口建议采用的交叉口设施设计措施如表8-4所示。

表8-4 轨道站点影响区内各级自行车道路交叉口设计措施

自行车道路等级	建议采用的设计措施	适用情况
区级干道、区内干道	绿灯提前	适用于大部分情况,可与独立相位、左右转专用道、二次过街等措施组合设置
	停车线提前	适用于空间尺寸较小的交叉口,可与其他措施组合设置
	独立相位	一般适用于自行车左转流量特别大的干道交叉口,配合左转专用道设置
	左、右转专用道	分别适用于自行车左转、右转流量较大的干道交叉口,可配合独立相位等措施组合设置
	左转二次过街	一般设置于自行车左转流量不大,同时机动车流量较大的干道交叉口
区内集散道路	绿灯提前	适用于大部分情况,可与二次过街等措施组合设置
	停车线提前	适用于空间尺寸较小的交叉口,可与其他措施组合设置
	左转二次过街	一般设置于自行车左转流量不大,同时机动车流量较大的交叉口
绿色休闲道路	绿灯提前	适用于大部分情况,可与独立相位等措施组合设置
	停车线提前	适用于空间尺寸较小的交叉口,可与其他措施组合设置
	独立相位	为保障绿色休闲道路的骑行体验,可在机动车流量不大的情况下考虑设置骑行独立相位

3) 自行车交通过街设施设计

自行车交通的过街设施包括过街横道、过街天桥以及地下过街通道等,一般与行人过街设施一起设置。过街设施的设计主要考虑街道两边的联系强度以及过街设施的设置密度。街道两边的联系强度表现为街道两边POI的吸引力,如大型购物商场、公共设施等附近的街道往往存在较强的过街需求。对于不同等级的城市道路,自行车过街设施设置也有所不同,具体如表8-5所示。

表 8-5 自行车交通过街设施设计措施

城市道路等级	建议采用的过街设施	说明
快速路、主干路	过街天桥、地下过街通道	横跨城市快速路、主干路,建议设置过街天桥或地下过街通道,以减少对道路交通的影响。但需要注意过街天桥及地下过街通道的坡度不可过陡
次干路	过街天桥、地下过街通道	对于机动车流量较大的次干路,可设置过街天桥和地下过街通道,以减小对道路交通的影响
次干路	过街横道	对于机动车流量较小的次干路,可设置过街横道,并设立标牌提醒机动车减速避让
支路	过街横道	支路一般情况只需设置过街横道,并设立标牌提醒机动车减速避让

8.3.3 自行车停车设施设计

1) 自行车停车设施种类

轨道站点影响区自行车停车设施按照设置形式可以分为路侧停车场、路外停车场以及配建停车场。

(1) 路侧停车场

路侧停车场是指设置于轨道站点影响区道路边上的自行车停车场,一般利用人行道和自行车道之间的绿化带或隔离带进行设置,也有部分设置在人行道内侧。其优点是可以充分利用道路资源,占地较少,设置难度和成本较低,可达性较高,方便自行车和轨道站点的衔接。缺点是停放管理不便,自行车停放空间较小,容易对自行车交通和行人产生干扰,安全性较差。

(2) 路外停车场

路外停车场是指设置于轨道站点影响区的独立建设的自行车停车场,一般在轨道站点影响区单独划设用地进行设置,适用于周边用地较为充足的轨道站点,也可采用地下停车场的形式,骑行者停车后可直接通过地下通道衔接轨道站点。其优点是自行车停车空间较为充足,安全性高,不会对其他交通产生影响,且便于管理,同时对城市景观影响较小。缺点是占地较多,成本相对较高,一般可以与路侧停车场组合设置。

(3) 配建停车场

部分轨道站点影响区存在需建设配套自行车停车场的公共建筑,当轨道站点的出入口离建筑较近时,可以考虑将轨道站点自行车停车场与建筑配套停车场进行合并设置,可节约用地、降低管理费用,同时减少对其他交通产生的干扰。由于轨道站点的停车需求和公共建筑本身的停车需求及用户停车行为存在差异,导致停车管理难度增加,统一设置会导致停车需求较大、配建停车场容量不足。

自行车停车设施按管理方式可分为收费和不收费停车场。为鼓励轨道交通出行,轨道站点影响区的自行车停车场一般采取不收费形式。

2) 自行车停车设施规模

轨道站点影响区自行车停车设施的主要服务对象包括私人自行车、共享单车以及电动自行车,在考虑停车设施规模时应分别进行讨论。私人自行车和共享单车的尺寸一般比较接近,停车空间的配置尺寸可参考《城市步行和自行车交通系统规划配置导则》,即在考虑自行车通行空间的前提下,单位自行车的停车用地面积宜取 $1.5 \sim 2.2 \ m^2/$辆。电动自行车的整体体积相对私人自行车和共享单车较大,在考虑电动自行车通行空间的前提下,单位电动自行车的停车用地面积宜取 $2.0 \sim 3.0 \ m^2/$辆。

根据轨道站点影响区自行车停车需求预测量,私人自行车、共享单车及电动自行车的单位停车用地面积以及各类车辆的停车占比,提出轨道站点影响区自行车停车设施规模计算如公式(8-2)所示:

$$F_i = P_i(\gamma_{ip}S_p + \gamma_{is}S_s + \gamma_{ie}S_e) \tag{8-2}$$

式中:F_i——轨道站点的停车设施规模(m^2);

P_i——轨道站点影响区自行车停车需求(辆);

γ_{ip}——轨道站点 i 所属站点类型的私人自行车停车占比;

S_p——私人自行车单位停车用地面积($m^2/$辆),建议取值范围为$1.5 \sim 2.2$,可根据轨道站点影响区用地情况进行取值;

γ_{is}——轨道站点 i 所属站点类型的共享单车停车占比;

S_s——共享单车单位停车用地面积($m^2/$辆),建议取值范围为 $1.5 \sim 2.2$,可根据轨道站点影响区用地情况进行取值;

γ_{ie}——轨道站点 i 所属站点类型的电动自行车停车占比;

S_e——电动自行车单位停车用地面积($m^2/$辆),建议取值范围为$2.0 \sim 3.0$,可根据轨道站点影响区用地情况进行取值。

3) 自行车停车设施选址

确定轨道站点影响区自行车停车设施规模后,需进行自行车停车设施位置确定。地面自行车停车设施和地下自行车停车设施的位置确定需考虑的因素不同。

(1) 地面自行车停车设施

轨道站点的进出站主要通过其各个出入口完成,自行车接驳轨道站点即对轨道站点各个出入口的接驳。因此,地面自行车停车设施的位置主要考虑轨道站点各个出入口的位置及各出入口附近用地条件。轨道站点的位置一般位于城市道路下层,一般在城市道路两侧设置出入口,而当轨道站点位于交叉口下层时,往往会在交叉口各方向设置出入口。多个出入口之间自行车停车设施规模的分配主要考虑各出入口方向的停车需求及各出入口周边用地条件。轨道站点各出入口之间的距离一般较近,用地空间较为充足的出入口可分配较大规模的停车设施,但应设置明确的停车引导标识,在部分出入口停车设施停满的情况下指示骑行者前往其他出入口的停车设施进行停放。停车设施与轨道站点出入口之间的距离不宜超过30 m,过远的距离会导致骑行者产生排斥心理。

(2) 地下自行车停车设施

地下自行车停车场是指利用地下空间进行自行车停放的停车设施。地下自行车停车场位置的确定受轨道站点出入口位置影响较小,但由于轨道站点区域地下空间布局复杂,地下自行车停车场应尽量协调轨道站点规划,预留空间。由于轨道站点检票层下方存在轨道线网设施,地下停车场的垂直位置一般平行或高于轨道站点检票层设置,停车场与站点检票口之间可通过地下通道衔接,骑行者在停放完车辆后可快速到达轨道站点检票口,减少自行车交通和轨道交通之间的接驳时间,提高效率。同时,地下停车场的水平位置也应尽量靠近轨道站点检票层空间,减少换乘距离。

4) 自行车停车设施组织管理

轨道站点影响区自行车停车设施主要服务于轨道接驳人群,停车设施的组织管理应面向轨道接驳功能进行设置,主要包括自行车停车设施的出入口布设、停车设施内部的交通组织、停车设施的管理措施等方面。

(1) 自行车停车设施的出入口布设

轨道站点影响区自行车停车设施的出入口布设主要针对路外停车场和配建停车场。对于路外停车场和配建停车场,如采用地面停车场形式,其出入口的布设主要考虑停车场与自行车道路的衔接以及与轨道站点的衔接问题。停车场应设置两个与自行车道路衔接的出入口,一个与轨道站点衔接的出入口,前者主要服务于自行车进出停车场,后者主要服务于骑行者停取车时与轨道站点的衔接。采用地下停车场,同样设置两个与自行车道路衔接的地面出入口,采用地下通道直接衔接轨道站点的检票层,方便与轨道站点的衔接。自行车停车场出入口宽度宜为2.5~3.5 m,以保障对向车辆进出。

(2) 停车设施内部的交通组织

轨道站点影响区自行车停车设施内部的交通组织应遵循以下四点:

①分类停车

电动自行车、私人自行车及共享单车的体积尺寸存在差异,停放时应根据所计算的各类车型的总停放面积和单位停放面积,配置对应车型的停放区域。停车区域应有明显的划线标识及停车指引标识。

②分组停车

同类车辆停放区域中应同样采用分组停放的方式,每组停放 40~50 辆为宜,方便管理。

③保障过道宽度

在各组停车区域之间应保障过道宽度,一般过道宽度应为 1.5 m 以上,以满足停取车及推车行走,电动自行车停车区域的过道应相应加宽。

④明确停车流线

停车流线应结合停车场布局进行组织,一般自行车停车场布局可分为主线通道式和支线通道式,主线通道式又可分为通道单侧停车和通道双侧停车,支线通道式又可分为单通道停车和双通道停车。各类布局形式自行车停车场的流线组织应尽可能做到单向行驶,减少冲突,具体流线如图 8-20 所示。

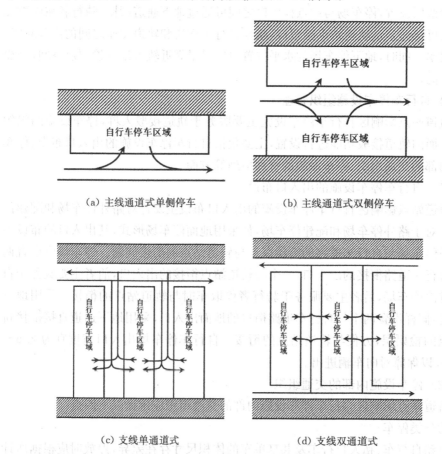

图 8-20　各类布局形式的自行车停车场流线示意图

(3) 停车设施的管理措施

轨道站点影响区自行车停车设施的管理措施主要服务于轨道站点接驳,轨道站点影响区停车设施管理措施,主要包括停车行为管理、设施管理以及共享单车管理。

① 停车行为管理

自行车停车行为不规范是轨道站点影响区自行车停车设施的主要问题之一,包括不按照指示标识停放车辆等,会影响正常的自行车交通、步行交通以及轨道站点居民出入。停车行为管理主要包括奖励机制和惩罚机制,可引入社会信用体系,市民社会信用评分会对其社会生活产生直接影响。结合监控设备及管理人员,对于规范停车的市民,可对其社会信用进行加分;对于出现不规范停车行为的市民,可对其社会信用进行减分,并视情节严重程度进行罚款。

② 停车设施管理

停车设施管理包括自行车安全管理、遮阳/雨棚的搭建、废弃车辆的处理、自行车维修设施的提供等。自行车安全管理主要针对自行车失窃现象,可安排专人进行巡逻监督管理或安装监控系统。轨道站点影响区自行车停车设施应于高温、雨雪等天气提供遮阳/雨棚,以减少自行车的损耗,可设置为永久性或临时性设施。轨道站点影响区往往存在大量废弃车辆占用停车位,影响市容市貌,应定期组织人员进行清理,对超过规定时长不取用的车辆视为废弃车辆进行处理。同时对于停车需求较大的站点设置自行车维修点,提供维护服务。

③ 共享单车管理

共享单车企业为挤占市场,在各个城市中投放了超过需求的共享单车,引发单车泛滥、城市公共空间资源紧张的问题。共享单车在轨道交通接驳中占据了重要地位,扩大了轨道站点的接驳范围。因此,应认可共享单车在城市交通系统中的作用,并规范其管理,使其更好为城市居民出行服务。基于此提出轨道站点影响区停车设施的共享单车管理措施:

a. 针对各类站点的共享单车接驳特征,高峰期存在共享单车供给和需求不匹配问题,应由共享单车运营方提供车辆调度服务,使其能够满足高峰期的使用需求。

b. 轨道站点影响区的停车设施中,共享单车应单独进行停放管理,方便使用者租用返还和运营方统一调度管理。

c. 运营方应对损坏车辆及时清理维修,避免占用停车空间。

8.4 本章小结

本章基于马斯洛需求层次理论建立自行车交通的出行需求层次,探究各层次影响因素，分析轨道成网条件下城市自行车交通系统的环境与运行特征，研究轨道站点影响区自行车道路等级结构构建、主要自行车道路的识别以及路网连续性的优化。通过对南京市各类轨道站点影响区的停车情况进行调研分析，根据自行车停车特征分析轨道站点影响区自行车停车需求的影响因素，基于影响因素分析建立轨道站点影响区自行车停车需求预测模型，提出轨道站点周边自行车停车设施规模配置方法和组织管理方法。

第 9 章 轨道站点影响区微型公交线路规划方法

9.1 微型公交线路布设影响因素分析

9.1.1 轨道站点吸引范围的影响

根据轨道站点的接驳方式不同,可将轨道站点吸引范围分为直接吸引范围和间接吸引范围。以轨道站点为圆心、乘客可接受最大步行距离为半径,构成的空间区域为轨道站点的直接吸引范围;乘客采用非机动车、公交、小汽车等交通方式前往轨道站点,以轨道站点为圆心、这些交通方式所对应的乘客可接受最大时空距离为半径,构成的区域为轨道站点的间接吸引范围。根据轨道站点的直接和间接吸引范围的定义,构建如图 9-1 所示的轨道站点不同接驳方式的适应范围示意图。位于 R_1 为半径的圆区域范围内的乘客通常采用步行方式接驳轨道交通,R_1 取值一般为 500 m;介于 R_1 和 R_2 为半径的圆环区域内的乘客则通常在步行和非机动车接驳方式间选择,R_2 取值一般为 1 500~2 000 m;位于轨道站点步行和非机动车接驳距离阈值外的乘客则采用小汽车和公交等机动车接驳方式,对于公交接驳的乘客,R_3 的取值位于 3 000~5 000 m 较为合理。

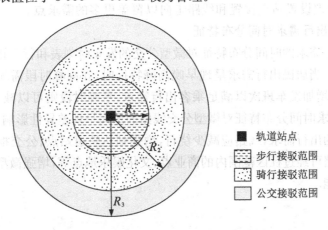

图 9-1 轨道站点不同接驳方式适应范围

与轨道站点接驳的微型公交站点应位于轨道站点的步行范围内,且微型公交站点与轨道站点间的距离不宜大于乘客的合理步行距离,步行接驳距离过长会弱化微型公交提供的轨道接驳服务功能。微型公交线路则应整体布设于轨道站点以 R_3 为半径的公交接驳范围内,超出该范围的微型公交线路通常运行时间和距离过长,使得乘客出行成本过高,抑制了私人化交通方式转移到公共交通方式的引导作用。

9.1.2 居民出行特征的影响

不同的居民出行特征(出行次数、出行目的、出行需求时空分布等)对微型公交的站点布设、线路走向、发车间隔、与轨道交通的衔接接驳方式等均会产生不同程度的影响。

1) 居民出行次数

社区居民的出行次数将直接影响微型公交的发车频率、运力配置和线路走向。为尽可能实现供需平衡,微型公交的发车频率和规模应与居民出行次数呈正相关关系。且为加强微型公交的运营效率、降低社区内居民出行的总体成本,确定线路走向时应首先考虑满足出行次数和频率较大的小区。

2) 居民出行需求空间分布

居民出行需求的空间分布特征影响微型公交的站点和线路布设。居民需求的空间分布不均匀特征对微型公交的站点布设存在较大影响,为提高微型公交的吸引力,必须尽可能满足乘客需求且布设位置应结合小区的出入口位置、现有常规公交站点位置等因素合理设置,减少乘客的步行距离。对于出行需求较为密集的地区,应相应布设较为密集的微型公交线路,站点间距亦应缩短,以保证较高的站点可达性,而对出行需求分布较为零散的区域,应权衡乘客的公交便捷度和公交运营的成本,合理设置站点位置和线路走向以覆盖更多的需求点。

3) 居民出行需求时间分布特征

居民出行需求的时间分布特征对微型公交的发车时刻表和行车计划制定等具有直接影响。当居民出行需求呈现早晚高峰特征时,在高峰时段需缩短微型公交的发车间隔、增加发车班次以满足乘客出行需求,平峰时段则可以减小发车频率。此外,出行需求时间分布特征对微型公交线路的走向呈现差异性影响,对于具有早晚高峰特征的出行需求,线路应减少绕行,增强到达轨道站点、公交枢纽点的直达率;反之,线路可经过社区范围内的商业点、文化娱乐地点等,增强微型公交提升社区活力的功能。

9.2 考虑轨道站点可达性的微型公交服务区域划定方法

9.2.1 基于复杂网络的公交网络特征分析

复杂网络是具有自组织、自相似、吸引子、小世界、无标度特征中部分或全部性质的网络,网络由节点和边组成,边以概率 P 随机连接网络中的节点,网络形态可分为完全规则网络、随机网络、小世界网络和无标度网络,通过改变 P 可以得到复杂网络从完全规则形态至完全随机形态的变化,如图 9-2 所示。复杂网络的结构特性采用节点度及其分布、平均路径长度、节点强度及其分布、聚类系数、模块度等统计指标进行描述,对于不同形态的复杂网络各统计指标具有不同表现形式,表 9-1 为各类复杂网络的主要拓扑特征。

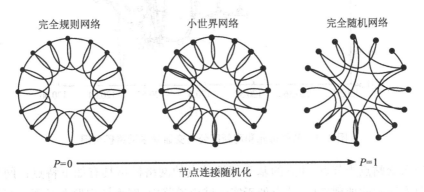

图 9-2 复杂网络形态示意图

表 9-1 不同复杂网络主要拓扑特征

	平均距离	聚类系数	度分布
规则网络	较大	大	Detla 分布
随机网络	较小	小	泊松分布
WS 小世界网络	较小	较大	指数分布
BA 无标度网络	较小	较小	幂率分布

1) 复杂网络模型构建

采用 2017 年 5 月苏州市元和高新区轨道交通和地面公交系统数据,区域内共有 1 条轨道线(苏州轨道 2 号线),5 个轨道站点,37 条常规公交线路,205 个常规公交站点。将公交站点和轨道站点作为复杂网络节点,若相邻两站点间有公交线路经过,则视为节点间有边连接,以两站点间经过的公交线路数量为边的权重,轨道站点则与距离 300 m 之内的公交站点建立连接,基于邻接站点的无向加权复杂网络建模,网络中共包含 210 个节点和 469 条边,应用复杂网络方法对元和高新区公共交通网络进行分析,构建的公共交通复杂网络模型如图 9-3 所示。

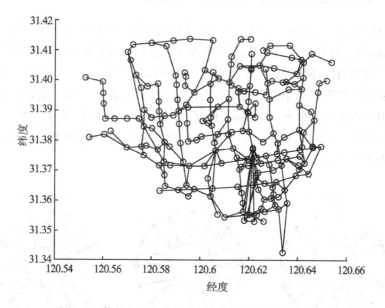

图 9-3 苏州市元和高新区公共交通复杂网络模型图

以公交站点为节点,建立的基于邻接站点的网络模型具有如下特点:网络中节点具有明确的地理坐标;节点处于实际城市道路中,网络结构形态呈现道路网特征;受实际道路网条件和站间距限制,与站点相连的邻接站点数受到限制,影响网络中节点的度和度分布;受站间距限制,节点间极少存在长距离连接,公共交通网络的小世界特性产生变化[172]。

2) 节点度与节点度分布特征

网络中任意一个节点的节点度 k_i 是指与之相连接的其他节点的数目,用网络邻接矩阵 $A = (a_{ij})_{N \times N}$(定义为 $k_i = \sum_{j \in N} a_{ij}$, a_{ij} 为网络邻接矩阵元素,当节点与节点有边连接时,$a_{ij} = 1$,反之,$a_{ij} = 0$)。节点度可以表示节点的影响力和重要程度,一般度越大的节点,在整个网络中影响力相对而言就越大,该类节点可以成为现实公共交通网络中的枢纽站点或换乘站点。苏州元和高新区公共交通网络的节点度统计结果如表 9-2 所示,网络中节点度最大值为 8,平均值为 2.85,说明平均 1 个公交站点与 3 个公交站点相连接,大多数节点度位于 2~5 之间。

表 9-2　苏州元和高新区公共交通网络节点度统计

节点度	0	1	2	3	4	5	6	7	8
节点数	0	14	92	49	35	12	5	1	2
百分占比/%	0.00	6.67	43.81	23.33	16.67	5.71	2.38	0.48	0.95
累计百分比/%	0.00	6.67	50.48	73.81	90.48	96.19	98.57	99.05	100.00

节点度分布即为节点度的概率分布函数,指网络中的节点有 k 条边连接的概率,反映了网络系统的宏观统计特征,其定义可采用式(9-1)表示:

$$P(k) = \frac{n_k}{N} \tag{9-1}$$

式中:$P(k)$——节点度的概率分布函数;

　　　n_k——有 k 条边连接的节点数;

　　　N——网络中所有节点数。

苏州元和高新区公共交通网络的节点度分布如图 9-4 所示,采用 MATLAB 的 Curve Fitting Tool 对节点度的概率分布进行拟合,得到如式(9-2)所示的拟合结果:

$$f(k) = \begin{cases} 0.009 e^{3.799k}, & k < 2 \\ 1.473 e^{-0.6041k}, & k \geqslant 2 \end{cases} \tag{9-2}$$

式中:$f(k)$——节点度分布的拟合函数。

可以发现当 $k > 2$ 时,其具有指数分布的特征,即苏州元和高新区的公共交通网络具有小世界网络的特征之一。

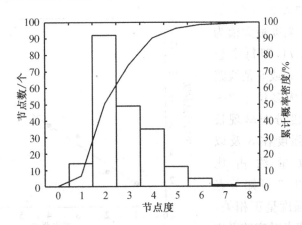

图 9-4　苏州元和高新区公共交通网络节点度及度分布特征图

3) 节点强度与强度分布特性

节点度只能反映节点之间的连通程度,一定程度上反映了节点的重要性。

以两节点间经过的公交线路数量为边的权重,将节点强度 S_i 定义如式(9-3)所示:

$$S_i = \sum_{j \in N_i} w_{ij} \tag{9-3}$$

式中:w_{ij}——网络中边(i,j)的权重,即经过节点 i 和节点 j 之间的公交线路数量;

$\quad\quad N_i$——与节点 i 相邻的所有节点的集合。

节点强度由于既考虑了节点之间的相连状态(直接相连的站点数量),又考虑了边的权重(节点间通行的线路密度),因此更能反映节点与其他节点相连的便捷程度和在公共交通网络中的地位。节点强度越大则表示实际公交线路通行密度越高,承载和运输能力越强,通常对应实际公交网络中一些人员流动密集、换乘集中的场所。元和高新区的节点强度分布特性如图9-5、图9-6所示,节点强度统计信息如表9-3所示。公交网络中节点强度最大值为18,平均值为4.71,即每个公交站点平均有4条或5条线路经过;节点强度大多位于2～6之间,节点强度分布呈现长尾特征。节点强度在8及以下的节点数量约占比88.57%。由图9-6可知节点度与平均节点强度呈正相关,节点度为 k 的节点对应的平均节点强度分布具有幂函数关系 $f(k)=2.082\,1k^{0.833\,2}$。

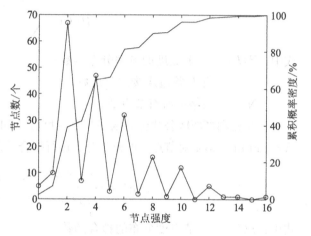

图9-5 苏州元和高新区节点强度与累计概率密度分布图

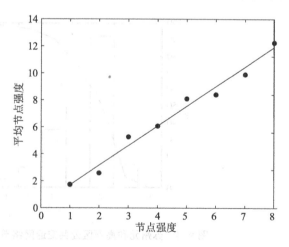

图9-6 苏州元和高新区等节点度平均节点强度分布图

表 9-3 苏州元和高新区节点强度统计

节点强度	0	1	2	3	4	5	6	7	8	9
节点数	0	10	67	7	47	4	32	2	17	1
百分比/%	0.00	4.76	31.90	3.33	22.38	1.90	15.24	0.95	8.10	0.48
累计百分比/%	0.00	4.76	36.67	40.00	62.38	64.29	79.52	80.48	88.57	89.05
节点强度	10	11	12	13	14	15	16	17	18	
节点数	12	1	5	2	1	0	1	0	1	
百分比/%	5.71	0.48	2.38	0.95	0.48	0.00	0.48	0.00	0.48	
累计百分比/%	94.76	95.24	97.62	98.57	99.05	99.05	99.52	99.52	100.00	

元和高新区公交网络轨道站点的节点强度和其他节点强度较高的站点统计信息如表 9-4 所示。陆慕地铁站节点强度值为 18,在网络中为最高值,即可通过 18 条公交线路到达乐桥地铁站,这与陆慕地铁站周边的用地属性和开发强度有关。元和高新区的土地开发强度由南至北逐渐减弱,陆慕地铁站位于元和高新区的最南端,徐图港地铁站、蠡口地铁站、富元路地铁站由南至北节点强度依次减弱,这与元和高新区的土地开发强度也成正相关关系。

表 9-4 苏州元和高新区部分高节点强度值轨道站点及其节点强度与客流量

轨道站点	节点强度	客流量/(人次/d)	轨道站点	节点强度	客流量/(人次/d)
阳澄湖中路*	5	360	水漾花城	12	63
富元路*	8	582	安元佳苑	10	359
蠡口*	11	407	澄阳路康元路北	10	330
徐图港*	13	1 368	登云家园	10	904
陆慕*	18	1 670	繁花中心	10	716
蠡口	16	1 655	锦绣江南	10	696
元联润元集贸中心	14	1 229	陆慕	10	1 028
采莲换乘中心	13	1 368	宋泾桥北	10	420
中翔家电小商品市场	12	3 405	相城区人民医院	10	786
御苑家园东	12	898	香城花园一区	10	1 350

注:表中"*"代表轨道站点,其余代表常规公交站点。

4) 平均路径长度

无权网络中有 N 个节点,则任意两个节点 i,j 之间的最短路径包含的边数称为节点间的距离 d_{ij},无权网络平均路径长度计算方式如公式(9-4)所示:

$$D = \frac{2}{N(N-1)} \sum_{i \geqslant j} d_{ij} \tag{9-4}$$

式中：D—— 无权网络平均路径长度；
N—— 无权网络的节点数；
d_{ij}——任意两个节点 i,j 之间的最短路径包含的边数。

加权网络任意两节点间的公交线路数越多，乘客可选择的公交线路集越大，点与点间的最优路径首先要满足长度最短的要求，即路径经过的边数最少。此外还要考虑可选择最多的公交线路数，即两节点间的最优路径，计算方式如式(9-5)所示：

$$d_{ij}^w = \max\{\sum_{i=1}^{d_{ij}^m} w_L^m), m = 1, 2, \cdots, n\} \tag{9-5}$$

式中：d_{ij}^m—— 节点 i,j 之间第 m 条最短路径的路径长度；
w_L^m—— 节点 i,j 之间第 m 条最短路径上第 l 条边的权重；
n—— 节点 i,j 之间最短路径总条数。

为方便加权路径长度与无权路径长度的比较，采用公式(9-6)对加权路径长度进行标准化：

$$d_{ij,s}^w = \frac{l}{\sum_{j \in v(i)} w_{ij}} d_{ij}^w \tag{9-6}$$

由此可以得到在拥有 N 个节点的网络中，加权平均路径长度 D^w 如公式(9-7)所示：

$$D^w = \frac{2}{N(N-1)} \sum_{i \geqslant j} d_{ij,s}^w \tag{9-7}$$

采用 Dijkstra 算法求解节点 i 与 j 之间的无权最短路径和加权最短路径矩阵，求得无权平均路径长度 $D = 8.10$，拓扑网络的网络直径为 24，因此此网络具有较小的平均最短路径，不同距离的概率分布如图 9-7 和图 9-8 所示，服从正态分布 $P(L) \propto N(7.732, 2.556)$。加权平均路径长度 $D^w = 7.38$，小于无权平均路径长度，其概率分布亦近似服从于正态分布 $P(L) \propto N(6.773, 2.839)$。比较两者的概率分布特征，曲线分布的范围更宽，网络加权距离分布的异质性更强，而

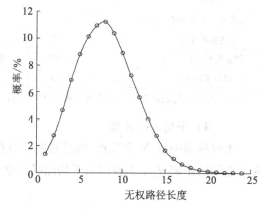

图 9-7 无权路径长度概率分布图

且加权网络的网络直径为 27.03,说明当考虑了公交线路的布设密度后,网络节点间的路径长度更长,且分布更为不均匀。

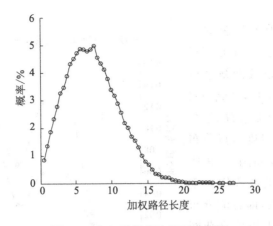

图 9-8 加权路径长度概率分布图

5) 聚类系数

节点的聚类系数是指某节点所有相邻节点之间的实际连接数目占可能的最大连接边数目的比例。聚类系数可以识别出网络中的密集和稀疏区域,反映出邻近节点之间的聚集性质。假设网络 G 中一个节点 i 有 k_i 个节点与其相连,则节点 i 和与之相连的 k_i 个节点间最多可能形成 rec_i 个三角形,则节点 i 的聚类系数 C_i 如式 (9-8)、(9-9) 所示:

$$C_i = \frac{e_i}{\text{rec}_i} \tag{9-8}$$

$$\text{rec}_i = \frac{k_i(k_i-1)}{2} \tag{9-9}$$

式中:k_i——与节点 i 相连的节点数;

rec_i——节点 i 与 k_i 个节点间最多可能形成的三角形个数;

e_i——节点 i 相连节点之间的实际连接数目,聚类系数为 1 表示该站点与其周边站点之间均有公交线路连接。

以站点间的邻接线路数量为权重,定义节点 i 的加权聚类系数 C_i^w 如式 (9-10) 所示:

$$C_i^w = \frac{2}{s_i(k_i-1)} \sum_{j,h} \frac{w_{ij}+w_{ih}}{2} a_{ij} a_{ih} a_{jh} \tag{9-10}$$

式中:$s_i(k_i-1)$——标准化因子,保证 $0 \leqslant C_i^w \leqslant 1$;

w_{ij}——节点 i 和节点 j 的边权;

a_{ij}——网络邻接矩阵元素,如果节点 i 与节点 j 相连,则 $a_{ij}=1$,反之 $a_{ij}=0$。

对苏州元和高新区公共交通网络进行统计分析,元和高新区公共交通无权复杂网络节点聚类系数 $C_i \in [0,1]$,客流加权网络的节点加权聚类系数 $C_i \in [0,0.5]$,两者的等度节点分布特征具有相似性,如图9-9所示。无权平均聚类系数均大于加权平均聚类系数,即客流分布的集聚程度要小于拓扑复杂网络,但由图9-10可知,节点的无权和加权聚类系数呈正相关关系,说明拓扑网络密集处往往布设了较为密集的公交线路。富元路地铁站和陆慕地铁站的无权聚类系数较大,说明这两个地铁站点周边公交线路网络较为密集,常规公交线路已提供较为良好的接驳服务。

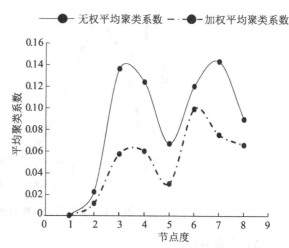

图9-9 苏州元和高新区等度节点无权和加权平均聚类系数分布图

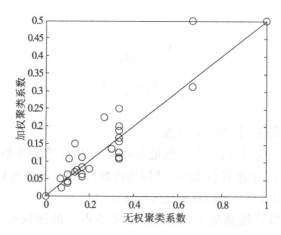

图9-10 苏州元和高新区节点无权聚类系数与加权聚类系数相关性示意图

9.2.2 社区划分方法

复杂的公共交通网络在城市不同区域的分布特征不同,根据公交线网分布、节点之间的密切程度等指标,可将公共交通网络划分成不同的模块,即形成不同的"社区"。社区发现是基于复杂网络的特征而提出的对网络拓扑关系进行聚类的过程技术,社区内部的交通节点连接度较强,社区与社区之间的节点连接度则相对较弱,如图9-11所示。

社区发现的目标是使得社区内的交通节点连边数更密集,社区对外的连边则更稀疏,结果质量通常采用模块度进行评价。采用e_{ij}表示社区i与社区j之间连边数占网络总边数的比例,e_{ii}表示社区i内部边的数量比整个网络边的数量,Newman提出社区的模块度可采用式(9-11)计算[173]:

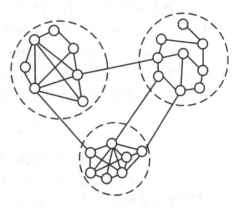

图 9-11　社区示意图

$$Q = \sum_{i \in I}[e_{ii} - a_i^2] \qquad (9-11)$$

式中：I—— 区域内社区的数量；

a_i—— 表示与社区中节点相连的边占所有边的比例。

由模块度的计算公式可以发现,模块度始终小于1,且当模块度为0时,研究区域内的节点分布处于完全随机形态。模块度的实际含义为所有社区内的连边数与随机期望的差值之和,连边数与随机期望差值越大,模块度越高则社区划分越合理。比较不同社区划分方案的模块度,寻求$M = \max\{Q\}$即可得到最佳社区划分方案。

以研究区域的既有常规公交网络和轨道站点接驳情况作为节点和边进行社区发现,社区划分后可以将站点划分至不同的社区,以拥有轨道站点的社区作为主要研究对象,可确定现状公交系统中与轨道站点连接甚密的常规公交站点,从而为后续设置微型公交奠定基础。选用Newman提出的FN算法,对研究区域进行社区发现。该算法将研究区域内的每一个节点均作为一个独立的社区,即社区内共有n个社区,同时初始化网络相对应的矩阵$E = (e_{ij})$,进而计算网络中的节点在不断合并过程中模块度Q的变化,算法通过不断地计算合并节点时值的变化量来对网络节点进行划分。整个算法过程会产生n个不同的结果,最终选取模块度最大的划分方案作为社区发现的结果。在FN算法中假设需要合并的个数为m,则所需要的时间为$Q(m)$,计算模块度矩阵(e_{ij})需要的最大时间为$Q(n)$,则采用FN算法进行社区发现的总时间为$Q((m+n)n)$,在稀疏网络时时间复杂度为$Q(n^2)$。

9.2.3 轨道站点可达性计算

居民通常采用慢行(步行、自行车)或公交车作为接驳方式前往轨道站点,其中采用步行方式的居民一般居住于轨道站点的直接吸引范围内,而采用自行车或公交车的居民则居住于轨道站点的间接吸引范围内。轨道站点对居民的吸引能力一般表现出距离衰减现象,即随着距离的增加,轨道交通对乘客的吸引力逐渐减小,通常采用指数函数描述轨道交通的距离衰减特征,如式(9-12)所示:

$$P(d_{i,j}) = e^{-\beta d_{i,j}} \tag{9-12}$$

式中:$d_{i,j}$——POI点j距轨道站点i的距离(m);

β——待定系数,表示吸引力随距离增大降低的程度。

根据居民采取的接驳方式,轨道站点的可达性可分为三个部分,即步行可达性、骑行可达性和公交可达性,根据不同接驳方式的乘客可接受最大接驳距离分别进行可达性计算,如式(9-13)所示:

$$A_i^m = \sum_{j=1}^{n} O_{i,j} P(d_{i,j}) \tag{9-13}$$

式中:A_i^m——采用m方式的轨道站点i的可达性($m=1$即步行,$m=2$即自行车,$m=3$即公交);

$O_{i,j}$——轨道站点i的直接吸引范围或间接吸引范围的第j个POI点。

对于步行接驳方式,选取距离轨道站点500 m半径内的住宅类POI点作为评估j点;自行车接驳方式则以1 500 m范围作为间接吸引区域,选取住宅类、自行车租用站点类的POI点作为评估j点;对于公交接驳方式则以4 000 m范围作为间接吸引区域,选取住址类、公交站点类POI点作为评估j点。获得不同类别接驳方式的可达性后,可根据各类接驳方式所占比例计算轨道站点的可达性,如式(9-14)所示:

$$A_i = \sum_{m=1}^{3} m_p \tag{9-14}$$

式中:A_i——社区内轨道站点i的可达性;

m_p——社区内采用m方式接驳轨道站点的比例。

对于某一区域内的可达性较差的轨道站点,应考虑其直接吸引范围内的步行环境是否具有良好的步行性,而在间接吸引范围则应考虑提高公共自行车的骑行和租用是否安全便捷,接驳轨道站点的常规公交或微型公交是否符合居民出行要求。

9.3 基于圈点循环线路模型的微型公交线路生成方法

9.3.1 微型服务区域界定

微型公交在潜在客流群体、线路设置、站间距等方面区别于常规公交,有其自身的特性。短距离出行或换乘的居民更容易选择微型公交通勤出行,微型公交线路较短、在道路状况较差或条件有限区域的通行优势较为明显,站间距、载客量都相对较小。

在轨道站点周围设置 6~8 km 的公交线路,不仅可以实现换乘交通需求,还可以促进采用步行、非机动车或摩托车等出行者转移到公共交通方式。在线路长度较短的情况下,圈点循环式微型公交线路可以最大限度地发挥微型公交行驶灵活方便的优势,扩大服务范围,并通过适当的绕行可以聚集更多的客流。假定该服务区域是由城市道路网络围合成的出行均衡分布的方格网状区域,理论上方格每边最佳微型公交长度约 1.5~2 km,考虑到微型公交线路的重复系数、微型公交最佳运营效益等影响因素,较为合理的办法就是选择大型居住社区或者由城市路网围合的居住较集中区域周围约 1~3 km 的范围,并将服务区域分为两类:①以社区为中心 1~3 km 的区域,位于中心城区或居住区周边散布吸引点,居民出行分布均衡;②以社区为起点向某一方向延伸 1~3 km 的区域,位于郊区或受某一大型吸引点影响的社区,居民出行主要集中在一个方向。

9.3.2 圈点循环线路模型

1) 模型适用性分析

已有研究多应用马尔可夫链多周期优化、多目标非线性规划等较为复杂的数学模型,求解也较为困难,案例分析多借助于数值算例来演示,实例应用型较少。我国当前公共交通正处于快速发展阶段,动态变化较多,如果按照此类模型将涉及大量数据采集工作、长时间后续数据处理以及复杂算法编程实现,较难指导公交线路规划实践运用。研究多采用定量化分析手段,而微型公交区别于常规公交,具有服务短距离出行和接驳换乘的特性;微型公交所在城市区域不同,微型公交的功能定位也将呈现出差异性,因此可以看出微型公交网络具有空间复杂性。

回归分析法、时间序列法、贝叶斯网络法、四阶段法等传统需求分析方法就很难较为合理地分析预测微型公交需求量,进而指导微型公交线路规划实践。考虑到最大限度地发挥微型公交行驶灵活方便的优势、扩大服务范围并通过适当的绕行可以聚集更多的客流,选用圈点循环线路模型来研究衔接轨道站点的微型公交线路生成问题。

2) 模型构建

考虑到我国公共交通公司是国有企业性质,为构建轨道站点 TOD,轨道站点影响区的微型公交系统决策的主要目标应为满足大多数乘客的通勤需求、提升通勤出行幸福感。本章研究在轨道站点影响区的城市道路路段上开通一条衔接轨道站点的微型公交线路的潜在需求情况。通勤者在城市道路路段使用微型公交出行,因此城市道路路段会存在微型公交乘客的潜在需求。假设微型公交潜在需求与对应集结区内的出行需求、该路段到轨道站点之间的距离成正比例关系。远离轨道站点的道路路段,微型公交需求相对越多。路段的潜在需求与被吸引到该路段的通勤者的平均步行距离成反比例关系。考虑微型公交与常规公交的竞合关系,城市道路路段上已运营的常规公交线路越多,通勤者选择微型公交出行的比例将会降低,即采用微型公交通勤的需求就会越小。因此,引入需求折减系数来表征关系。可以用公式(9-15)计算微型公交的潜在需求量:

$$\left. \begin{array}{l} P_{dij} = \dfrac{T_{dij}}{S_{ij}} \times L_{ij} \times M_{ij} \\ M_{ij} = 1 - a \times R_{ij} \end{array} \right\} \quad (9\text{-}15)$$

式中:P_{dij} —— 路段上开行微型公交线路的潜在需求;

T_{dij} —— 路段(i,j)的通勤出行需求;

S_{ij} —— 被吸引到该路段(i,j)的通勤者的平均步行距离;

L_{ij} —— 路段与轨道站点的空间距离,可采用路段的中点与轨道站点之间的直线距离来表征;

M_{ij} —— 路段的潜在需求折减系数;

R_{ij} —— 路段(i,j)上运营常规公交线路数量,可通过实地踏勘获得;

a —— 调整系数,可通过实地公交站点调查和线路分布情况分析获得。

划分交通小区之前调查通勤者在轨道站点附近的出行情况,采用空间聚类分析法将具有相似通勤出行特征的个体划分到相同的交通小区。通过网格化方法处理研究区域,将每个网格视为一个交通小区以简化计算,如图 9-12 所示。给出以下两个假设:

(1) 将同一网格中的通勤者分配到同一路段上,不同网格中的通勤者被分配到不同路段上;

(2) 每个网格中点到对应路段的最短距离是该网格内的通勤者与对应路段之间的距离。

基于假设前提,采用 Logit 模型将每个网格内的通勤者分配到唯一的路段上,

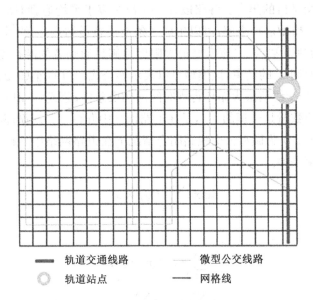

■■■ 轨道交通线路　　　　　微型公交线路
◎　轨道站点　　　　　　　网格线

图 9-12　网格化法的示意图

用公式(9-16)来计算分配概率：

$$P_{k,ij} = \frac{e^{-S_{k,ij}}}{\sum_{(i,j)\in A} e^{-S_{k,ij}}} \tag{9-16}$$

式中：$P_{k,ij}$——网格 k 被分配给路段 (i,j) 的概率；

$S_{k,ij}$——网格内的通勤者到路段 (i,j) 的步行距离；

A——该区域内所有路段的集合。

基于公式(9-16)，每个网格依据一定的概率被分配给该区域中的唯一路段，然后可以计算得到每个路段的通勤需求量和相应的平均步行距离如公式(9-17)、(9-18)所示：

$$T_{dij} = \sum_{k\in U} T_{dij} \times f(k,ij) \tag{9-17}$$

$$S_{ij} = \frac{\sum_{k\in U} S_{k,ij} \times T_{dk} \times f(k,ij)}{T_{dij}} \tag{9-18}$$

式中：T_{dk}——网格 k 的通勤需求；

U——该区域中所有网格的集合；

$f(i,j)=1$——网格 k 被分配给路段 (i,j)，否则 $f(i,j)=0$。

关于微型公交线路生成，根据 Ceder 的已有研究[174]，假设 $G=\{N,A\}$ 表示区域内的路段和交叉口的集合。各路段(i,j)都对应于平均通勤时间t_{ij}、潜在需求指标P_{dij}。对该模型进行求解，可以生成一条衔接轨道站点s_1的微型公交循环线路(起终点都为轨道站点)。该模型最大限度地满足通勤者的潜在需求，同时符合最大循环行程时间T的约束，该模型可以表示如公式(9-19)至(9-23)所示。公式(9-20)为微型公交线路最大循环行程时间的约束条件；公式(9-21)为进入和离开每个节点的路段数量是守恒的[175]，是在道路网络中开行一条新循环路线的一个约束条件；公式(9-22)为微型公交线路闭合情况下在道路网络中开行一条新循环路线的另一个约束条件。

$$\max \sum_{(i,j) \in A} P_{dij} \times x_{ij} \tag{9-19}$$

约束条件

$$\sum_{(i,j) \in A} t_{ij} \times x_{ij} \leqslant T \tag{9-20}$$

$$\sum_{m \in N} x_{im} = \sum_{n \in N} x_{ni} \tag{9-21}$$

$$\sum_{i \in N} x_{si} = \sum_{i \in N} x_{is} \tag{9-22}$$

$$x_{ij} \in \{0, 1\}, \forall (i, j) \in A \tag{9-23}$$

式中：$x_{ij} = 1$——路段(i,j)是线路的一部分，否则$x_{ij} = 0$；

t_{ij}——通勤者采用微型公交出行，在各路段(i,j)对应的平均通勤时间；

T——微型公交线路的最大循环行程时间。

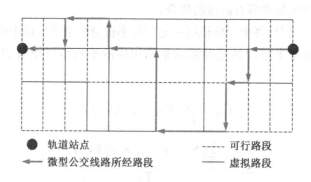

图 9-13 道路网络拓扑示意图

如图 9-13 的道路网络拓扑示意图所示，给出以下规定：微型公交只能在可行路段上行驶；自右向左生成线路，并根据不同的走向对每个节点进行分类和赋值；道路网络中的所有节点根据路段的对齐分为 8 种类型，并从 0 到 7 分别赋值。线路的基本走向分为上、左或下,并给出对应值1、2、3,如表9-5所示。由此,最终生成线路是由数字1、2和3构成的矩阵。例如,图9-13的道路网络及线路就可以用以下矩阵分别表示:

$$道路网络(\text{Road Network}) = \begin{bmatrix} 2 & 2 & 6 & 2 & 6 & 6 & 6 & 2 & 6 & 2 & 0 \\ 2 & 2 & 7 & 2 & 7 & 7 & 7 & 2 & 7 & 2 & 0 \\ 2 & 2 & 3 & 4 & 5 & 5 & 5 & 6 & 3 & 2 & 0 \\ 0 & 0 & 0 & 3 & 3 & 3 & 3 & 1 & 0 & 0 & 0 \end{bmatrix}$$

$$线路(\text{Route}) = \begin{bmatrix} 2 & 2 & 1 & 2 & 2 & 3 & 2 & 3 & 3 & 2 & 2 & 1 & 2 & 1 & 2 & 2 \end{bmatrix}$$

表9-5 节点和走向赋值

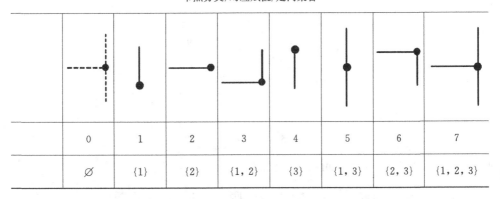

上述方法可以在给定拓扑道路网络条件下表示、生成任何微型公交线路。将实际道路网络拓扑结构化为由几条水平和垂直线构成的简单道路网络,应用遗传算法求解。模型具有起止于同一轨道站点且循环线路闭合的特征,将拓扑网络基于左边界轴进行对称操作,从右到左生成微型公交线路。

9.3.3 微型公交线路生成

1) 算法求解

求解衔接轨道站点的微型公交线路问题的遗传算法,第一步以微型公交线路进行基因表达,以线路矩阵作为染色体进行选择、交叉和变异。采用遗传算法的适应度函数判定种群中个体的优劣程度,依据所求问题的目标函数来评估,即选择城市道路路段的可能性与潜在微型公交通勤需求呈正相关性。关于交叉率、变异率的选取,采用随机生成一个0、1之间的数值,检验新生成的线路是否满足最大通勤时间约束。给定最大迭代次数,当遗传算法的迭代次数到达最大设置值时,算法结束。

2) 案例分析

为进一步关注社区层面的低收入群体的通勤出行问题、提升低收入群体的幸福感并考虑微型公交线路的服务区域,选取位于上海市中心城区的潍坊社区作为案例进行衔接轨道站点的微型公交线路规划应用。

潍坊社区位于上海市中心城区,辖区面积 3.89 km²,拥有 3.8 万多户居民。轨道交通 6 号线经过潍坊社区,设站浦电路站。抽样调查了研究区域内的居民,以便在特定的一天中获得编号区域和浦电站之间的 OD 数据。将潍坊社区划分为 5 个交通小区,如图 9-14 所示,相应的通勤需求如表 9-6 所示。这 5 个交通小区形状不规则且面积较大,较难把通勤者的出行信息匹配到路段。因此,采用网格化法将区域划分成多个网格,每个网格单元代表 100 m×100 m 的区域。

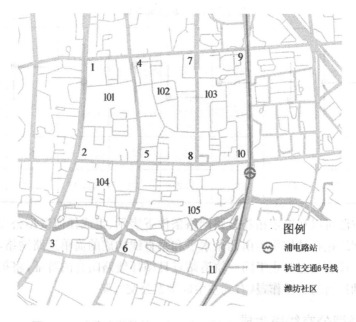

图 9-14 上海市潍坊社区交通小区划分及道路网络示意图

表 9-6 区域划分和相应的通勤需求

区域编号	101	102	103	104	105
面积/km²	1.78	1.97	1.79	2.09	3.53
轨道乘客需求/(人/d)	1 236	1 285	1 620	1 978	2 451

假设区域 101、102、103、104、105 的通勤者客流密度是一致的。结合表 9-7 中的数据和公式(9-16)可以计算出每个网格的通勤需求、路段对应情况、网格到路段的平均步行距离。假设城市微型公交线路运营速度为 12 km/h,相应地计算出每个路段的行驶时间。根据上海市公交站点调查和线路分布情况,调整系数 a 被标定为 0.05;根据表 9-7 所示的常规公交调查情况,可以获得 R_{ij},由公式(9-15)可以获取 M_{ij},可求得每个路段开通微型公交的需求潜力指标,路段数据如表 9-8 所示。

表 9-7 常规公交站点分布及通行公交线路现状

公交站点名	通行常规公交线路	所在路段
浦东南路潍坊路	01, 82, 314, 607, 818, 981, 985, 992, 沪南线	(1, 2)
南泉路潍坊路	119, 787	(4, 5)
南泉路浦电路	119, 787	(5, 6)
崂山路潍坊路	451, 789	(7, 8)
东方路浦电路	980, 170, 219, 583, 610, 639, 736, 746, 779, 785, 819, 871, 970, 浦东 11, 隧道九线	(9, 10)
东方路峨山路	169, 219, 451, 583, 610, 639, 746, 785, 798, 819, 871, 970, 989, 995, 浦东 11, 隧道九线	(10, 11)
潍坊路浦东南路	789, 795, 798, 1019, 隧道夜宵线	(1, 4)
潍坊路浦东南路	792, 1019, 隧道夜宵线	(4, 7)
潍坊路东方路	583, 792, 1019	(7, 9)
浦电路浦东南路	789, 795, 798, 1019, 隧道夜宵线	(2, 5)
浦电路崂山路	338, 451, 792, 795, 798, 1019	(8, 10)
峨山路浦东南路	607, 992	(3, 6)
峨山路东方路	607	(6, 11)

表 9-8 路段数据

路段	路段长度/m	平均出行时间/min	T_{dij}	$\overline{S}_{ij}$	L_{ij}	R_{ij}	M_{ij}	P_{dij}
(1, 2)	570	2.85	296	4.02	1.1	9	0.55	44.55
(2, 3)	506	2.53	551	5.18	0.99	0	1	105.31

(续表)

路段	路段长度/m	平均出行时间/min	T_{dij}	$\overline{S}_{ij}$	L_{ij}	R_{ij}	M_{ij}	P_{dij}
(4,5)	595	2.98	819	3.31	0.71	2	0.9	158.11
(5,6)	508	2.54	1072	6.20	0.69	2	0.9	107.37
(7,8)	606	3.03	957	4.73	0.46	2	0.9	83.76
(9,10)	605	3.03	545	8.05	0.36	15	0.25	6.09
(10,11)	691	3.46	707	7.16	0.27	16	0.2	5.33
(1,4)	240	1.20	166	4.41	1.0	5	0.75	28.23
(4,7)	372	1.86	253	3.03	0.81	3	0.85	57.49
(7,9)	285	1.43	257	6.65	0.68	3	0.85	22.34
(2,5)	371	1.86	664	7.93	0.80	5	0.75	50.24
(5,8)	316	1.58	538	2.28	0.46	0	1	108.54
(8,10)	303	1.52	583	4.01	0.15	6	0.7	15.27
(3,6)	429	2.15	468	5.90	1.1	2	0.9	78.53
(6,11)	579	2.90	592	8.34	0.70	1	0.95	47.20

基于潍坊社区周边的实际道路网络,建立了道路网络拓扑结构并采用了对称运算;将潜在通勤客流需求匹配到对应的道路路段中,如图 9-15 所示。应用 MATLAB 软件编程并求解该数学模型,可以获得路段潜在通勤需求的数据,如图 9-16 所示。

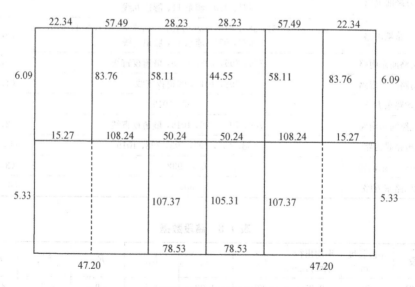

图 9-15 对称操作后的网络拓扑和潜在需求图

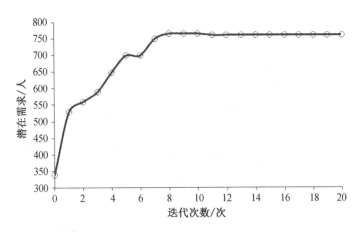

图 9-16　路段潜在需求曲线图

从图 9-16 可见目标函数趋于稳定是在使用遗传算法求解遗传到第 8 代后,潜在通勤人数的最大量为 761 人。相应的最优路径矩阵 Route'＝[2 2 1 2 3 3 2 1 1 2 3 2],得到拓扑最佳线路,输出变量 x_{ij} 如表 9-9 所示。将拓扑线路恢复到实际道路网络中,如图 9-17 所示。为了检验遗传算法解的准确性,使用深度优先搜索算法来遍历拓扑网络下的所有可能的线路,遗传算法和深度优先搜索算法得到的结果是相同的,即相应的生成线路也是相同的。因此,研究认为遗传算法在这种情况下获得最优解。

表 9-9　模型输出变量 x_{ij} 列表

x_i/x_j	1	2	3	4	5	6	7	8	9	10	11
1	0	1	0	0	0	0	0	0	0	0	0
2	0	0	1	0	0	0	0	0	0	0	0
3	0	0	0	0	0	1	0	0	0	0	0
4	1	0	0	0	0	0	1	0	0	0	0
5	0	0	0	1	0	0	0	0	0	0	0
6	0	0	0	0	1	0	0	0	0	0	0
7	0	0	0	0	1	0	0	1	0	0	0
8	0	0	0	0	1	0	0	0	0	1	0
9	0	0	0	0	0	0	0	0	0	0	0
10	0	0	0	0	0	0	0	1	0	0	0
11	0	0	0	0	0	0	0	0	0	0	0

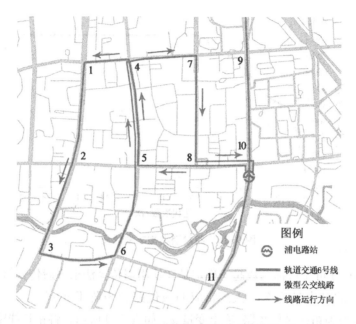

图 9-17 实际道路网络中的最优线路图

根据表 9-8，计算得到最优线路长度为 5.6 km，符合微型公交短距离出行和接驳服务的功能定位，现有的常规公交线路在路段(4,5)、路段(6,7)、路段(7,8)上覆盖较少，生成的微型公交线路及其走向基本上覆盖了这些公共交通服务较少的路段，满足了社区居民的通勤出行需求，进一步验证了方法的有效性和适用性。

9.4 面向通勤的微型公交需求点识别技术

9.4.1 轨道站点及公交站点识别

1) 站点客流量标准化

轨道站点及公交站点客流量的时间分布是判别其是否为具有通勤特征的站点的重要判断依据。通过公交和地铁刷卡数据可以得到各个站点的客流量，但由于站点周边的用地性质、开发程度以及数据采集当天的天气状况等因素，站点客流量会有所波动，可能会影响站点客流量的通勤特征判别，对数据进行标准化可以有效解决由于客观因素引起的数据波动。通常使用的数据标准化方法有离差标准化、标准差标准化等，比较优缺点及适用条件如表 9-10 所示。

表 9-10　数据标准化方法优缺点及适用条件比较

标准化方法	定义	优缺点	适用条件
离差标准化法	对原始数据进行线性变换,使结果落到[0,1]区间	优点:可保持原始数据之间的关系; 缺点:当有新数据加入时,最大、最小值改变,需重新进行标准化	适用在数值比较集中,且数据集的最大值和最小值已知的情况
标准差标准化法	给予原始数据的均值和标准差进行数据的标准化,经过处理的数据符合标准正态分布	优点:算法简单,不受数量级影响,标准化结果易于比较; 缺点:需要数据集整体的均值及标准差,且标准化结果没有实际意义,只用于比较	适用于数据集的最大值和最小值未知的情况,或有超出取值范围的离群数据的情况

通过不同数据标准化方法的比较,选择采用离差标准化对统计得到的轨道站点、公交站点、公共自行车站点客流量进行标准化,计算公式如式(9-24)所示:

$$\text{Ridership}_{\text{normal}}(i,j) = \frac{\text{Ridership}_{\text{raw}}(i,j) - \min_i}{\max_i - \min_i} \quad (9-24)$$

式中:$\text{Ridership}_{\text{raw}}(i,j)$——轨道/公交站点 i 在 j 时间段内的实际客流量(人/30 min);

$\min_i$、$\max_i$——轨道/公交站点 i 全天实际每半小时客流量最小值和最大值(人/30 min);

$\text{Ridership}_{\text{normal}}(i,j)$——轨道/公交站点 i 在 j 时间段内的标准化客流量(人/30 min)。

2) 站点聚类方法

为有效识别具有通勤特征的轨道站点和公交站点,需对每个站点一天的客流量变化进行统计分析,根据是否有通勤特征将站点分别通勤类站点和非通勤类站点,可将其转化为聚类问题。聚类算法是非监督机器学习算法的一种,是研究分类问题的统计分析方法。K-Means 算法将数据集所包涵的所有 n 个样本进行分类,将这些样本分为 k 簇($k<n$),并满足每一簇至少包涵一个样本且每一个样本只归属于一簇。每一簇由本簇的中心进行代表,而簇中心是通过计算本簇所有样本的均值进行确定的。对于多维数据,K-means 算法的计算速度快,分类效果理想,故选取该算法对站点进行分类,该算法主要分为四个步骤:

① 从数据集中随机选取 k 个样本作为初始聚类中心,所有类别记为 $C=\{c_1, c_2, \cdots, c_k\}$,各类的聚类重心记为 $M=\{m_1, m_2, \cdots, m_k\}$;

② 针对数据集中的每个样本 x_i,计算它到 k 个聚类中心的距离并将其分到距离最小的聚类中心对应的类中;

③ 对每个类别 C_i,采用 $m_i = \frac{1}{|m_i|}\sum_{x\in c_i} x$ 重新计算类别 c_i 的聚类中心;

④ 重复第二步和第三步直到聚类中心的位置不再变化。采用 K-Means 算法进行聚类需提前确定聚类数，即参数 k，其决定了聚类效果及聚类结果所对应的实际含义。通常采用的确定聚类数的方法是采用肘部法则判断最优聚类数。肘部法则的核心指标是样本数据集的误差平方和 SSE，采用公式(9-25)进行计算：

$$SSE = \sum_{k=1}^{k} \sum_{x \in c_k} (x - m_k)^2 \tag{9-25}$$

式中：SSE——样本数据集的误差平方和；

k——聚类数量；

x——数据样本；

m_k——第 k 个聚类的中心点。

聚类数量越多，数据集的误差平方和越小，即 k 越大，SSE 越小，说明样本的聚合效果越好。通常从聚类数为 2 开始试算，每增加一类，则重新计算数据集的误差平方和。当试算聚类数小于真实聚类数时，类别增多会使得每一类的聚合程度增大，数据集的误差平方和骤降；当试算聚类数逐渐趋向真实聚类数，再继续增大聚类数，每一簇的聚合程度变化会迅速减小，数据集误差平方和的下降趋势会突然平缓，这个最先趋于平缓的点就是最适宜的 k 值，此时 k 所对应的点被称为肘部法则的拐点。

很多情况下不会出现明显的拐点，因此提出综合使用轮廓系数和肘部法则确定适宜的聚类数，保证良好的聚类效果。针对某一样本点 i，i 与簇内其他样本点的平均距离为 a，与最近的簇中所有样本点的平均距离为 b，则样本点 i 的轮廓系数可以采用式(9-26)计算：

$$S_i = \frac{b_i - a_i}{\max(a_i, b_i)} \tag{9-26}$$

将整个样本空间中所有样本的轮廓系数取算术平均值，作为聚类效果的性能指标。轮廓系数的区间为 $[-1, 1]$，-1 代表分类效果差，1 代表分类效果好，0 代表聚类重叠。

9.4.2 微型公交需求点识别

采用公共自行车作为接驳方式从居住地前往公交车站或轨道站点时，乘客需从家出发后步行前往公共自行车借车站点。采用居民出行链反推的方法，以公共自行车通勤借车站点为起点，利用高德地图 API 接口，获取其周边实际步行距离小于乘客可接受步行接驳距离阈值的 POI 点，这些 POI 点所在位置集合为微型公交潜在接驳需求点的重要组成部分。另一部分潜在接驳需求点则分布在公交站点及轨道站点的步行接驳阈值范围内，同样采用高德 API 接口，获取公交站点及轨道站点周边慢行条件的 POI 点集。以公交 250 m 服务覆盖范围及地铁站 500 m 服务覆盖范围为准，未在覆盖范围内的 POI 点则是亟需微型公交满足通勤接驳的需求点。

9.5 基于加权 Voronoi 图的微型公交站间距优化方法

9.5.1 基于加权 Voronoi 图的微型公交站间距模型

1) 模型适用性分析

既有研究试图获得最佳平均公交站间距，由于模型较为复杂、调查数据量大且求解较为困难；既有研究较少考虑微型公交站点周边建成环境的差异性，直接导致结果难以简单方便地应用于工程实践中的精确定位公交站点。Voronoi 图是对空间平面的一种划分，是由一组连接两相邻点线段的垂直平分线所构成的连续多边形，可以用来研究离散数据，在对空间数据处理、求解点集与距离相关的问题时具有一定优势。Voronoi 图的特点是多边形内任意位置与多边形的发生源（如微型公交站点）的距离更近，与相邻多边形内发生源的距离更远，每个多边形内有唯一的发生源。Voronoi 图具有三个重要性质：①唯一性，即每个发生源只会形成唯一的 Voronoi 图；②范围特性，即每个 Voronoi 图区域内的点到对应发生源的距离是最短的，一定程度上可以将 Voronoi 图的多边形区域看作是发生源的服务区域；③局部动态性，即每个发生源只会和邻近的发生源生成共同的 Voronoi 边。针对 Voronoi 图均等对待所有发生源的局限性，将 Voronoi 图进行扩展形成加权 Voronoi 图。加权 Voronoi 图是通过权重赋予不同发生源的差异，适用于性质多样化的研究对象。

我国微型公交系统仍在发展中，线路客流尚未稳定，作为小运量的公共交通方式，其在城市交通系统中的作用日益凸显，必将激发更多的潜在出行需求。例如，微型公交系统逐渐完善后，流动人口群体、低收入群体、老弱病残等弱势群体的潜在出行需求量也将会得到增长。微型公交站点所处城市区域不同，功能定位也会有所区别。微型公交站点可以类比成加权 Voronoi 图的潜在需求发生源，唯一性符合一个微型公交站点对应一个微型公交服务区域，有效地减少了实现微型公交服务功能时可能出现的交叉使用，提升了微型公交站点使用的针对性。范围特性强调了 Voronoi 图多边形内的任意通勤者到该微型公交站点的距离最短，可以提高微型公交接驳轨道站点的通勤效率。局部动态性表示当微型公交站点出行变动时，只会影响相邻的微型公交站点，使其服务范围出现小范围变动。各个微型公交站点服务区域的土地利用混合度、人口密度、客流密度特征等都会呈现出一定差异，即各个微型公交站点服务区域存在差异，微型公交站点服务区域内的居民会选择最近的微型公交站点通勤出行。因此应用加权 Voronoi 图对微型公交站间距进行建模,通过权重赋予来体现这种差异。

2) 模型构建

一般来说,微型公交站间距优化有三个不同的目标。对于通勤出行者来说,他们更希望最短的总出行时间,当满足一定的服务水平时,运营商总是希望以最低的成本获得最高的收入,政府希望最大限度地发挥社会和经济效益。考虑到我国公共交通公司是国有企业性质,决策的主要目标是满足大多数通勤者的出行需求、提升通勤出行幸福感。因此,为给公共交通通勤者提供高质量服务,提升其通勤幸福感,步行到微型公交站点的距离应尽可能短。已有学者研究发现人们认为步行时间不如车内行驶时间方便,并建议到公交站点的最大步行距离为 400 m[176]。因此,减少到微型公交站点的总通勤出行时间将使微型公交服务更具吸引力。不同的通勤者对微型公交站间距有不同的要求。对于车内通勤者,他们希望尽快到达目的地。对于中途上下微型公交的通勤者,他们希望步行时间越短越好。因此,优化模型的目标是构建面向通勤的公交服务目标,重视"门到门"出行链全过程的服务提升—最小化总通勤出行时间。

对于使用微型公交通勤的居民,他们的出行流程主要包括四个步骤:步行到最近的微型公交站点、等待微型公交车、乘坐微型公交车、下车并步行到目的地。因此,居民的总通勤出行时间计算如公式(9-27)所示:

$$T = T_1 + T_2 + T_3 + T_4 \tag{9-27}$$

式中:T——总通勤出行时间;

T_1——到最近的微型公交站点的步行时间;

T_2——在微型公交站点的等候时间;

T_3——微型公交车内行驶时间;

T_4——到目的地的步行时间。

T_1 和 T_4 与土地利用、周边路网密度和微型公交站点位置有关。考虑到微型公交站点和目的地之间的距离很难直接测量,使用已有的矩形微型服务区域研究[177],采用地理信息系统(GIS)来建立笛卡儿坐标系。

Voronoi 图的概念较为简单,给定一组连续空间中不同的独立点,该空间中的所有位置都可以与点集中最近的成员使用欧几里得距离相联系。将平面细分为一组区域,其中每个区域仅与原始集合中的一个点相关联。在实际情况中,微型公交需求被分隔在一组不同的城市空间区域,由于各个微型服务区域的人口密度都不同,微型公交需求也会有所不同。因此,假设各个微型服务区域都有不同的权重,如公式(9-28)和图 9-18 所示,具有加权的 Voronoi 图可以用加权距离来表征。

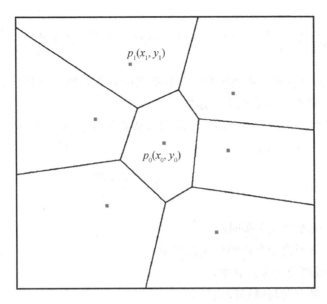

图 9-18　加权的 Voronoi 示例图

$$d_e(p, p_i) = \|x - x_i\| - w_i \tag{9-28}$$

式中：d_e——欧几里得距离；

w_i——与每个点 i 相关的权重。

人口密度 $\varphi(x, y)$ 定义为与变量 x 和 y 有关。微型公交线路的服务区域称为 S，微型公交站点表示为 s_i，其中 $i \in I$。距离 d_i 是站点 $i-1$ 和 i 之间的微型公交站间距，如图 9-19 所示。

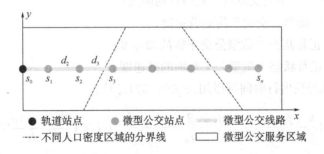

图 9-19　坐标系中的微型公交线路图

通勤者的起点或终点、微型公交站点分别可以用以下字母表示：$p(x_0, y_0)$，$s_1(x_1, y_1)$，$p, s_1 \in S$。T_1 和 T_4 表示从起点或终点到微型公交站点的距离大致相同。根据调查，对于大多数采用微型公交通勤的乘客，发现他们从起点步行到最近微型公交站点、微型公交站点步行到目的地的步行时间大致相同。因此，为了简化本章提出的优化模型，假设 $T_1 = T_4$，可以用公式(9-29)计算：

$$T_1 = T_4 = \frac{k \times \sqrt{(x_1-x_0)^2 + (y_1-y_0)^2}}{v_w} = \frac{k \parallel p - s_1 \parallel}{v_w} \quad (9-29)$$

式中：k——将欧几里得距离近似为步行距离的修正系数，k 取值1.3；

v_w——通勤出行者的步行速度。

假设在微型公交站点的平均候车时间服从均匀分布 $X \sim U(0, t_1)$，T_2 就可以用公式(9-30)来计算：

$$T_2 = 0.5 t_1 = \frac{q_r \times \beta \times 30}{q_p} \quad (9-30)$$

式中：t_1——微型公交车头时距；

q_r——微型公交车辆的额定载客量；

β——微型公交车满载率；

q_p——某方向高峰路段流量。

T_3 包含平均速度下的通勤时间 T_{31}、加减速时间 T_{32}、乘客上下站台时间 T_{33}、由于交通控制导致的时间延误 T_{34}。其中 T_{32} 受到微型公交站点上下乘客数量的影响，T_{34} 也受到随机交通的影响，为了聚焦耗费在微型公交站点的时间，本章将 T_{32} 和 T_{34} 视为常数 u。因此，车内行驶时间 T_3，也就是从微型公交站点 i 到终点的通勤出行时间，可以用公式(9-31)计算：

$$T_3 = T_{31} + T_{32} + T_{33} + T_{34} = \frac{d_i}{v_{veh}} + i \times \left(\frac{2(a+b)v_{veh}}{ab} + u \right) \quad (9-31)$$

式中：d_i——从微型公交站点 i 到终点的距离；

v_{veh}——微型公交的平均运营速度；

a——正常状态下微型公交车辆的加速度；

b——正常状态下微型公交车辆的减速度。

乘客的总通勤出行时间可以用公式(9-32)计算：

$$T = 2 \times \frac{k \parallel p - s_i \parallel}{v_{veh}} + \frac{q_r \times \beta \times 30}{q_p} + \frac{d_i}{v_{veh}} + i \times \left(\frac{2(a+b)v_{veh}}{ab} + u \right)$$

$$(9-32)$$

3) 约束条件

在实际情况下，最佳微型公交站间距 d_{opt} 具有上下限约束。最小间距 d_{min} 应该要大于微型公交加速到正常运营速度并减速到零时的距离。最大间距 d_{max} 应该小于乘客的最大可容忍步行距离。微型公交站点的吸引范围与土地利用、道路网络密度等密切相关，所以在站间距和服务半径之间存在换算系数 μ。假设微型公

交站点 r 的服务半径为圆形区域,根据公式(9-33)可以计算出 r:

$$\begin{cases} d_{\min} \leqslant d_{\text{opt}} \leqslant d_{\max} \\ d_{\min} = \dfrac{v_{\text{veh}}^2(a+b)}{2ab} \\ d_{\max} = 2r = 2\mu \sum_{i=1}^{m} v_i t_i f_i \end{cases} \quad (9\text{-}33)$$

式中：r—— 微型公交站点的服务半径；

μ—— 换算系数；

v_i—— 某一种通勤方式的速度；

t_i—— 乘客使用某种出行方式 i 时的能够容忍的最大出行时间；

m—— 通勤方式的种类,这里指的是步行和自行车方式；

f_i—— 某种出行方式所分担的比例。

4) 优化函数

假设每个通勤者都选择微型公交通勤出行,以减少总通勤出行时间。基于这种行为,各微型公交站点都有不同的影响范围,可以定义如公式(9-34)所示:

$$\begin{aligned} R_i = 2 \times \frac{k \| p - s_i \|}{v_{\text{veh}}} + \frac{q_r \times \beta \times 30}{q_p} + \frac{d_i}{v_{\text{veh}}} + \\ i \times \left(\frac{2(a+b)v_{\text{veh}}}{ab} + u \right) \leqslant 2 \times \frac{k \| p - s_j \|}{v_{\text{veh}}} + \\ \frac{q_r \times \beta \times 30}{q_p} + \frac{d_j}{v_{\text{veh}}} + j \times \left(\frac{2(a+b)v_{\text{veh}}}{ab} + u \right), \\ i \neq j; i, j \in I_n \end{aligned} \quad (9\text{-}34)$$

微型公交站点服务区域也具有加权 Voronoi 图的特点。因此,研究区域内所有乘客的总通勤出行时间如公式(9-35)至(9-36)所示:

$$T = \sum_{i=1}^{n} \int_{R_i} \left\{ \begin{aligned} & 2 \times \frac{k \| p - s_i \|}{v_{\text{veh}}} + \frac{q_r \times \beta \times 30}{q_p} + \frac{d_i}{v_{\text{veh}}} + \\ & i \times \left(\frac{2(a+b)v_{\text{veh}}}{ab} + u \right) \end{aligned} \right\} \varphi(x, y) \mathrm{d}s \quad (9\text{-}35)$$

因此,可以得到以下优化函数:

$$\min T = \sum_{i=1}^{n} \int_{R_i} \left\{ \begin{aligned} & 2 \times \frac{k \| p - s_i \|}{v_{\text{veh}}} + \frac{q_r \times \beta \times 30}{q_p} + \\ & \frac{d_i}{v_{\text{veh}}} + i \times \left(\frac{2(a+b)v_{\text{veh}}}{ab} + u \right) \end{aligned} \right\} \varphi(x, y) \mathrm{d}s$$

约束条件：$\dfrac{v_{\text{veh}}^2(a+b)}{2ab} \leqslant d_{\text{opt}} \leqslant 2\mu \sum\limits_{i=1}^{n} v_i t_i f_i,\ 0 < \dfrac{k\|p-s_i\|}{v_{\text{veh}}} \leqslant T_{\max}$

(9-36)

5）求解算法

优化函数是一个非线性和约束极值问题。Wilson-Han-Powell 序列二次规划技术(Sequential Quadratic Programming，SQP)已被证明有效地解决了在目标和约束条件下具有平滑非线性函数的约束优化问题[178]。

在这类算法中，约束优化问题被无约束的非可微优化问题所取代。该算法首先通过求解线性规划并使用所获得的信息来确定搜索方向，以确定解决原始问题的二次近似，二次问题的解是所期望的搜索方向。该算法的基本结构包括主要迭代和次要迭代，结合了一种新的惩罚参数选择方法，为了获得算法的超线性收敛速率，采用了弧搜索矢量和新的更新方案。本章使用 MATLAB 软件对算法进行编程，可以求解该优化模型。

9.5.2　实际站间距修正方法

根据上述优化模型可以计算得到最佳微型公交站点间隔，具体进行实际应用时需要进行相关修正。既有研究和实际工程项目已经证明，公交站点在交叉口、大型建筑物和社区出入口之间应该有一个合理的距离约束[179]。最优站间距是应用具有连续变量的数学模型所获得与微型公交站点之间的实际交通状况还有一定的区别，特别是在城市地区站点还受到其他交通方式等外界因素的干扰。例如，平均站间距的方法可能导致站点位于交叉口等影响道路交通流运行的位置。因此，为了计算实际的站间距，还应考虑实际的交通因素，就模型求解出的最佳站间距的修正方法提出以下要求。

1) 交叉口

若按照模型计算得到的最佳站间距来布设微型公交站点，站点就有可能在交叉路口；因此，借鉴常规公交站点设置方法修正调整站间距，以将其设置在交叉路口的上游或下游。微型公交主要穿梭于常规公交线路较少、交通流量相对较少的城市支路或街道，在遵守站点设计原则的情况下，微型公交站点也可以在交叉路口的合理位置布设，以方便乘客采用微型公交出行。

2) 道路交通状况

城市支路或街道宽度较窄，上下行线路对称的微型公交站点应交错开一定的距离，以尽量减少其对道路交通的影响。

3) 大型交通吸引点

周边交通环境较为复杂，微型公交站点不应该设置于其主入口，应交错开一定的距离(30~50 m),以便于及时疏散车辆及行人。

4) 经济可行性

在实际情况下,微型公交沿线土地利用性质并不一致,站点周边土地利用价值也不尽相同。因此,各个微型公交站点的建设成本是不一样的。如果微型公交站点的建设成本太高,表明它并不是经济可行的,应该将由模型计算出的最佳站点偏离一定的距离。

还有其他一些因素会影响微型公交站间距的调整,如政策、运营组织等。但是,在任何情况下,都应该根据通勤出行的方便性和安全性来确定微型公交站间距。

9.5.3 案例分析

为了进一步关注郊区居民的通勤出行问题、进一步提升流动人口群体的幸福感,选取位于上海市郊区的1205路微型公交线路作为案例进行轨道站点影响区衔接轨道站点的微型公交站间距确定及站点布局应用。

1) 微型公交站间距计算

该区域位于我国上海市长宁区(拥有20万多名居民、周边城市交通服务较为完善)。轨道交通2号线运营以来,淞虹轨道站点存在较大的短途出行需求,开通1205微型公交线路以满足这些要求,如图9-20和表9-11所示。

图9-20 上海市1205路微型公交站间距现状图

表 9-11　上海市 1205 路微型公交的基本信息表

站点号	A—B	B—C	C—D	D—E	E—F	F—G
相邻站点间距/m	322	622	1 148	370	513	325
线路长度/km	3.3					
平均站间距/m	550					

微型公交线路 1205 的平均站间距较大,与其服务于短距离出行的功能定位并不相符。因此,应优化微型公交线路 1205 的站间距。结合上海市第五次综合交通调查成果报告、微型公交线路实地调查数据,相应参数标定如下:$a = 1.0 \text{ m/s}^2$,$b = -1.2 \text{ m/s}^2$,$v_{veh} = 1.2 \text{ m/s}$,$q_r = 20$ 人/辆,$q_p = 1\,036$ 人/h,$k = 1.3$,$\beta = 63\%$。

应用基于加权 Voronoi 图的微型公交站间距优化模型和求解算法,寻找从 $n = 6$ 到 $n = 30$ 变化下的微型公交站点数量。结果显示最小通勤出行总时间在 $n = 11$ 时获得,如图 9-21 所示。因此,平均站间距为 330 m。

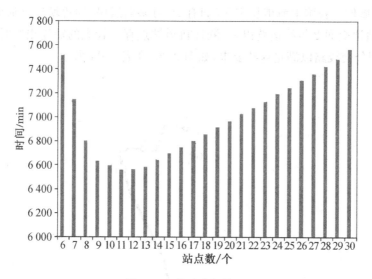

图 9-21　算法求解结果

2) 站间距优化方案

通过优化模型计算、回归分析测试,得到平均站间距值为 330 m。最初的布局方案是通过每 330 m 设置一个微型公交站点来获得。基于微型公交站间距修正方法,修改初始布局方案。如图 9-22 所示确定了实际具体的微型公交站点。

3) 方案合理性分析

为验证优化模型的有效性,对位于上海市不同区域的 11 条微型公交线路调

图 9-22　微型公交最优站点布局

查,并对平均站间距与日客流量进行了回归分析。结果表明当站间距大于 400 m 时,日客流量呈现下滑趋势。因此,最佳站间距应控制在 400 m 以内,如图 9-23 所示,优化模型计算出的平均站间距(330 m)较为合理,也表明该模型可以有效地解决微型公交站间距优化问题。

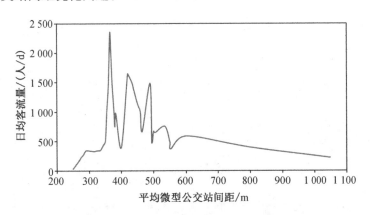

图 9-23　平均站间距回归分析结果图

根据 1205 路微型公交线路现状以及提出的方法得到优化后的布局方案。B、C、D、E、F、G 在原来的微型公交站点基础上需要调整的距离较小,考虑实际道路交通条件和充分利用现有公交站台，保留这些站点位置。优化后的布局方案实际上是增加4个微型公交站点（H、I、J、K），分别服务新汀七村、金淞家园、通协小区、馨越公寓、金江家园等沿线多个居住小区，解决了这些居住小区的短距离出行问题。同时为淞虹路轨道站点提供了有效的接驳服务，进一步扩大轨道站点影响区范围。1205路微型公交线路位于上海市近郊区，该线路衔接淞虹路轨道站点，周边交通条件较为便捷。调查发现绝大部分流动人口分布在上海市近郊区，占到流动人口总量的53.7%，形成流动人口高度聚集区，同时该区域低收入群体分布也较多。因此，在该区域增设微型公交站点还可以保障低收入群体、流动人口群体的公平出行权力，提升其出行幸福感。

9.6 本章小结

本章通过分析轨道站点吸引范围和居民出行特征对微型公交线路布设的影响，采用复杂网络和社区发现方法、考虑轨道站点可达性划定微型公交服务区域，提出了一种适应于当前微型公交发展特征、服务于轨道交通线路一侧的大型住宅社区或由相对集中的城市道路网络围合区域的微型公交接驳服务，即基于圈点循环线路模型生成一条起止于轨道站点的微型公交线路，采用遗传算法进行求解，并介绍面向通勤的微型公交需求点识别技术；基于多源数据构建微型公交需求点识别技术，考虑简单而实用的微型公交站间距确定方法，提出了一种基于Voronoi图的微型公交站间距模型，以达到最小化总通勤出行时间目的。

第10章 轨道站点影响区机动车停车设施配建与评价方法

10.1 轨道站点影响区超高层建筑停车配建指标确定方法

10.1.1 超高层建筑及服务范围界定

轨道站点影响区是实现TOD的最佳区域,是大城市超高层建筑呈现密集型开发的场所。很多大城市的高层建筑仍然遵循与普通建筑物相同的最小停车配建标准,某种程度上以城市设计和建成环境为代价来扩大停车空间。相比路内停车,路外停车增长更快且已经成为我国大城市停车的主导类型,例如我国北京市。规划者通常使用标准化的交通规划手册设定最小停车配建标准,这些手册是基于停车位充足且免费时得到高峰时段的停车和生成率,没有考虑公共交通,可能导致实际停车需求被高估[180]。过多停车空间将会干扰轨道站点影响区的人性化城市设计,以至于很难实现步行友好的城市建成环境;同时也会诱发更多的小汽车出行,增加轨道站点周边的交通拥堵。轨道站点影响区是一个特定的区域,该范围内的超高层建筑停车配建标准也会区别于其他区域。因此,研究轨道站点影响区的超高层建筑的合理停车配建方法对调控小汽车出行、缓解停车压力、提高土地利用效率并促进轨道站点TOD具有重要意义。

超高层建筑在世界各国的发展情况不同,不同国家对其内涵界定也不一致,目前还没有明确且统一的定义。我国《民用建筑设计统一标准》(GB 50352—2019)对超高层建筑给出界定,认为建筑高度超过100 m的是超高层建筑。建筑高度小于100 m时,建筑物的结构设计、建造技术变化不明显,一般超过150 m,开始发生显著变化。当前超高层建筑功能呈现出复杂多样化、综合化特征,具有土地利用高效且集约化、设施共享水平较高等优势。考虑到城市地区建设用地日益紧张、下一阶段的轨道交通线网建设将更关注于城市地区之外的郊区线路,郊区轨道站点很可能是超高层建筑开发的重要场所。

超高层建筑是指位于郊区轨道站点影响区,建筑高度超过100 m,融商业、办公、居住等功能为一体的综合型建筑物,区别于普通建筑物。超高层建筑产生的停车需求会对其周边交通产生一定影响,其影响范围可能取决于位置、发展类别、现状及未来的道路网络[181]。本节重点研究超高层建筑的核心影响区域,其取决于公共交通可达性和公共交通服务能力。停车需求的合理化减少取决于超高层建筑周边的公共交通服务能力,可由公共交通站点通行的所有线路剩余载客量直接确定。公交站点的服务区域为400 m、轨道站点的服务区域为800 m。因此,将核心影响区域定义为步行到超高层建筑出入口400 m范围内的公交站点和800 m以内的轨道站点所包围的圈层区域。

10.1.2 超高层建筑停车需求影响因素分析

为有效地制定超高层建筑停车配建标准,需要充分考虑其停车需求情况。超高层建筑停车需求受到许多因素的影响,包括人口规模、小汽车保有量、交通可达性、停车政策等宏观层面的因素,以及出行目的、停车价格、停车共享效用水平、建筑面积和公共交通服务能力等微观层面的因素。国外停车配建标准尤其表现出更加精细化的管理特征,开始关注某些特定区域的停车配建标准,尝试使用区位、容积率、公共交通可达性等影响因素来确定相应的折减系数,以减少这些特定区域的停车设施供给。借鉴均衡理论深入分析轨道站点影响区超高层建筑的内部和外部环境,选择以下主要影响因素:代表外部环境的公共交通可达性、公共交通服务能力以及代表内环境的建筑面积、停车共享效用水平。

1) 公共交通可达性水平

公共交通可达性水平(PTAL)对轨道站点影响区超高层建筑的停车需求有着重要的影响。如果公共交通服务得到改善,公共交通方式分担率将会增加,这将吸引更多的通勤者使用公共交通通勤,从而减少其小汽车出行带来的停车需求。此外,从交通行为角度来看,适当降低停车配建指标也有助于调控停车需求、提升公共交通方式的利用率。例如,英国伦敦市为促进公共交通出行,考虑了PTAL与停车供给之间的关系,并针对不同的PTAL设置不同的最大停车配建标准,公共交通可达性越高,最大停车配建标准越低[182]。

2) 公共交通服务能力

当公共交通拥有过剩的客运量时,较高的PTAL将增加公共交通的份额并抑制私家车的出行需求,从而减少停车需求。若客运量不足不应盲目减少停车供应,可能会影响该地区的交通和经济活力。超高层建筑核心影响区的剩余客运量 P_r,可按公式(10-1)计算:

$$P_r = \sum_{i=1}^{n} (K_i - O_i) \times 60/f_i \times C_i \tag{10-1}$$

式中：P_r——超高层建筑核心影响区的剩余客运量；

K_i——在达到可接受的服务水平时公共交通线路 i 的载客率(%)，取额定载客率的 70%；

O_i——公共交通线路在超高层建筑核心影响区内的公交站点、轨道站点的载客率(%)；

f_i——公共交通线路 i 的发车频率(辆/min)；

C_i——公共交通线路 i 的车辆单车载客量(人)。

3）建筑面积

建筑面积与停车需求之间存在显著的相关性。基于大城市办公和商业建筑的停车需求分析，可以看出建筑单位面积的停车需求随着建筑面积的增加而逐渐减少，直至达到一定的建筑面积。例如，我国香港居住用地的停车配建标准就考虑了建筑面积、容积率等，对小户型、高容积率的建筑给出了对应的折减系数。因此，有必要考虑建筑面积对停车需求的影响。

4）停车共享效用水平

停车共享是充分挖掘既有停车资源以提升既有停车设施的供给能力的有效解决方法之一。Tian 等以美国西雅图市的 Redwood TOD 为例，研究发现不同用地高峰期间的停车需求不同，对于公共交通停车换乘在中午时候停车需求最大，超过 90% 的停车空间从 8:00 am～3:00 pm 一直被占用。3:00 pm 以后停车需求开始很快下降，直到 8:00 pm 以后小于 20% 的停车空间占有率[183]。由此可见，不同用地、建筑功能的停车需求存在时间上的互补性，可以考虑停车共享。

轨道站点影响区是高密度混合用地开发的理想场所，聚集着大量融办公、商业、居住功能为一体的超高层建筑。根据西安市调查数据，发现办公用地功能的主要停车时间为工作日的 9:00 am～5:00 pm，商业用地功能的主要停车时间为工作日的 5:00 pm 以后、节假日的 10:00 am～9:00 pm。餐饮娱乐等用地功能的主要停车时间为 7:00 pm～9:00 pm。不同建筑物的停车需求因建筑物的功能而异，各种功能对停车需求的简单叠加易导致停车需求估计过大，从而停车设置配建过多造成城市空间资源的浪费。以避免停车需求的重叠，充分利用现有停车设施空间。因此，重点考虑停车共享效用水平对停车需求的影响程度。

5）影响因素标准化分析

基于对超高层建筑停车需求影响因素的深入分析，对公共交通可达性水平、公共交通服务能力、建筑面积、停车共享效用水平等主要影响因素进行标准化分析。基于标准化分析的结果，得出各主要影响因素对应于超高层建筑停车配建标准的折减系数。

在量化公共交通可达性水平(PTAL)对停车需求影响的基础上，对 PTAL 进行分类和使用模糊理论,并引入评估 PTAL 的半定量化指标。英国伦敦交通运输局在制定停车配建指标时,根据步行时间和平均等待时间等计算出公共交通可达性,并绘制电子地图将 PTAL 划分为 6 个层级,针对不同的 PTAL,规定不同的最大停车配建标准。PTAL 越高的地方,允许的最大停车配建标准越低,以促进公共交通出行。调研位于我国西安市不同轨道站点影响区的超高层建筑并进行 PTAL 分析,发现 PTAL 值在 10~50 的范围内呈现连续平滑分布。因此,将 PTAL 划分为 6 个层级,其中每个层级对应一个特定的 PTAL 区间,如表 10-1 所示。

表 10-1 公共交通可达性水平分级

等级 m	1	2	3	4	5	6
可达性水平 A_i	<10	10~20	20~30	30~40	40~50	>50

使用加权平均法对 PTAL 进行标准化,将其计算得到的可达性比值定义为 PTAL 的折减系数 d_1,如公式(10-2)所示:

$$d_1 = \frac{\sum_{m=1}^{n} A_m \cdot m / \sum_{m=1}^{n} m}{A} \tag{10-2}$$

式中:d_1——公共交通可达性所减系数;
A_m——m 层级的公共交通可达性水平;
m——公共交通可达性水平分级,可取值 1~6;
A——公共交通可达性水平。

选取我国西安市具有不同位置特征的超高层建筑来分析其建筑面积与停车需求之间的关系,以量化其建筑面积对停车需求的影响程度。应用模糊论引入一个半量化的指标,并使用加权平均法获得标准化停车需求。因此,建筑面积的折减系数 d_2 可以定义为标准化停车需求与实际停车需求的比率,如公式(10-3)所示:

$$d_2 = \frac{\sum_{j=1}^{n} S_j \cdot D_j}{S \cdot D} \tag{10-3}$$

式中:d_2——建筑面积折减系数;
S——超高层建筑的停车需求随建筑面积变化到趋于稳定时的建筑面积值,由调查数据分析可获得(m^2);
D——标准停车需求率,采用规范值;
S_j——第 j 个超高层建筑的建筑面积(m^2);
D_j——高峰小时停车需求率,由调查数据分析可获得。

研究对象是集居住、办公、商业等多种功能于一体的超高层建筑,各种功能之间的出行存在差异,将各种功能所需停车位进行层叠很可能会浪费有限的停车资源。为了量化停车共享效用水平对停车需求的影响,将停车共享效用水平的折减系数 d_3 定义为考虑停车共享情况下所需停车位与无停车共享情况下所需停车位比值,如公式(10-4)所示:

$$d_3 = \frac{\max\left[\sum_{t=1}^{n} P_t D_j a_t\right]}{\sum_{t=1}^{n} P_t} \tag{10-4}$$

式中:d_3——停车共享效用水平折减系数;

P_t——超高层建筑第 t 种功能所需的停车位(个);

a_t——超高层建筑第 t 种功能的非垄断调节因子;

D_j——高峰小时停车需求率,由调查数据分析可获得。

10.1.3 停车配建指标折减合理性检验

通过折减计算得到超高层建筑的配建指标,该指标会低于普通建筑的配建标准,由此减少配建的停车位将会调整停车需求,导致部分小汽车出行者转移出行方式,应该保证超高层建筑周边的公共交通剩余载客量可以承担该部分的小汽车出行量。为了验证该方法,在配建停车位大量较少时,提出了方法的合理性检验,即评估减少的停车位是否符合公共交通剩余载客能力的约束,以确保可以有效满足停车需求,促进公共交通导向发展。

假设超高层建筑的停车配建标准减少后,部分小汽车出行者转移到公共交通出行,超高层建筑周边的公共交通剩余载客量将来自小汽车出行者。因此,减少的停车位数量可以用公共交通剩余载客量与小汽车平均载客人数之比来计算表征。实际公共交通剩余载客量不会到达最大值,因此,该比值可以表示为 N 的上限,如公式(10-5)所示:

$$N = N_0 \cdot (1 - d_1 \cdot d_2 \cdot d_3) \leqslant P_r/M \tag{10-5}$$

式中:N——现有标准与实际配建停车位之间的差值(个);

N_0——使用现有停车配建规范计算出来的停车位数量(个);

M——小汽车平均载客人数(人);

P_r——公共交通站点的线路剩余载客量(人)。

选择位于西安市郊区的长庆大厦作为案例。该超高层建筑位于凤城五路轨道站点影响区,高 268 m,总建筑面积 333 760 m²,容积率 9.3,具有办公、商业、餐饮等功能。基于改进节点—场所模型的轨道站点影响区分类研究发现,凤城五路轨道站点影响区被划分为第三类——具有平均节点指数、平均场所指数、较高步行性的地点,被定义为"郊区 TOD"类型。合理确定长庆大厦的停车配建标准,有助于凤城五路轨道站点影响区从"郊区 TOD"类型向"城市 TOD"(即步行友好的均衡地点、节点和场所指数均衡、具有较高的步行性和公共交通可达性水平)转型。根据西安市现行建筑物停车配建标准,长庆大厦应提供 2 454 个停车位。如图 10-1 所示,长庆大厦核心影响区内有 4 个公交站点、1 个轨道站点,运营 16 条公交线路、1 条轨道交通线路。

图 10-1　西安长庆大厦周边公共交通情况

轨道交通 1 号线凤城五路轨道站点已经没有剩余客流量,因此,只需计算该超高层建筑周边的 4 个公交站点的剩余载客量。从公交站点到高层建筑入口有 4 条路线,$n=4$。基于调查结果,给出了平均步行速度的取值 $v_m=75$ m/min。由此可求得各条路线的步行时间,分别为 $t_{x1}=2$ min,$t_{x2}=3$ min,$t_{x3}=5$ min,$t_{x4}=6$ min;各条路线的平均等待时间分别为 $t_{y1}=3$ min,$t_{y2}=6$ min,$t_{y3}=5$ min,$t_{y4}=8$ min。根据调查数据,将采用公交车、轨道交通出行的干扰因素分别标定为 $k_1=1$,$k_2=1.5$。公交和轨道交通的到达率分别为 $r_1=4$ veh/h、$r_2=10$ veh/h。基于公式(10-1)和公式(10-2),公共交通可达性的折减系数可以计算为 $d_1=0.76$。

对位于西安市具有不同位置特征的超高层建筑进行调查,结果显示当停车需求率趋于稳定时,建筑面积可标定为 $S=50\,000$ m²,基于公式(10-3)可以计算得到建筑面积的折减系数 $d_2=0.46$。

每辆小汽车平均载客人数为 $m=1.8$。既有研究发现,当载客量达到额定载客量的 70% 时,乘客的出行舒适度会发生显著变化[184]。因此,满载率应该控制在合理的水平,给出取值 $K_i=70\%$。基于公式(10-1),如表 10-2 所示,公共交通剩余载客量可以计算得到 $P_r=3\,690$。非垄断调节系数取值为 0.8。结合西安市超高层建筑的停车需求特征调查,停车共享效用水平可以计算为 $d_3=0.81$。对比国内同级别城市——南京市已发布《建筑物配建停车设施设置标准与准则(2015 版)》,明确要求总建筑面积大于 5 000 m²、次功能建筑面积占 20% 以上的商办建筑,在充分考虑停车共享的可能后,车位总数可按各类建筑性质配建车位需求总和的 85% 计算,验证了停车共享效用水平折减系数计算的有效性和合理性。

通过计算得到,西安市现有停车配建标准与实际停车位之差为 $N=2\,454\times(1-0.76\times0.46\times0.81)=1\,759$。减少停车位的上限值计算可得 $P_r/M=3\,690/1.8=2\,050$。$N<P_r/M$ 表示部分采用小汽车出行的通勤者转移到公共交通出行,公共交通剩余载客量还可以有效地满足。实际上,长庆大厦的面积为 157 062 m²,配建 705 个停车位,即长庆大厦的停车配建指标为 0.45 个/100 m²。

表 10-2 剩余载客能力计算

公交线路	f_i/(辆/min)	C_i/人	K_i/%	O_i/%	P_r/人
117	12	80	70	67	12
165	22	80	70	60	22
403	20	60	70	28	76
10	5	60	70	55	108
50	7	80	70	16	371
207	10	60	70	42	101
230	10	80	70	41	140
238	10	80	70	40	144
266	10	80	70	38	154
318	20	80	70	61	22
409	5	60	70	26	317
619	18	80	70	37	88
719	5	60	70	61	65
209	7	80	70	14	384
600	2	80	70	13	1 368
319	8	80	70	17	318
总计					3 690

相对于我国西安市标准要求的建筑停车位配建标准,应用提出的方法进行计

算得到实际配建的停车位显著减少,从而节省较多的用地资源。高密度开发地区,尤其是中心城区用于停车设施建造的空间极其有限;过多的停车位也将加剧交通拥堵。国内一些轨道交通发展较为快速的大城市,也开始降低轨道站点影响区的商办综合型建筑停车配建标准,并给出具体规定。南京市发布《建筑物配建停车设施设置标准与准则(2015 版)》,明确要求轨道站点出入口 200 m 范围内的容积率≥5.0 或地块规划计容建设面积≥200 000 m² 的商办建筑,机动车配建指标可按 0.7 个/100 m² 计算。考虑停车共享后,轨道站点出入口 200 m 范围内的超高层建筑停车配建指标可按 0.595 个/100 m² 计算。发达国家对停车问题的认识也发生转变,认为"供给紧缩"是可持续停车管理的重要特征,开始将停车相关政策作为交通需求管理的重要措施。例如,美国、英国等国家的大城市已经从最小停车配建标准转变为最大停车配建标准;对于交通拥堵问题比较突出的中心城区,较低的停车配建标准可能会抑制不合理的停车需求,也可以结合停车收费政策来调整停车需求。我国北京、上海、广州、深圳等大城市典型超高层建筑的停车配建情况,如表 10-3 所示。对比分析其停车配建标准与本章方法得到的停车配建指标,验证其现实合理性。

表 10-3 国内部分大城市超高层建筑停车配建指标

项目	地上总建筑面积/m²	高度/m	车位数/个	停车配建指标/(个/100 m²)
上海环球金融中心	356 000	492	1 100	0.31
上海金茂大厦	230 000	420	993	0.43
北京国贸三期	220 000	330	673	0.31
深圳京基金融中心	476 000	442	2 100	0.44
广州国际金融中心	329 000	432	1 700	0.52

这些大城市的停车配建标准普遍小于 0.5 个/100 m²,在 0.3 个/100 m² 浮动。不在此范围内的停车配建标准可归因于公共交通发展、公共交通可达性、停车共享等方面的某些差异。相比我国其他大城市,西安市尚未形成轨道交通网络,轨道交通 1 号线、2 号线的剩余载客量已经较低。受公共交通剩余载客量的约束,可减少停车位数量较少。因此,计算得到的西安市 0.45 个/100 m² 的停车位配建标准要高于其他大城市。总体而言,该方法适用于基于普通建筑停车配建指标逐渐折减,调查工作量相对较少,简单且便于实际操作。

10.1.4 停车配建指标确定建议

人口密度高、开发强大是我国大城市的显著特征,有利于构建轨道站点 TOD

的公共交通运输体系。然而很多高强度开发区域,尤其是轨道站点影响区这一特定的重要城市功能区域,对其停车问题并未引起足够重视,缺少有效的停车管控。我国下一阶段的轨道交通线网建设将更关注于郊区线路,随着郊区轨道站点周边土地利用高密度开发,其区位特征也将随之发生变化。郊区级轨道站点影响区的超高层建筑停车配建指标确定尤为关键,对这一特定区域的停车配建开展系统深入的研究,一定程度上可以合理调控小汽车出行。停车是城市综合交通系统的重要组成部分,停车政策不仅会对停车需求产生重要的影响,还深刻地影响着其他交通子系统,国际经验表明停车政策可以作为一种重要策略进行交通需求管理。最小停车配建标准已在我国实施20多年,这种强制性的技术标准可能导致了过多的小汽车出行。发达国家的很多城市已经从最小城市配建标准转向最大停车配建标准,例如,美国纽约市允许超高层建筑提供更少的停车位,或以此作为容积率奖励的条件之一。

  本章提出的方法在西安市的应用研究发现轨道站点影响区的超高层建筑按照 0.45 个$/100$ m^2 的标准进行停车配建可以有效地调控小汽车出行,促进轨道站点TOD。各个大城市的轨道站点影响区的公共交通可达性水平、停车共享效用水平等都存在差异,按照提出的方法,超高层建筑配建标准也会有一定区别。因此,应用该方法时,还需要进行相应的数据采集、数据处理、参数标定等工作,以更好地解决轨道站点影响区的超高层建筑停车配建问题。围绕轨道站点影响区,建议增加公共交通服务设施配给以进一步提高公共交通可达性水平和停车共享效用水平。

  相较于停车生成率方法,基于普遍建筑的轨道站点影响区超高层建筑停车配建方法数据采集与处理工作相对较少,可操作性强,适应于超高层建筑停车配建。本章仅在我国西安市对高度超过 150 m,融商业、办公、居住等功能为一体的高层建筑物进行了调查,要形成更具有实际指导效果的超高层建筑停车配建标准,还有待在全国各大城市采集更多的数据,包括轨道站点影响区超高层建筑配建情况、交通运营状况等。超高层建筑停车配建标准对小汽车起到有效的调控作用,但实际上有多大的作用与效果,还需对轨道站点影响区的交通运营状况进行评估,量化停车配建对其影响程度。当超高层建筑面积达到一定值,停车需求率趋于稳定时,一定程度上可以反馈到轨道站点影响区的开发强度。建议轨道站点影响区土地开发时,深入考虑外部交通的制约条件。关于公共交通可达性水平,建议提供轨道站点的设施服务水平,加大微型公交服务的供给,优化既有微型公交站点间距等。关于停车共享效应水平,建议超高层建筑开发时,进行多种功能的有效组合;同时,加大轨道站点影响区的土地利用混合度。围绕建议及应对措施,在轨道站点TOD层面来研究这一特定区域的停车配建问题也尤为重要。因此,建议下一阶段也要开展轨道站点影响区的多个超高层建筑之间的停车配建指标协同研究。

10.2 轨道站点影响区停车换乘需求分析

10.2.1 停车换乘行为主要影响因素

停车换乘作为一种城市交通需求管理手段,能够引导城市外围出行者换乘轨道交通,较好地解决轨道交通和小汽车出行节点换乘问题,吸引部分交通流以缓解主城区交通拥堵。轨道交通成网条件下停车换乘的出行需求逐渐增加,从未成网和成网两个角度出发,对出行者选择停车换乘的影响因素进行研究。由于轨道交通成网条件下的停车换乘影响因素难以直接量化,而层次分析法(Analytic Hierarchy Process,AHP)适合解决目标值难以定量描述的决策问题,因此,采用AHP分析停车换乘行为影响因素。

根据所有因素的相对重要性确定权重,a_{ij} 为要素 i 与 j 重要性比较结果,表10-4为1~9标度法。根据停车换乘行为各因素的平均综合得分建立判断矩阵,构成的判断矩阵性质如公式(10-6所示):

$$a_{ij} = \frac{1}{a_{ji}} \tag{10-6}$$

表 10-4 判断矩阵元素标度

因素 i 比因素 j	同等重要	稍微重要	较强重要	强烈重要	极端重要	两相邻判断的中间值
量化值	1	3	5	7	9	2,4,6,8

对判断矩阵最大特征根 λ_{max} 的特征向量进行归一化处理,记为 W。W 元素需进行一致性检验确认层次单排序,一致性指标用 CI 计算,如公式(10-7)所示:

$$CI = \frac{\lambda - n}{n - 1} \tag{10-7}$$

式中:CI——一致性指标;

λ——最大特征根;

n——唯一非零特征根。

CI=0,有完全的一致性;CI 接近于 0,有满意的一致性;CI 越大,不一致性越严重。为衡量 CI 的大小,引入随机一致性指标 RI,如公式(10-8)所示:

$$RI = \frac{CI_1 + CI_2 + \cdots + CI_n}{n} \tag{10-8}$$

一致性的偏离可能是由随机原因造成的,检验判断矩阵是否具有满意一致性时,还需比较 CI 和 RI,得到检验系数 CR,如公式(10-9)所示。当 CR<0.1 时,判断矩阵具有一致性。

$$CR = \frac{CI}{RI} \tag{10-9}$$

1) 轨道交通未成网条件

对停车换乘吸引力的影响因素进行排序,根据各因素的平均综合得分构建判断矩阵,将分析项标定为 M_1、M_2、M_3、M_4、M_5、M_6,如表 10-5 所示。

表 10-5 AHP 层次分析判断矩阵

平均值	项	M_1	M_2	M_3	M_4	M_5	M_6
4.103	M_1	1	1.033	1.265	1.224	1.222	1.381
3.972	M_2	0.968	1	1.224	1.185	1.183	1.336
3.244	M_3	0.791	0.817	1	0.968	0.966	1.092
3.352	M_4	0.817	0.844	1.033	1	0.999	1.128
3.357	M_5	0.818	0.845	1.035	1.001	1	1.130
2.972	M_6	0.724	0.748	0.916	0.887	0.885	1

表中:M_1 为 P+R 停车场到轨道站点的步行距离;M_2 为总出行时间;M_3 为目的地停车效率及费用;M_4 为 P+R 停车场费用;M_5 为停车位预定;M_6 为乘坐轨道交通的舒适感。

根据判断矩阵得到的分析结果如表 10-6 所示。

表 10-6 AHP 层次分析结果

项	特征向量	权重值/%	最大特征根	CI
M_1	1.172	19.539		
M_2	1.135	18.913		
M_3	0.927	15.448	6.000	0.000
M_4	0.958	15.962		
M_5	0.959	15.985		
M_6	0.849	14.152		

针对 P+R 停车场到轨道站点的步行距离、总出行时间、目的地停车效率及费用、P+R 停车场费用、停车位预定和乘坐轨道交通的舒适感构建判断矩阵进行研究,分析得到特征向量为(1.172,1.135,0.927,0.958,0.959,0.849),并且对应的权重值分别为:19.539%,18.913%,15.448%,15.962%,15.985%,14.152%。

建立6阶判断矩阵,根据表10-7,RI=1.260,RI值用于一致性检验计算使用。一致性检验结果如表10-8所示。

表10-7 随机一致性RI

n阶	3	4	5	6	7	8	9	10	11	12	13	14	15
RI	0.52	0.89	1.12	1.26	1.36	1.41	1.46	1.49	1.52	1.54	1.56	1.58	1.59

表10-8 一致性检验结果汇总

最大特征根	CI	RI	CR	一致性检验结果
6.000	0.000	1.260	0.000	通过

CI=0.000,RI=1.260,故CR=0.000<0.1,判断矩阵满足一致性检验,计算所得权重具有一致性。

如图10-2所示,轨道交通未成网条件下影响选择停车换乘出行的因素从大到小排序分别为P+R停车场到轨道站点的步行距离、总出行时间、P+R停车场费用、目的地停车效率及费用、乘坐轨道交通的舒适感、停车位预定,其中P+R停车场到轨道站点的步行距离 M_1 和总出行时间 M_2 的影响权重最高,对出行者影响力显著。

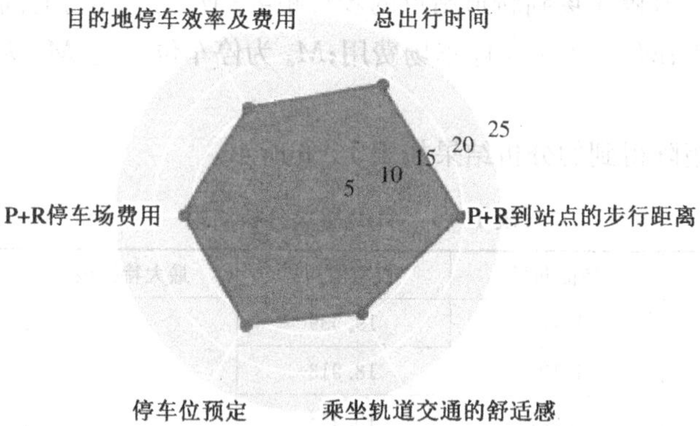

图10-2 未成网条件下停车换乘影响因素权重

2) 轨道交通成网条件

从轨道交通成网特征出发,根据调查中出行者对停车换乘的影响因素重要度排序利用AHP层次分析法针对总出行时间、停车换乘费用、换乘次数等因素对出行者选择停车换乘出行的影响因素做进一步分析,如表10-9、10-10、10-11所示。

表 10-9 AHP 判断矩阵

平均值	项	停车换乘费用	出发点到换乘站点的距离	总出行时间	换乘站点的换乘便捷度	换乘站点到达目的地的换乘次数	其他
4.017	停车换乘费用	1	0.965	0.913	1.085	1.088	3.913
4.161	出发点到换乘站点的距离	1.036	1	0.946	1.124	1.127	4.053
4.399	总出行时间	1.095	1.057	1	1.188	1.191	4.285
3.703	换乘站点的换乘便捷度	0.922	0.89	0.842	1	1.003	3.607
3.693	换乘站点到达目的地的换乘次数	0.919	0.888	0.84	0.997	1	3.598
1.027	其他	0.256	0.247	0.233	0.277	0.278	1

表 10-10 层次分析结果

项	特征向量	权重值/%	最大特征根	CI
停车换乘费用	1.148	19.130	6.000	0.000
出发点到换乘站点的距离	1.189	19.815		
总出行时间	1.257	20.948		
换乘站点的换乘便捷度	1.058	17.632		
换乘站点到达目的地的换乘次数	1.055	17.587		
其他	0.293	4.889		

表 10-11 一致性检验结果汇总表

最大特征根	CI	RI	CR	一致性检验结果
6.000	0.000	1.260	0.000	通过

成网条件下出行者选择停车换乘出行的影响因素与轨道交通未成网条件下的出行者不同。相较于出发点到换乘站点的距离（权重占比为 19.815%），成网条件下出行者更关注于总出行时间（权重占比为 20.948%）。此外，由于成网条件下的换乘便捷度和换乘次数对总出行时间也有一定的影响，所以除总出行时间外，也对换乘便捷度和换乘次数更加关注，如图 10-3 所示。故轨道交通成网会促使停车换乘影响因素发生变化，对出行者选择停车换乘出行产生一定影响，出行者不再简单地以距离作为自己换乘站点的选择标准。

10.2.2 停车换乘行为潜在影响因素

成网条件下影响出行者选择停车换乘的各因素之间并非相互独立，而是存在一定的相互影响。出行者选择停车换乘出行的行为同样还会受到社会人口学、心

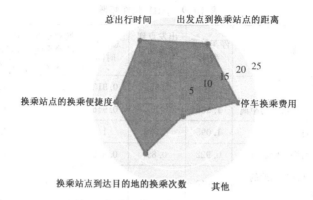

图 10-3　成网条件下停车换乘影响因素权重图

理学等潜在因素的影响,这些因素难以直接量化,因此,采用潜在类别模型,在成网条件下停车换乘主要影响因素的基础上对潜在影响因素做进一步探究,分析不同情境下的类别差异。在潜在类别分类的基础上探究影响群体最终选择停车换乘出行的因素。

1) 潜在类别分析模型

潜在类别模型(Latent Class Model,LCM)以内在的潜在类别变量来解释外显变量之间的关系。潜在类别分析的统计原理建立在概率的多变量分析之上,通过对类别模型的外显变量和潜在变量间的关系建立统计模型,根据模型参数得到各潜在类别的具体外在表现的潜在特征分类[185]。其分析过程包括概率参数化、参数估计、模型识别、拟合优度评价,以及潜在分类与结果解释等。

典型的 LCM 涉及可观察与测量的外显变量和不可观察的潜在变量。现假定 A、B、C 三个外显变量(条目),则潜在类别模型可表示为公式(10-10):

$$\pi_{ijk}^{ABC} = \sum_{t=1}^{T} \pi_t^X \overline{\pi_{it}^{AX}} \overline{\pi_{jt}^{BX}} \overline{\pi_{kt}^{CX}} \tag{10-10}$$

式中:π_{ijk}^{ABC} —— 潜在类别模型的联合概率(即各潜在类别概率的总和);

π_t^X —— 潜在类别概率,即当外显变量具有局部独立性时,潜在变量 X 属于第 t 个水平的概率,水平 $t=1,2,3,\cdots,T$,各潜在类别概率的总和为 1;

$\overline{\pi_{it}^{AX}}$ —— 属于第 t 个潜在类别的受测者对于第 A 个题目上第 i 种反映的条件概率;

$\overline{\pi_{jt}^{BX}}$ —— 属于第 t 个潜在类别的受测者对于第 B 个题目上第 j 种反映的条件概率;

$\overline{\pi}_{it}^{CX}$——属于第 t 个潜在类别的受测者对于第 C 个题目上第 k 种反映的条件概率。

在 LCM 中,第二步是对参数进行估计,利用极大似然法求解模型,迭代过程中所使用的算法有期望最大化算法(Expectation-Maximization,EM)、牛顿-拉夫森迭代(Newton-Raphson,NR)。对一个具有 T 个潜在类别的潜在变量 X 的 LCM 模型,极大似然估计函数可表示为公式(10-11):

$$\hat{\pi}_{ijkt}^{ABCX} = \hat{\pi}_t^X \hat{\pi}_{it}^{\overline{A}X} \hat{\pi}_{jt}^{\overline{B}X} \hat{\pi}_{kt}^{\overline{C}X} \tag{10-11}$$

式中:$\hat{\pi}_{ijkt}^{ABCX}$——T 个潜在类别在各外显变量的个别的条件概率估计量;

$\hat{\pi}_t^X$——概率估计值;

$\hat{\pi}_{it}^{\overline{A}X}$、$\hat{\pi}_{jt}^{\overline{B}X}$、$\hat{\pi}_{kt}^{\overline{C}X}$——三个外显变量的潜在类别概率(条件概率)极大似然估计数。

根据潜在类别模型概念,将各外显变量在 T 个潜在类别下的概率估计值加总,即得到联合概率极大似然估计数,如公式(10-12)所示:

$$\hat{\pi}_{ijk}^{ABC} = \sum_{t=1}^{T} \hat{\pi}_{ijkt}^{ABCX} = \sum_{t=1}^{T} \hat{\pi}_t^X \hat{\pi}_{it}^{\overline{A}X} \hat{\pi}_{jt}^{\overline{B}X} \hat{\pi}_{kt}^{\overline{C}X} \tag{10-12}$$

由公式(10-8)和(10-9)可以推导得到各潜在类别中各外显变量不同水平的极大似然概率,如公式(10-13)所示:

$$\hat{\pi}_{ijkt}^{ABC\overline{X}} = \frac{\hat{\pi}_{ijkt}^{ABCX}}{\hat{\pi}_{ijk}^{ABC}} \tag{10-13}$$

式中:$\overline{X}$——各潜在类别的概率总和;

$\hat{\pi}_{ijkt}^{ABC\overline{X}}$——各外显变量的各水平在某一潜在类别上的比重。

潜在类别分析最终目的是分类,即在确定最优模型后,将所有观察值分类到适当的潜在类别中,用新的类别变量说明观察值的后验类别属性,分类概率计算如公式(10-14)所示:

$$\hat{\pi}_{ijkt}^{\overline{X}ABC} = \frac{\hat{\pi}_{ijkt}^{ABCX}}{\sum_{t=1}^{T} \hat{\pi}_{ijkt}^{ABCX}} \tag{10-14}$$

式中:$\hat{\pi}_{ijkt}^{\overline{X}ABC}$——各潜在类别分类概率。

2)模型构建及结果分析

对成网条件下停车换乘行为建模前,利用潜在类别模型分析不同情景的类别差异,探究影响因素的内在联系,对所选定的外显变量进行分水平处理。其处理结果如表 10-12 所示。

表 10-12 外显变量分水平处理结果

调查属性	外显变量	分类水平	说明	人数/人
学历	Item1	4	初中及以下	25
			高中	70
			大学本科/专科	640
			硕士及以上	182
月收入	Item2	5	3 000 以下	131
			3 000~5 000	244
			5 000~10 000	338
			10 000~20 000	182
			20 000 以上	22
停车费用	Item3	3	减少 5%	385
			减少 10%	291
			减少 15%	241
总出行时间	Item4	3	减少 5%	262
			减少 10%	314
			减少 15%	341
换乘便捷程度	Item5	3	增加 5%	307
			增加 10%	340
			增加 15%	270
换乘次数	Item6	3	减少 5%	358
			减少 10%	294
			减少 15%	265
停车位数量	Item7	3	增加 5%	280
			增加 10%	380
			增加 15%	257

表 10-13 模型适配性检验结果(1)

模型	df	χ^2	G^2	AIC	BIC
1-Class	4 841	12 107.204	3 296.111	14 185.809	14 267.768
2-Class	4 820	6 236.523	2 496.040	13 452.506	13 621.245
3-Class	4 801	4 802.667	2 134.522	13 138.538	13 394.056
4-Class	**4 782**	**4 177.414**	**1 960.174**	**13 010.304**	**13 352.603**
5-Class	4 763	3 815.544	1 885.405	12 981.074	13 410.152
6-Class	4 745	3 464.320	1 819.790	12 953.544	13 469.402

表 10-14　模型适配性检验结果(2)

模型	aBIC	LMR	ALMR	Entropy
1-Class	14 213.778	—	—	—
2-Class	13 510.089	<.001	<.001	0.938
3-Class	13 225.735	<.001	<.001	0.849
4-Class	**13 127.116**	**<.001**	**<.001**	**0.823**
5-Class	13 127.499	0.684	0.687	0.784
6-Class	13 129.583	0.778	0.778	0.808

如表 10-13 和表 10-14 所示，为检验模型适配性，将前六种分类结果进行分析对比。分别记录以上各类别的拟合指标与统计检验显著性。随着潜在类别数目的增加，模型自由度逐渐变小，Pearson 卡方和似然比卡方也在降低。BIC 和 aBIC 在 Item4 时达到最小值，分别是 13 352.603 和 13 127.116，随后逐渐上升。AIC 在到达 Item4 后基本保持平稳。当前四分类数量模型与少一个分类模型的差异检验 p 值小于 0.05，说明当前分类数量的模型更优，即显著性水平明显。同时，Entropy 作为分类精确性指标，大于 0.8 即表示大于 90% 的个案分类正确，Item4 符合这个要求。故在此选择将数据分为四个潜在类别。

采用 Item4 对调查数据进行潜在类别分析，四种类别的概率分别为 0.101 4、0.186 5、0.138 5、0.573 6。如表 10-15 所示，第四个类别的人数最多，占到总样本的 57.36%，第一个类别最少，占比仅约 10%。

表 10-15　各类别的类别概率

类别	人数/人	类别概率
一	93	0.101 4
二	171	0.186 5
三	127	0.138 5
四	526	0.573 6

各自四种类别的条件概率如表 10-16 所示，条件概率越高则表示该类别群体在某特定水平上倾向更高。例如，第一类群体在停车费用"2"上的条件概率为 74%，意味着第一类群体有超过 70% 的人会愿意在降低 10% 的停车费用的基础上选择距离相对较远的换乘站点，即在选择换乘站点时对停车费用较为关注。

表 10-16　各类别的类别概率表

指标	类别 1	类别 2	类别 3	类别 4
类别规模	0.101 4	0.186 5	0.138 5	0.573 6
学历				
1	0.000	0.027	0.015	0.035
2	0.020	0.027	0.040	0.112
3	0.547	0.622	0.844	0.716
4	0.433	0.324	0.101	0.137
月收入				
1	0.291	0.254	0.124	0.083
2	0.157	0.176	0.394	0.285
3	0.418	0.318	0.361	0.378
4	0.093	0.211	0.075	0.243
5	0.041	0.041	0.046	0.011
停车费用				
1	0.041	0.163	0.969	0.443
2	0.740	0.288	0.007	0.325
3	0.219	0.549	0.024	0.232
总出行时间				
1	0.045	0.022	0.982	0.251
2	0.859	0.092	0.004	0.415
3	0.096	0.886	0.014	0.334
换乘便捷度				
1	0.055	0.024	0.963	0.339
2	0.945	0.096	0.021	0.444
3	0.000	0.880	0.016	0.217
换乘次数				
1	0.000	0.024	0.993	0.440
2	0.905	0.165	0.007	0.343
3	0.095	0.811	0.000	0.217
停车位数量				
1	0.000	0.095	0.971	0.272
2	0.900	0.272	0.029	0.467
3	0.100	0.633	0.000	0.261

潜在类别条件概率分布如图 10-4 所示。

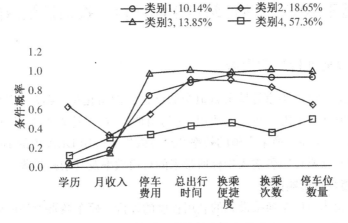

图 10-4　潜在类别条件概率分布图

图 10-4 中标点含义为每个类别在各属性、各水平上概率的最大值。如一类别群体在停车费用上的最大类别概率为 0.740。通过表 10-14 和图 10-4 的对比发现,四类群体在学历和月收入水平上类似,大部分为大学本科/专科学历,且收入大致在 5 000～10 000 水平,二、四类别群体的条件概率比一、三类别略高。第一类群体在各水平上对第二个水平的选择偏高,即对各属性变化幅度有一定要求,而且对换乘便捷度最为关注,称之为"换乘便捷度敏感型"。第二类群体在对各个属性进行选择时,在第三个水平上选择偏高,即这类群体在各属性变化幅度达到最高时才能被吸引,且对总出行时间最为关注,称之为"总出行时间敏感型"。

由于成网条件下换乘便捷度和换乘次数对总出行时间存在一定影响,因此,"总出行时间敏感型"对换乘便捷度和换乘次数也具有较高的敏感性。第三类群体在各水平上对第一水平的选择偏高,即各属性变化幅度最低时就能吸引这类群体,且对换乘次数最为关注,称之为"换乘次数敏感型"。第四类群体在对各个属性的选择并无一致性的倾向,在停车费用和换乘次数上对第一个水平选择较高,即该两个属性变化容易吸引这类群体,而在总出行时间、换乘便捷度以及停车位数量上对第二个水平选择较高,即对它们的变化有一定的要求,吸引力一般,且对停车位数量最为关注,称之为"停车位数量敏感型"。因此,轨道交通成网条件下换乘便捷度和换乘次数对出行者轨道站点的选择具有一定的影响。

10.3 基于 DEA 的轨道站点影响区停车换乘设施效能评价

10.3.1 效能评价影响因素

我国北京、上海、南京等城市轨道交通已进入网络化运营阶段，围绕轨道站点的 P+R 设施已逐步建设并投入使用，受到用地资源、设施选址布局、运营管理等因素制约，影响了停车换乘设施的效率和运行效果。应用 DEA 中的 BBC 模型，确定各站点停车换乘设施各输入指标所带来的规模效率及其增减趋势。

1) 效能评价影响因素

效能评价为对停车换乘设施的利用程度的评价。停车换乘设施的效能是指驾驶人改变出行方式，采用停车换乘所能带来的效益，包括经济资源方面、环境资源方面、时间资源方面和空间资源方面等。

2) 指标选取

P+R 系统实施效果的评价主要分析其实施效果的好坏和资源利用情况，输入的指标需反映 P+R 设施的规模大小和资源情况，输出指标是反映 P+R 系统实施效果的影响因素。因此，输入指标选取换乘步行距离、P+R 停车场泊位数和停车费用以及同行城市道路拥挤程度，输出指标选取换乘客流量、停车周转率。输入输出指标选取如图 10-5 所示。

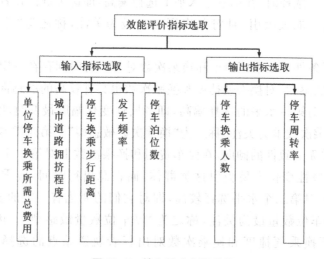

图 10-5 输入输出指标选取

(1) 输入指标选取

停车换乘总费用：停车换乘使用者使用一次停车场所需停车费用与乘坐轨道交通到中心城区往返费用之和。单位停车换乘费用的单位为"元"。考虑到使用汽车的通勤居民会由于出行成本的变化而在一定程度上选择不同的出行方式，相对较低的出行成本更有可能吸引居民选择这种出行方式，因此选择这一指标。

城市道路拥挤程度：以轨道交通停车换乘站点到中心城区自驾时长与乘坐轨道交通时长之比为依据，进行分层的序列。乘坐轨道交通所需时间一定，比值越大表明自驾时长越长、速度越低、体验越差。城市道路拥挤程度分为四级。通勤时间因交通方式不同而变化，不同交通方式的时间比可以反映城市道路交通的拥堵程度。

停车换乘步行距离：旅客在完成停车换乘过程中所需最短步行距离。停车换乘距离的单位为"m"。考虑到当小汽车出行者将车辆停放在停车换乘设施中并步行到轨道站点时，居民或因步行距离产生不同的满意度，为此选择停车换乘步行距离作为指标。

发车频率：一个小时内经过一个站点的列车数量，通常测量上一辆列车停止到下一辆列车停止的时间，通过推算得出一个小时内所能到达的车辆数，不同时间段内受列车调度计划影响。最小发车间隔的单位为"辆/h"。轨道站点的不同发车频率会对居民的出行体验产生一定的影响，较慢的发车频率将增加居民的通勤时间，并在一定程度上影响用户体验。

停车泊位数：停车换乘设施内所包含的停车泊位数。停车泊位数的单位为"个"。小汽车出行者考虑停车换乘出行模式，基本保证是具有可用的停车位。停车位不足会导致居民放弃选择停车换乘，同样导致出行时间延长。

(2) 输出指标选取

停车换乘人数：指某一站点一天中采用停车换乘出行的车辆数，单位为"辆"。该指数用于反映居民对停车换乘设施的接受程度，相对较高的停车换乘数表明居民更愿意选择停车换乘设施，这也表明停车换乘设施具有更高的容量。

停车周转率：在一定时间内每个停车泊位的平均车辆停放次数，常用在一定时间内的累计停放车辆数与停车设施容量的比值来表示，以"次/d"为单位。在设施利用率评估中，选择停车周转率指标。停车周转率越高，设施运营效率越高。

10.3.2 停车换乘设施效能评价模型

DEA 是一种评价同质决策单元的非参数技术，DEA 评估一组同质决策单元的相对有效，方法是使用输出加权和与输入加权和的比率。它确定了一组权值，使目标同质决策单元相对于其他同质决策单元的效率最大化。

BCC模型增加了一个额外的常数变量c_j，以允许可变的成比例收益。BCC模型描述如公式(10-15)至(10-17)所示：

$$h_j = \max \sum_{r=1}^{s} u_r y_{rj} + c_j \tag{10-15}$$

约束条件：

$$\sum_{i=1}^{m} v_i x_{ij} - \sum_{r=1}^{s} u_r y_{rj} - c_j \geqslant 0, j=1,\cdots,n \tag{10-16}$$

$$\sum_{i=1}^{m} v_i x_{ij} = 1 \tag{10-17}$$

$$u_r \geqslant 0, r=1,\cdots,s$$
$$v_i \geqslant 0, i=1,\cdots,m$$

式中：v_i、u_r——换乘单元评价变量；

c_j——引入的常数；

h_j——枢纽的换乘效率换算值；

x_{ij}——第j个决策单元第i种输入的总投入，$x_{ij}>0$；

y_{rj}——第j个决策单元第r种输出的产出总量，$y_{rj}>0$。

10.3.3 案例分析

1) 评价对象说明

城市道路拥挤程度：为新提出指标，根据不同交通方式从某一配置P+R设施的轨道站点到中心城区域轨道站点的时间比作为指标的值，进行了相应的分层排序。行车速度反映道路拥挤程度，路程确定时，速度与时间成反比，故以城市道路拥挤程度为驾车时间与乘坐轨道交通的时间之比为根据。

采用分离输入指标的方法进行数据分析，将数据分为五组，输入指标都与输出指标相结合，形成一组新数据，采用DEAP2.1进行计算。

中心城区站点：新街口站。

采集数据的站点包括柳州东路、经天路、金马路、马群、竹山路、诚信大道六个站点，均处于连接中心城区与郊区的主要道路，且彼此之间具有对比性，站点具体分布如图10-6所示。

数据调查整理如表10-17所示。

图 10-6 调查选点布局图

表 10-17 数据调查整理

站点名称	输入指标					输出指标	
	单位停车换乘费用/元	停车换乘步行距离/m	发车频率/(次/h)	停车泊位数/个	高峰期段同行城市道路拥挤程度	停车换乘数/辆	停车周转率/[辆(个·d)]
柳洲东路	20	100	12	179	4	171	2.51
马群	32	100	20	653	4	80	0.88
金马路	13	170	20	72	3	14	1.65
竹山路	45	100	6	81	1	24	1.83
诚信大道	14	350	6	96	1	10	0.94
经天路	14	100	20	780	2	731	1.36

注：同行城市道路的拥挤程度采用模糊分级处理，即通过时间比的比值设置阈值公式，最终判定四个等级。

调查结果如表 10-17 所示，各站点设施情况存在一定差异，大中型停车换乘设施仅包括柳洲东路站（179 个）、经天路站（780 个）、马群站（653 个）。多数轨道站点周边存在可与其他商业设施或小区共用的停车场，在现有站点的调查中，较多出行者在日常通勤时进行停车换乘。

数据处理后从综合效率、纯技术效率、规模效率进行阐述，在对运算方式进行对比分析后，采用以单个输入指标及两个输出指标进行运算。具体评价结果整理后如表 10-18 所示。

表 10-18 评价结果汇总

站点	单位停车换乘总费用				停车换乘步行距离				发车频率				停车泊位数				同行城市道路拥挤程度			
	技术效率	规模效率	综合效率	对比结果	技术效率	规模效率	综合效率	对比结果	技术效率	规模效率	综合效率	对比结果	技术效率	规模效率	综合效率	对比结果	技术效率	规模效率	综合效率	对比结果
柳洲东路	1.000	1.000	1.000	—	1.000	1.000	1.000	—	1.000	1.000	1.000	—	1.000	1.000	1.000	—	1.000	0.715	0.715	irs
马群	0.407	0.353	0.144	irs	0.500	0.230	0.115	irs	0.307	0.449	0.138	irs	0.120	0.523	0.063	irs	0.337	0.651	0.219	irs
金马路	1.000	0.399	0.399	irs	0.294	0.260	0.076	irs	0.300	0.519	0.156	irs	1.000	0.646	0.646	irs	0.333	0.743	0.248	irs
竹山路	0.292	0.500	0.146	irs	1.000	0.329	0.329	irs	1.000	0.658	0.658	irs	1.000	0.727	0.727	irs	1.000	0.941	0.941	irs
诚信大道	0.929	0.389	0.361	irs	0.143	0.253	0.036	irs	1.000	0.505	0.505	irs	0.750	0.628	0.471	irs	1.000	0.723	0.723	irs
经天路	1.000	1.000	1.000	—	1.000	1.000	1.000	—	1.000	1.000	1.000	—	1.000	1.000	1.000	—	1.000	1.000	1.000	—

2) 评价结果与建议

（1）马群站、金马路站、竹山路站、诚信大道站停车换乘设施规模效率均小于1，且规模收益呈现出递增趋势，理论上来说应当扩大输入指标规模（如泊位数），以增加其产出效益。但不同站点停车换乘设施在技术效率上存在差异，不能只从规模效率进行对停车换乘设施运营进行评价。马群站停车换乘设施规模效率与技术效率均小于1，而实际上马群站停车换乘设施供应相比较其他站点周边偏多，存在运营效率不高，承载能力过剩等问题。应当考虑增加管理投入，降低停车换乘与其他交通方式的衔接难度，提高停车换乘设施的效能。

（2）金马路站、竹山路站、诚信大道站在规模效率上均小于1，且规模效率呈现出递增趋势，即扩大停车换乘设施规模可增加停车换乘设施的效能，提高利用率。金马路站与诚信大道站停车换乘设施可以考虑与站点进行联合开发，提高换乘服务衔接舒适度，增加泊位数以增加设施效能。竹山路站停车换乘设施可考虑在泊位增加之外，调整停车换乘费用，以期望增加设施的效能，提高停车换乘服务的使用率。

（3）柳洲东路站、经天路站技术效率均为1，表现出DEA强有效。表明两个站点周边的停车换乘设施较受欢迎，使用率与社会认可度较高。但柳洲东路站停车换乘设施在城市道路拥挤程度指标上，表现出了规模效率小于1，表示城市道路拥挤会增加停车换乘设施的使用。经天路站停车换乘设施的规模效率和技术效率均为1，表现出DEA强有效。说明停车换乘设施运行状态良好，且设施投放规模合适。结合实地调查，周边小区地下停车场不对外开放，停车费用与P+R停车换乘设施相同，路边有私人车辆违规停放，说明该站点的停车换乘设施依然存在挖潜可能。

可对轨道交通停车设施进行分区分块集中化处理，减少小规模停车设施数量；对停车换乘设施进行规范化，停车换乘设施内包含的停车泊位数量与目标区域服务的数量匹配；增加停车设施的出入口，提高用户停车体验；减少长期停放车数量，可采取整日停放额外收费制度或一日停放超过12 h额外收费制度。

10.4　本章小结

本章提出了一种适应于停车需求、考虑公共交通可达性水平、开发强度和活动重叠情况下的郊区级轨道站点影响区超高层停车配建指标计算方法，考虑超高层建筑核心影响区内剩余载客能力的约束条件，以西安市为例对所提出的方法进行验证。在未成网条件下对轨道站点停车换乘行为影响因素进行研究的基础上，从轨道交通网络化特征出发，研究成网条件下的影响因素，采用潜在类别模型对停车换乘潜在影响因素做进一步探究，分析成网条件下轨道站点停车换乘特征。结合 DEA 模型确定了停车换乘设施各投入指标所带来的规模效率及其增减趋势，并针对不同站点停车换乘设施运营提出不同建议。

参考文献

[1] Sun D J, Liu X F, Ni A N, et al. Traffic congestion evaluation method for urban arterials: Case study of Changzhou, China[J]. Transportation Research Record, 2014, 2461(1): 9-15.

[2] Lin D, Allan A, Cui J Q. The impact of polycentric urban development on commuting behaviour in urban China: Evidence from four sub-centres of Beijing[J]. Habitat International, 2015, 50: 195-205.

[3] Ferenchak N N, Katirai M. Commute mode and mental health in major metropolitan areas[J]. Transportation Letters The International Journal of Transportation Research, 2015, 7(2): 92-103.

[4] Kroesen M. Accessing mediators in the relationship between commute time and subjective well-being: Structural equation analysis[J]. Transportation Research Record, 2014, 2452(1): 114-123.

[5] Liu Y Q, Zhang F Z, Wu F L, et al. The subjective wellbeing of migrants in Guangzhou, China: The impacts of the social and physical environment[J]. Cities, 2017, 60: 333-342.

[6] Sun B D, He Z, Zhang T L, et al. Urban spatial structure and commute duration: An empirical study of China[J]. International Journal of Sustainable Transportation, 2016, 10(7): 638-644.

[7] Ye R N, Titheridge H. Impact of individuals' commuting trips on subjective well-being: Evidence from Xi'an, China[J]. Journal of Transport & Health, 2015, 2(2): S59.

[8] McCabe S, Johnson S. The happiness factor in tourism: Subjective well-being and social tourism[J]. Annals of Tourism Research, 2013, 41: 42-65.

[9] 中华人民共和国公安部交通管理局. 2021年全国机动车保有量达3.95亿[EB/OL]. 2022. https://www.mps.gov.cn/n2254314/n6409334/c8322353/content.html

[10] 上海市人民政府. 上海市第四次综合交通调查成果报告[R]. 2011. http://sh.eastday.com/chztl/4thjtsurvey/.

[11] Creutzig F, He D Q. Climate change mitigation and co-benefits of feasible transport demand policies in Beijing[J]. Transportation Research Part D: Transport and Environment, 2009, 14(2): 120-131.

[12] Shon Z H, Kim K H, Song S K. Long-term trend in NO_2 and NO_x levels and their emission ratio in relation to road traffic activities in East Asia[J]. Atmospheric Environment, 2011, 45(18): 3120-3131.

[13] Jean-François D, Aurélien D, Teddy D. Taking advantage of a historic opportunity? A critical review of the literature on TOD in China[J]. Journal of Transport and Land Use, 2017, 10(1): 77-92.

[14] Rodriguez D A, Vergel-Tovar C E. Urban development around bus rapid transit stops in seven cities in Latin-America [J]. Journal of Urbanism: International Research on Placemaking and Urban Sustainability, 2018, 11(2): 175-201.

[15] Lierop D V, Maat K, EI-Geneidy A. Talking TOD: Learning about transit-oriented development in the United States, Canada, and the Netherlands[J]. Journal of Urbanism: International Research on Placemaking and Urban Sustainability, 2017, 10(1): 49-62.

[16] 白同舟,蔡乐,朱家正,等.轨道交通与城市协同发展的空间差异性分析:以北京市为例[J].交通运输系统工程与信息,2020,20(3):14-19.

[17] 中华人民共和国交通运输部.2021年交通运输行业发展统计公报[EB/OL]. 2022. https://xxgk.mot.gov.cn/2020/jigou/zhghs/202205/t20220524_3656659.html

[18] 中华人民共和国交通运输部.交通运输部关于印发《城市公共交通"十三五"发展纲要》的通知[EB/OL]. 2016. http://www.gov.cn/xinwen/2016-07/25/content_5094575.htm

[19] 中华人民共和国交通运输部.交通运输部关于印发《综合运输服务"十四五"发展规划》的通知[EB/OL]. 2021. http://www.gov.cn/zhengce/zhengceku/2021-11/18/content_5651656.htm

[20] Peng Y T, Li Z C, Choi K. Transit-oriented development in an urban rail transportation corridor[J]. Transportation Research Part B: Methodological, 2017, 103: 269-290.

[21] Rodriguez D A, Vergel-Tovar E, Camargo W F. Land development impacts of BRT in a sample of stops in Quito and Bogotá[J]. Transport Policy, 2016, 51: 4-14.

[22] 张纯,夏海山,于晓萍.轨道交通与城市空间发展协同的时空响应研究:以北京为例[J].城市规划,2020,44(5):111-117.

[23] Monajem S, Nosratian F E. The evaluation of the spatial integration of station areas via the node place model: An application to subway station areas in Tehran[J]. Transportation Research Part D: Transport and Environment, 2015, 40: 14-27.

[24] Huang R, Moudon A V, Cook A J, et al. The spatial clustering of obesity: Does the built environment matter? [J]. Journal of Human Nutrition and Dietetics, 2015, 28(6): 604-612.

[25] McKenzie G. Urban mobility in the sharing economy: A spatiotemporal comparison of shared mobility services [J]. Computers, Environment and Urban Systems, 2020, 79: 101418.

[26] 过秀成,崔莹.城市步行与自行车交通规划[M].南京:东南大学出版社,2016.

[27] Sweet M, Kanaroglou P. Gender differences: The role of travel and time use in subjective well-being[J]. Transportation Research Part F: Traffic Psychology and Behaviour, 2016, 40: 23-34.

[28] 吴江洁. 城市通勤时耗对个人幸福感与健康的影响研究[D]. 上海:华东师范大学,2016.

[29] Abou-Zeid M, Fujii S. Travel satisfaction effects of changes in public transport usage[J]. Transportation, 2016, 43(2), 301-314.

[30] Mao Z D, Ettema D, Dijst M. Commuting trip satisfaction in Beijing: Exploring the influence of multimodal behavior and modal flexibility[J]. Transportation Research Part A: Policy and Practice, 2016, 94: 592-603.

[31] Ye R N, Titheridge H. Satisfaction with the commute: The role of travel mode choice, built environment and attitudes[J]. Transportation Research Part D: Transport and Environment, 2017, 52: 535-547.

[32] Gerber P, Ma T Y, Klein O, et al. Cross-border residential mobility, quality of life and modal shift: A Luxembourg case study[J]. Transportation Research Part A: Policy and Practice, 2017, 104: 238-254.

[33] Lancée S, Burger M, Veenhoven R. Commuting and happiness: What ways feel best for what kinds of people? In: Friman M, Ettema D, Olsson L E. Quality of life and daily travel. Applying quality of life research (Best Practices)[M]. Springer, Cham, 2018.

[34] Wang B B, Shao C F, Ji X. Dynamic analysis of holiday travel behaviour with integrated multimodal travel information usage: A life-oriented approach[J]. Transportation Research Part A: Policy and Practice, 2017, 104: 255-280.

[35] Delbosc A, Nakanishi H. A life course perspective on the travel of Australian millennials[J]. Transportation Research Part A: Policy and Practice, 2017, 104, 319-336.

[36] Yu B Y, Zhang J Y, Li X. Dynamic life course analysis on residential location choice[J]. Transportation Research Part A: Policy and Practice, 2017, 104, 281-292.

[37] Renne J L, Hamidi S, Ewing R. Transit commuting, the network accessibility effect, and the built environment in station areas across the United States[J]. Research in Transportation Economics, 2016, 60: 35-43.

[38] Mushi T. Built environment and mode choice relationship for commute travel in the city of Rajkot, India[J]. Transportation Research Part D: Transport and Environment, 2016, 44: 239-253.

[39] Tong Z M, An R, Zhang Z Y, et al. Exploring non-linear and spatially non-stationary relationships between commuting burden and built environment correlates[J]. Journal of Transport Geography, 2022, 104: 103413.

[40] Lin D, Allan A, Cui J Q. The influence of jobs-housing balance and socio-economic characteristics on commuting in a polycentric city: New evidence from China[J]. Environment & Urbanization Asia, 2016, 7(2): 157-176.

[41] Li S Y, Lyu D J, Liu X P, et al. The varying patterns of rail transit ridership and their relationships with fine-scale built environment factors: Big data analytics from Guangzhou[J]. Cities, 2020, 99: 102580.

[42] Calthorpe P. The next american metropolis: Ecology, community, and the American dream[M]. New York: Princeton Architectural Press, 1993.

[43] Dittmar H, Poticha S. Defining transit-oriented development: the new regional building block. In: Dittmar, H., and Ohland, G. (Eds.), The new transit town: Best practices in transit-oriented development[M]. Washington, DC: Island Press, 2004.

[44] 吴娇蓉,毕艳祥,傅博峰.基于郊区轨道交通站点分类的客流特征和换乘系统优先级分析[J].城市轨道交通研究,2007,61(11):23-28.

[45] City of Denver. Transit oriented Denver: Transit oriented development strategic plan[N]. City of Denver, Denver, 2004.

[46] Atkinson-Palombo C. Comparing the capitalization benefits of light-rail transit and overlay zoning for single-family houses and condos by neighbourhood type in metropolitan Phoenix, Arizona[J]. Urban Studies, 2010, 47(11): 2409-2426.

[47] Center for Transit-Oriented Development. Performance-based transit-oriented development typology guidebook[S]. Center for Transit-Oriented Development, 2010.

[48] Atkinson-Palombo C, Kuby M J. The geography of advance transit-oriented development in metropolitan Phoenix, Arizona, 2000—2007[J]. Journal of Transport Geography, 2011, 19(2): 189-199.

[49] Higgins C D, Kanaroglou P S. A latent class method for classifying and evaluating the performance of station area transit-oriented development in the Toronto region[J]. Journal of Transport Geography, 2016, 52: 61-72.

[50] 陈艳艳,张糯,路尧.基于外部接驳的城市轨道交通车站站点分类研究[J].都市快轨交通,2017,30(5):51-55.

[51] 蒋阳升,俞高赏,胡路,等.基于聚类站点客流公共特征的轨道交通车站精细分类[J].交通运输系统工程与信息,2022,22(4):106-112.

[52] 段德罡,张凡.土地利用视角下的城市轨道交通站点分类研究:以西安地铁2号线为例[J].城市规划,2013,37(9):39-45.

[53] Cevero R. Walk-and-ride: Factors influencing pedestrian access to transit[J]. Journal of Public Transportation, 2001, 3(4): 1-23.

[54] Zhao H, Yan X D, Gao Z Y. Transportation serviceability analysis for metropolitan commuting corridors based on modal choice modeling[J]. Transportation Research Part A: Policy and Practice, 2013, 49: 270-284.

[55] 武倩楠,叶霞飞,林小稳.城市轨道交通车站接驳范围的计算模型[J].同济大学学报(自然科学版),2014,42(7):1058-1063.

[56] Debrezion G, Pels E, Rietveld P. Modelling the joint access mode and railway station choice[J]. Transportation Research Part E: Logistics and Transportation Review, 2009, 45(1): 270-283.

[57] O'Sullivan S, Morrall J. Walking distances to and from light-rail transit stations[J].

Transportation Research Record, 1996, 1538(1): 19-26.

[58] 张宁,石庄斌,张云龙,等.基于离散选择模型的城市轨道交通站点步行吸引范围估计[J].东南大学学报(英文版),2018,34(3):377-385.

[59] García-Palomares J C, Guti Rrez J, Cardozo O D. Walking accessibility to public transport: An analysis based on microdata and GIS[J]. Environment and Planning B: Urban Analytics and City Science, 2013, 40(6): 1087-1102.

[60] Hochmair H H. Assessment of bicycle service areas around transit stations[J]. International Journal of Sustainable Transportation, 2015, 9(1): 15-29.

[61] 王淑伟,孙立山,荣建.北京市轨道站点吸引范围研究[J].交通运输系统工程与信息,2013,13(3):183-188.

[62] Erath A, Van Eggermond B, Ordonez A, et al. Introducing the pedestrian accessibility tool walkability analysis for a geographic information system[J]. Transportation Research Record, 2017, 2661(1): 51-61.

[63] Dhanani A, Tarkhanyan L, Vaughan L. Estimating pedestrian demand for active transport evaluation and planning[J]. Transportation Research Part A: Policy and Practice, 2017, 103(9): 54-69.

[64] 熊文,刘璇,阎伟标,等.街区步行易达性评价:方法综述与案例研究[J].上海城市规划,2017,20(1):62-72.

[65] Kang C. Measuring the effects of street network configurations on walking in Seoul Korea[J]. Cities, 2017, 71(11): 30-40.

[66] Nagata S, Nakaya T, Hanibuchi T, et al. Objective scoring of streetscape walkability related to leisure walking: Statistical modeling approach with semantic segmentation of Google Street View images[J]. Health and Place, 2020, 66: 102428.

[67] Karatas P, Tuydes-Yaman H. Variability in sidewalk pedestrian level of service measures and rating[J]. Journal of Urban Planning and Development, 2018, 144(4): 040180424.

[68] Su S, Zhou H, Xu M, et al. Auditing street walkability and associated social inequalities for planning implications[J]. Journal of Transport Geography, 2019, 74(1): 62-76.

[69] 郭嵘,李元,黄梦石.哈尔滨15分钟社区生活圈划定及步行网络优化策略[J].规划师,2019,35(4):18-24.

[70] 杨俊宴,吴浩,郑屹.基于多源大数据的城市街道可步行性空间特征及优化策略研究:以南京市中心城区为例[J].国际城市规划,2019,34(5):33-42.

[71] 黄晓燕,曹小曙,殷江滨,等.城市轨道交通和建成环境对居民步行行为的影响[J].地理学报,2020,75(6):1256-1271.

[72] Gonzalez-Urango H, Inturri G, Pira L M, et al. Planning for pedestrians with a participatory multicriteria approach[J]. Journal of Urban Planning and Development, 2020, 146(3): 05020007.

[73] Azad M, Abdelqader D, Taboada M, et al. Walk-to-transit demand estimation methods

applied at the parcel level to improve pedestrian infrastructure investment[J]. Journal of Transport Geography, 2021, 92: 103019.

[74] Blecic I, Cecchini A, Congiu T, et al. Capability-wise walkability evaluation as an indicator of urban peripherality[J]. Environment and Planning B: Urban Analytics and City Science, 2021, 48(4): 895-911.

[75] 高杰,王晓燕,张育南.北京轨道交通站点周边步行空间连续性影响因素分析[J].都市快轨交通,2021,34(4):61-68.

[76] 赵梦妮,甄峰,姜玉培.城市社区步行环境综合评价及优化策略研究:以南京主城区为例[J].现代城市研究,2021,27(2):41-48.

[77] 吴亮,陆伟.地铁枢纽站域步行网络的建构原则与策略[J].国际城市规划,2021,36(3):91-99.

[78] Niu S, Tong H. Analysis of the pedestrian system indicators of city blocks based on the real walking network: A case study of Jinan, China[J]. Journal of Urban Planning and Development, 2021, 147(2): 05021015.

[79] Zhou B, Zheng T, Huang J, et al. A pedestrian network construction system based on crowdsourced walking trajectories[J]. IEEE Internet of Things Journal, 2021, 8(9): 7203-7213.

[80] Gabriele D O, Marco M. A GIS-based method for evaluating the walkability of a pedestrian environment and prioritised investments[J]. Journal of Transport Geography, 2020, 82: 102555.

[81] 周梦茹,魏寒宾,边兰春.街道空间步行环境测评研究:以北京什刹海历史文化街区为例[J].上海城市规划,2021(3):74-80.

[82] Faghih-Imani A, Eluru N. Incorporating the impact of spatio-temporal interactions on bicycle sharing system demand: A case study of New York CitiBike system[J]. Journal of Transport Geography, 2016, 54: 218-227.

[83] El-Assi W, Mahmoud M S, Habib N K. Effects of built environment and weather on bike sharing demand: A station level analysis of commercial bike sharing in Toronto[J]. Transportation, 2017, 44(3): 589-613.

[84] Peng Y L, Liang T, Hao X J, et al. CNN-GRU-AM for shared bicycles demand forecasting[J]. Computational Intelligence and Neuroscience, 2021, 2021: 5486328.

[85] Cao M, Liang Y, Zhu Y, et al. Prediction for origin-destination distribution of dockless shared bicycles: A case study in Nanjing City[J]. Frontiers in Public Health, 2022, 10: 849766.

[86] 罗海星.城市公共自行车租赁站点选址方法研究[D].北京:北京交通大学,2013.

[87] 杨柳,王元庆,李超.推动城市轨道交通换乘自行车出行:基于西安经济技术开发区的实例分析[J].长安大学学报(自然科学版),2015,35(S1):140-144.

[88] 林燕平,窦万峰.基于网络模型的城市公共自行车需求量预测研究[J].计算机应用研究,

2017,34(9):2692-2695.

[89] 陈红,陈恒瑞,史转转,等.公共自行车使用时空特性挖掘及租还需求预测[J].交通运输系统工程与信息,2021,21(2):238-244+250.

[90] 朱才华,李岩,孙晓黎,等.考虑土地利用的城市公共自行车需求预测[J].华南理工大学学报(自然科学版),2022,50(3):9-20.

[91] Lin J J, Lin C T, Feng C M. Locating rental stations and bikeways in a public bike system [J]. Transportation Planning and Technology, 2018, 41(4): 402-420.

[92] Wang S, Li Z, Gu R, et al. Placement optimisation for station-free bicycle-sharing under 1D distribution assumption[J]. IET Intelligent Transport Systems, 2020, 14(9): 1079-1086.

[93] Vishkaei B M, Fathi M, Khakifirooz M, et al. Bi-objective optimization for customers' satisfaction improvement in a Public Bicycle Sharing System[J]. Computers & Industrial Engineering, 2021, 161: 107587.

[94] 王志高,刘岱宗.自行车停车设施规划设计要素[J].城市交通,2014,12(4):27-36.

[95] 陈小鸿,叶建红.基于出行者意愿的自行车出行品质评估方法及设施改善策略[J].城市规划学刊,2015,22(4):120.

[96] 邓力凡,谢永红,黄鼎曦.基于骑行时空数据的共享单车设施规划研究[J].规划师,2017,33(10):82-88.

[97] 郭彦茹,罗志雄,王家川,等.数据驱动的共享单车停放区规划方法研究[J].交通运输系统工程与信息,2021,21(6):9-16.

[98] 林建新,林孟婷,王皖东,等.分级设施选址问题研究进展与展望[J].清华大学学报(自然科学版),2022,62(7):1121-1131.

[99] Lin J J, Wong H I. Optimization of a feeder-bus route design by using a multiobjective programming approach[J]. Transportation Planning and Technology, 2014, 37(5): 430-449.

[100] Almasi M H, Sadollah A, Kang S, et al. Optimization of an improved intermodal transit model equipped with feeder bus and railway systems using metaheuristics approaches[J]. Sustainability, 2016, 8(6): 537.

[101] 张思林,袁振洲,曹志超.基于出行成本和运营成本的接驳城市轨道交通社区公交站点布设研究[J].北京交通大学学报,2016,40(6):57-63.

[102] 李家斌,过秀成,王峰.轨道接运公交线路生成实用方法研究[J].交通运输工程与信息学报,2017,15(2):41-51.

[103] Amita J, Jain S S, Garg P K. A conceptual approach for optimizing bus stop spacing[J]. Journal of The Institution of Engineers (India): Series A, 2017, 98: 15-23.

[104] Sahu P K, Mehran B, Mahapatra S P, et al. Spatial data analysis approach for network-wide consolidation of bus stop locations[J]. Public Transport, 2021, 13: 375-394.

[105] 潘述亮,俞洁,邹难,等.含特殊需求的灵活接驳公交服务区域与路径选择[J].东北大学学

[106] Xi Y (Luna), Saxe S, Miller E. Accessing the subway in Toronto, Canada: Access mode and catchment areas[J]. Transportation Research Record, 2016, 2543(1): 52-61.

[107] 安久煜,宋瑞,毕明凯,等.高铁车站接驳公交灵活线路优化设计研究[J].交通运输系统工程与信息,2019,19(5):150-155+176.

[108] 全威,孙超.基于热点探测的城市区域公交可达性研究[J].交通运输系统工程与信息,2020,20(2):231-236.

[109] 邓吉浩,宋瑞,陈小鸿,等.开放式小区公交微循环站点与线网综合设计[J].北京交通大学学报,2020,44(1):34-41.

[110] 郭瑞利,黄正东.基于成本加权距离分析的轨道站点多级影响区划分研究[J].现代城市研究,2021,27(8):73-82.

[111] Shatu F M, Kamruzzaman M D. Investigating the link between transit-oriented development and sustainable travel behavior in Brisbane: a case-control study[J]. Journal of Sustainable Development, 2014, 7(4): 61-70.

[112] Olaru D, Curtis C. Designing TOD precincts: accessibility and travel patterns[J]. European Journal of Transport and Infrastructure Research, 2015, 15(1): 6-26.

[113] Chen F, Wu J, Chen X, et al. Vehicle kilometers traveled reduction impacts of transit-oriented development: evidence from Shanghai City[J]. Transportation Research Part D: Transport and Environment, 2017, 55: 227-245.

[114] Zamir K, Nasri A, Baghaei B, et al. Effects of transit-oriented development on trip generation, distribution, and mode share in Washington DC, and Baltimore, Maryland[J]. Transportation Research Record, 2014, 2413(1): 45-53.

[115] Guo Z. Does residential parking supply affect household car ownership? The case of New York City[J]. Journal of Transport Geography, 2013, 26, 18-28.

[116] Weinberger R. Death by a thousand curb-cuts: Evidence on the effect of minimum parking requirements on the choice of drive[J]. Transport Policy, 2012, 20, 93-102.

[117] 刘倩,王缉宪,李云.面向可持续的城市停车管理:国际比较与借鉴[J].国际城市规划,2019,34(6):63-69.

[118] Mock A, Thill J C. Placement of rapid transit park-and-ride facilities[J]. Transportation Research Record, 2015, 2543(1): 109-115.

[119] 王花兰,刘宇成,李子健.绕城高速公路与城市轨道交通停车换乘设施选址模型[J].交通运输系统工程与信息,2017,17(3):46-52.

[120] 赵顺晶,龙建成,丁建勋,等.两种经营模式下通勤廊道停车换乘选址及停车费用优化[J].系统工程理论与实践,2018,38(3):734-742.

[121] Zhao X, Chen P, Jiao J. How does "park and ride" perform? An evaluation using longitudinal data[J]. Transport Policy, 2019, 74: 15-23.

[122] 上海市城乡建设和交通发展研究院.上海市第五次综合交通调查成果报告[R].上海:上

海市城乡建设和交通发展研究院,2015.

[123] Liu Y, Zhang F, Wu F, et al. The subjective wellbeing of migrants in Guangzhou, China: The impacts of the social and physical environment[J]. Cities, 2017, 60: 333-342.

[124] Wong D F K, Li C Y, Song H X. Rural migrant workers in urban China: Living a marginalised life[J]. International Journal of Social Welfare, 2007, 16(1): 32-40.

[125] 邓兴栋,徐建闽,王波. 广州市"禁摩"后交通方式转型期的交通对策研究[J]. 交通运输系统工程与信息,2009,9(4):145-150.

[126] Wu N, Zhao S, Zhang Q. A study on the determinants of private car ownership in China: Findings from the panel data[J]. Transportation Research Part A: Policy and Practice, 2016, 85: 186-195.

[127] Li Z, Wang W, Yang C, et al. Bicycle mode share in China: A city-level analysis of long term trends[J]. Transportation, 2017, 44 (4): 773-788.

[128] Zhao P, Lyu B, De Roo G. Impact of the jobs-housing balance on urban commuting in Beijing in the transformation era[J]. Journal of Transport Geography, 2011, 19(1): 59-69.

[129] Kwan M P, Chai Y Tana. Reflections on the similarities and differences between Chinese and US cities[J]. Asian Geographer, 2014, 31 (2): 167-174.

[130] Renne J L, Hamidi S, Ewing R. Transit commuting, the network accessibility effect, and the built environment in station areas across the United States[J]. Research in Transportation Economics, 2016, 60: 35-43.

[131] Schneider R H, Stefanich J. Neighborhood characteristics that support bicycle commuting: analysis of the top 100 US census tracts[J]. Transportation Research Record, 2015, 2520(1): 41-51.

[132] 刘晓冰,李奉孝,田欣妹,等. 基于通勤模式的都市圈中心结构判别研究[J]. 交通运输系统工程与信息,2022,22(2):17-28.

[133] Steele L G, Lynch S M. The pursuit of happiness in China: individualism, collectivism, and subjective well-being during China's economic and social transformation[J]. Social Indicators Research, 2013, 114(2): 441-451.

[134] Wang D G, Chai Y W. The jobs-housing relationship and commuting in Beijing, China: The legacy of Danwei[J]. Journal of Transport Geography, 2009, 17(1): 30-38.

[135] Zhang J Y, Acker V V. Life-oriented travel behavior research: An overview[J]. Transportation Research Part A: Policy and Practice, 2017,104, 167-178.

[136] Wu F. Planning for growth: Urban and regional planning in China[M]. Routledge, London, 2015.

[137] Diener E. Assessing subjective well-being: Progress and opportunities[J]. Social Indicators Research, 1994, 31(2): 103-157.

[138] Bergstad C J, Gamble A, Gärling T, et al. Subjective well-being related to satisfaction with daily travel[J]. Transportation, 2011, 38(1): 1-15.

[139] Spiess H, Florian M. Optimal strategies: A new assignment model for transit networks [J]. Transportation Research Part B: Methodological, 1989, 23(2): 83-102.

[140] Kato H, Kaneko Y, Inoue M. Comparative analysis of transit assignment: Evidence from urban railway system in the Tokyo Metropolitan Area[J]. Transportation, 2010, 37(5): 775-799.

[141] Lee S, Yi C, Hong S P. Urban structural hierarchy and the relationship between the ridership of the Seoul Metropolitan Subway and the land-use pattern of the station areas [J]. Cities, 2013, 35: 69-77.

[142] 李辉,王东炜,赵湘育,等.不同类型轨道交通站点步行与电动自行车接驳分析[J].铁道科学与工程学报,2015,12(6):1493-1499.

[143] 申犁帆,王烨,张纯,等.轨道站点合理步行可达范围建成环境与轨道通勤的关系研究:以北京市44个轨道站点为例[J].地理学报,2018,73(12):2423-2439.

[144] 曹小曙,闵家楠,黄晓燕.降雨和空气污染对城市居民公共自行车使用的影响研究:以西安市为例[J].人文地理,2019,34(1):151-158.

[145] 蒋源,陈小鸿,徐晓敏,等.公共自行车接驳轨道交通服务范围研究[J].交通运输系统工程与信息,2018,18(S1):94-102.

[146] 潘海啸,卞硕尉,王蕾.城市外围地区轨道站点周边用地特征与接驳换乘:基于莘庄站、共富新村站和九亭站的调查[J].上海城市规划,2014(2):37-42.

[147] 过秀成,李家斌.轨道交通运营初期公共交通系统优化方法[M].南京:东南大学出版社,2015.

[148] 杨敏,吴静娴,赵静瑶,等.城市轨道交通多方式组合出行与接驳设施优化[J].城市交通,2017,15(5):64-69+77.

[149] Bertolini L. Spatial development patterns and public transport: The application of an analytical model in the Netherlands[J]. Planning Practice and Research, 1999, 14(2): 199-210.

[150] Cervero R. Transit-oriented development's ridership bonus: A product of self-selection and public policies[J]. Environment Planning A: Economy and Space, 2007, 39(9): 2068-2085.

[151] Moura F, Cambra P, Gonçalves A B. Measuring walkability for distinct pedestrian groups with a participatory assessment method: A case study in Lisbon[J]. Landscape and Urban Planning, 2017, 157: 282-296.

[152] Park S J, Choi K, Lee J S. To walk or not to walk: testing the effect of path walkability on transit users' access mode choices to stations[J]. International Journal of Sustainable Transportation, 2015, 9(8): 529-541.

[153] Park K, Ewing R, Scheer B C, et al. The impact of built environment characteristics of

rail station areas on household travel behavior[J]. Cities, 2018, 74: 277-283.

[154] Hall C M, Ram Y. Walk Score® and its potential contribution to the study of active transport and walkability: A critical and systematic review[J]. Transportation Research Part D: Transport and Environment, 2018, 61: 310-324.

[155] Vale D S, Saraiva M, Pereira M. Active accessibility: A review of operational measures of walking and cycling accessibility[J]. Journal of Transport and Land Use, 2016, 9(1): 1-27.

[156] 西安市统计局,西安统计年鉴2021[M].北京:中国统计出版社,2021.

[157] Van K J, Pauwels E, Der M R, et al. Understanding the relation between travel duration and station choice behavior of cyclists in the metropolitan region of Amsterdam[J]. Journal of Ambient Intelligence and Humanized Computing, 2021, 12(1): 137-145.

[158] Huff D L. A probabilistic analysis of shopping center trade areas[J]. Land Economy, 1963, 39: 81-90.

[159] Subal J, Paal P, Krisp J M. Quantifying spatial accessibility of general practitioners by applying a modified huff three-step floating catchment area (MH3SFCA) method[J]. International Journal of Health Geographics, 2021, 20(1): 1-14.

[160] Zheng Z, Morimoto T, Murayama Y. Optimal location analysis of delivery parcel-pickup points using AHP and network huff model: A case study of shiweitang sub-district in Guangzhou city, China[J]. International Journal of Geo-Information, 2020, 9(4): 193.

[161] Chen Z, Xia J C, Irawan B, et al. Development of location-based services for recommending departure stations to park and ride users[J]. Transportation Research Part C: Emerging Technologies, 2014, 48: 256-268.

[162] 刘泉. 轨道交通TOD地区的步行尺度[J]. 城市规划,2019,43(3):88-95.

[163] 周鹏程,龚声蓉,钟珊,等. 基于深度特征融合的图像语义分割[J]. 计算机科学,2020,47(2):126-134.

[164] 卢银桃. 基于日常服务设施步行者使用特征的社区可步行性评价研究:以上海市江浦路街道为例[J]. 城市规划学刊,2013,19(5):113-118.

[165] 崔莹. 大城市中心区步行交通系统规划方法研究[D]. 南京:东南大学,2016.

[166] 皇甫玥,张京祥,邓化媛. 大都市区化:特大城市地区城市化的新特征:基于南京的实证研究[J]. 现代城市研究,2008,15(8):27-33.

[167] 马超群,王玉萍. 城市轨道交通客流特征与规律分析[J]. 铁道运输与经济,2015,37(6):85-91.

[168] 徐吉谦,陈学武. 交通工程总论[M]. 北京:人民交通出版社股份有限公司,2015.

[169] 王鑫. 信号交叉口机非冲突的判别及预测方法研究[D]. 北京:北京交通大学,2017.

[170] 宋子龙. 共享单车交通冲突多发区域骑行风险研究[D]. 哈尔滨:东北林业大学,2019.

[171] 张骏,郑楠,黄崇轩. 城市中心区非机动车系统设计优化与探索[J]. 北京航空航天大学学报,2019,45(6):1218-1231.

[172] 裴玉龙,金英群,常铮. 城市多模式公交网络拓扑结构与布局均衡性研究[J]. 中国公路学报,2021,34(1):127-138.

[173] Newman M E J. Fast algorithm for detecting community structure in networks[J]. Physical Review E, APS, 2004, 69: 066133.

[174] Ceder A. Public transit planning and operation: Theory, modeling and practice[M]. Elsevier Press, Burlington, UK, 2007.

[175] Eiselt H A, Gendreau M, Laporte G. Arc routing problems, part Ⅰ: The Chinese postman problem[J]. Operations Research, 1995, 43(2): 231-242.

[176] Delmelle E, Desjardins M, Deng J. Designing spatially cohesive nature reserves with backup coverage[J]. International Journal of Geographical Information Science, 2017, 31(12): 2505-2523.

[177] Nourbakhsh S M, Ouyang Y. A structured flexible transit system for low demand areas [J]. Transportation Research Part B: Methodological, 2012, 46(1): 204-216.

[178] Xue W, Liu W. A multidimensional filter SQP algorithm for nonlinear programming[J]. Journal of Computational Mathematics, 2020, 38(5): 683-704.

[179] Wang X, Shao C, Yin C, et al. Exploring the effects of the built environment on commuting mode choice in neighborhoods near public transit stations: Evidence from China[J]. Transportation Planning and Technology, 2021, 44(1): 111-127.

[180] Wang R, Yuan Q. Parking practices and policies under rapid motorization: The case of China[J]. Transport Policy, 2013, 30: 109-116.

[181] Al-Fouzan S A. Using car parking requirements to promote sustainable transport development the Kingdom of Saudi Arabia[J]. Cities, 2012, 29(3): 201-211.

[182] EI-Geneidy A, Grimsrud M, Wasfi R, et al. New evidence on walking distances to transit stops: Identifying redundancies and gaps using variable service areas[J]. Transportation, 2013, 41: 193-210.

[183] 陈永茂,过秀成,冉江宇. 城市建筑物配建停车设施对外共享的可行性研究[J]. 现代城市研究,2010,25(1):21-25.

[184] Tian G, Ewing R, Weinberger R, et al. Trip and parking generation at transit-oriented developments: A case study of Redmond TOD, Seattle region[J]. Transportation, 2017, 44: 1235-1254.

[185] Molin E, Mokhtarian P, Kroesen M. Multimodal travel groups and attitudes: A latent class cluster analysis of Dutch travelers[J]. Transportation Research Part A: Policy and Practice, 2016, 83: 14-29.